中国特色城镇化研究

胡玉鸿
马长山 /主编

城镇化推进与公民社会建设前沿问题研究

中国特色
城镇化研究报告
②０１５

苏州大学出版社
Soochow University Press

图书在版编目(CIP)数据

城镇化推进与公民社会建设前沿问题研究／胡玉鸿，马长山主编. —苏州：苏州大学出版社，2016.9
ISBN 978-7-5672-1703-4

Ⅰ.①城… Ⅱ.①胡…②马… Ⅲ.①城市化-研究-中国②公民教育-研究-中国 Ⅳ.①F299.2②D648.3

中国版本图书馆 CIP 数据核字(2016)第 070408 号

书　　名：	城镇化推进与公民社会建设前沿问题研究
主　　编：	胡玉鸿　马长山
策　　划：	周建国
责任编辑：	周建国
装帧设计：	吴　钰
出版发行：	苏州大学出版社(Soochow University Press)
社　　址：	苏州市十梓街1号　邮编：215006
印　　装：	宜兴市盛世文化印刷有限公司
网　　址：	www.sudapress.com
邮购热线：	0512-67480030
销售热线：	0512-65225020
开　　本：	787mm×1092mm　1/16　印张：15.5　字数：260千
版　　次：	2016年9月第1版
印　　次：	2016年9月第1次印刷
书　　号：	ISBN 978-7-5672-1703-4
定　　价：	45.00元

凡购本社图书发现印装错误，请与本社联系调换。服务热线：0512-65225020

序

马长山

改革开放 30 多年来,伴随着中国法治建设进程的不断加快,法学的学术研究也日趋繁荣。其中一个十分突出的特征,就是各种中小型的学术论坛纷纷出现,并十分活跃。与大规模的学术会议不同,中小型论坛的主题突出、日程紧凑、讨论深入、成果显著,在相关法学理论研究中扮演着越来越重要的角色。

"公民社会建设与法治中国论坛"就是其中的一个学术平台。本论坛由华东政法大学公民社会与法治发展比较研究中心、山东大学人权法研究中心、南京大学人权法研究中心、西南政法大学人权教育与研究中心、苏州大学中国特色城镇化研究中心、国家新阶层研究江苏基地等单位联合发起,旨在探索法治中国建设的社会基础、方向路径、现实策略与理论体系,以积极推进公民社会与法治中国建设的学术创新和对法治实践的理论回应。从 2013 年 4 月创办至今,已成功举办三届(承办单位分别为华东政法大学、山东大学和苏州大学),同时,中国政法大学城镇化法律问题研究中心、中国人民大学宗教法研究中心也受邀成为本论坛的新成员,这就使本论坛更加富有活力、学术体量更大。

本文集所展现的正是第三届"公民社会建设与法治中国论坛"的优秀成果,它具有以下特点:

一是主题鲜明、递进展开。在这三届"公民社会建设与法治中国论坛"中,2013 年第一届论坛(上海)的主题是"政府与民间:新时期法治国家建设的动力、问题与前景",主要探讨法治中国建设的当下境遇与战略转向;2014 年第二届论坛(济南)的主题是"国家治理、社会治理与法治中国",主要探讨治理能力现代化背景下的治理法治化目标与策略;2015 年第三届论坛(苏州)的主题是"城镇化推进与公民社会",主要探讨中国城镇化率突破 50% 后带来的城市法治、权利保障与基层治理秩序。可以看出,这三届论坛的主题并不是孤立的,而是紧紧围绕"公民社会与法治中国建设"这一主题,递进展开、实时回应、细致研究,从而凸显了"中国问题"和"接地气"的踏实研究风格。

二是多维视角、关注现实。第三届"公民社会建设与法治中国论坛"的成果共分为四个专题:第一,城市法治:理论与制度;第二,土地权属与农民权利保障;第三,法治国家与公共领域;第四,法治中国与地方治理。这几个议题涵盖了从城市到农村、从公共决策到民间话语、从国家战略到地方治理,并采取了法学、社会学、政治学、管理学、经济学、哲学、史学等多学科、多视角、多维度,来进行"公民社会建设与法治中国"的相关问题进行深入系统的研究,一些成果已先后在法学核心期刊上发表,并产生了一定的学术影响。

三是新秀崭露、前景良好。第三届"公民社会建设与法治中国论坛"除了中国政法大学教授蒋立山、西北政法大学教授何柏生、苏州大学王健法学院教授孙莉、华东政法大学教授马长山四位中年学者外,山东大学法学院副院长、副教授李忠夏,西南政法大学人权教育与研究中心副主任、副教授孟庆涛,西南政法大学副教授朱颖,华东政法大学科学研究院研究员马金芳,华东政法大学副教授陈颐,华东政法大学公民社会与法治发展比较研究中心副主任、助理研究员陆宇峰,西南政法大学人权教育与研究中心研究人员尚海明等,皆为青年学术新秀。他们的成果选题新颖,理论深厚,潜力很大。青年新秀的积极参与,就使得论坛的发展潜力很大、前景很好。

根据论坛组委会的安排,第四届"公民社会建设与法治中国论坛"将由西南政法大学人权教育与研究中心承办,于2016年秋在美丽山城重庆召开。期待有更多的学界同仁和学界新秀的参与,也收获更多的创新成果,共同为推进"公民社会建设与法治中国"的理论研究做出更多的贡献!

最后,请允许我代表"公民社会建设与法治中国论坛"的所有成员单位,向承办过本论坛的华东政法大学公民社会与法治发展比较研究中心、山东大学人权法研究中心,特别是第三届论坛的承办单位——苏州大学中国特色城镇化研究中心和苏州大学王健法学院表示深深的感谢!对关心并支持本文集出版的胡玉鸿院长,对为本文集编辑出版做出很多辛勤奉献的各位老师、同学以及出版社的编辑老师,致以诚挚的谢意与敬意!

(马长山,男,1964年生,哲学博士,法学博士后,"新世纪百千万人才工程"国家级人选,入选教育部"新世纪优秀人才支持计划",享受国务院特殊津贴专家。现为华东政法大学教授、博士生导师。主要从事法学基本理论、法治理论的研究。发表论文90余篇,出版专著5部,主持国家社科基金项目3项、教育部人文社科项目3项,获省部级哲学社会科学优秀科研成果一等奖5项。)

目录
CONTENTS

一 城市法治:理论与制度

城镇化与现代法治 …………………………………………… 何柏生 潘丽华(3)

中国的城镇化与法律问题:从制度到秩序 ………………… 蒋立山(16)

城市与法律的历史和前景 …………………………………… 陈 颐(45)

论城镇化政府主导推进的程序规制 ………………………… 孙 莉(50)

二 土地权属和农民权利保障

农村土地流转的合宪性分析 ………………………………… 李忠夏(69)

权利贫困与权利的制度供给
　　——基于农民工群体的分析 …………………………… 孟庆涛(93)

论农民权利发展的价值逻辑
　　——以我国新型城镇化为视野 ………………… 刘同君 张 慧(106)

三 法治国家与公共领域

当下中国的公共领域重建与治理法治化变革 …………… 马长山(127)

网络公共领域的功能、异化与规制
　　——基于对西方传统公共领域理论的反思 …………… 陆宇峰(158)
多元社会治理中社会组织的自治与法治 ……………… 马金芳(178)
社会治理"过度刑法化"的法哲学批判 ………………… 何荣功(191)

四 法治中国与地方治理

地方法治的依宪表达与实践模式
　　——以地方《法治纲要》的文本为例 ………………… 朱　颖(225)
村民自治、村财乡管与村级腐败治理 …………………… 尚海明(232)

一

城市法治：理论与制度

城镇化与现代法治

何柏生　潘丽华①

内容提要：城镇化是现代化的重要内容，没有城镇化就没有现代化，城镇化是现代化的必要条件。城镇化和法制现代化都是现代化的组成部分。法制现代化从一定意义上说就是从传统社会的法律转向现代社会的法律，从乡村社会的法律转向都市社会的法律。城市生存方式具有集中性、流动性、专业性和异质性的特征，这些特征使都市社会的法律亦即现代社会的法律得以产生。中国的城镇化是一个漫长的过程，在城市文明基础上产生的现代法治在中国的实现也必将是一个漫长的过程。

关键词：城镇化；法制现代化；专业化

一、城镇化是现代化的重要内容

现代化包括哪些重要内容或特征呢？对此，国内外研究现代化问题的许多学者都做过详尽的论述。

美国学者亨廷顿认为，现代化包括工业化、城镇化，以及识字率、教育水平、富裕程度、社会动员程度的提高和更复杂的、更多样化的职业结构。② 现代化是一个多层面的进程，它涉及人类思想和行为所有领域里的变革。从心理层面讲，现代化涉及价值观念、态度和期望方面的根本转变；从智能层面讲，现代化涉及人类对自身环境所具有的知识的巨大扩展，并通过日益增长的文化水准、大众媒介及教育的手段将这种知识在全社会广泛传播；从人口统计学角度来看，现代化意味着生活方式的改变、健康水平和平均寿命的明显提高、职业性和地域性流动的增长，以及个人升降沉浮速度的加快，特别是和农村相比，城镇人口的迅猛增长；从经济上来看，一些简单的职业被许多复杂的职业所代替，从而使经济活动多样化；农业

---

① 何柏生(1964—　)，男，陕西蒲城人，西北政法大学《法律科学》编审，法学博士；潘丽华(1963—　)，女，陕西西安人，陕西人民出版社编审，副总编辑。
② 塞缪尔·P. 亨廷顿. 文明的冲突与世界秩序的重建[M]. 周琪，等，译. 北京：新华出版社，2002：58.

的地位下降;经济活动的范围扩大,等等。①

印度学者 A. R. 德赛认为,现代化的内容包括:在思想领域内,现代化表现为用理性去解释自然现象、社会现象和心理现象。作为体制转变的一个复杂过程,现代化体现在一系列的变化上,即社会结构的变化、政治变化和经济变化以及社会流动。在生态领域中,现代化的特征表现为城镇化程度的增加。在文化领域内,现代化表现在文化系统中的主要成分之间的差异性不断增强,强调进步和改善,强调个人价值的发展和效率,日益相信科学与技术,等等。②

我国台湾学者金耀基认为,现代化的内涵包括:第一,工业化。传统社会进入现代社会的动力是工业化。工业革命是真正对传统的社会基本结构与生产组织产生挑战的主角。第二,都市化。都市化的脚步是紧跟着工业化而来的。都市化是现代化的必要条件。第三,普遍参与。普遍参与是现代社会的重要内涵之一。普遍参与包括媒介参与和政治参与。第四,世俗化。传统社会是圣化的社会,人们普遍受神秘主义的统治。而现代社会人们的行为思想都建立在理性的基础之上。第五,高度的结构分殊性。在经济发展、技术发展的逼促下,社会的结构自然而然地趋向分殊;教会、政党、工会、学校、学术团体都应运而生,每一种社会结构都扮演其特殊的角色,担负其特殊的功能。第六,高度的普遍的成就取向。由于工业化、技术化的结果,许多工作已非凭经验与直觉可得而为,而需要相当的专门知识与技术,乃不得不逼出一种普遍的成就取向。③

我国学者钱乘旦、陈意新认为衡量现代化有以下几个标准:现代化在经济方面的标准是工业化,它应以工厂制度的确立,工业产品在日常生活中占优势的比例和国民收入的指数来加以衡量,农业的技术化生产也应包含在内,实际上我们是从整个社会的生产这一意义来使用工业化概念的。在政治方面的标准是民主化。在社会生活形态方面,城镇化被列为标准。城镇化的意义在于将城市作为迅速扩散信息、传播文化知识和人们相互联络感情的舞台。在精神活动方面的标准是世俗化,它意味着社会生活摆脱神学的控制与干涉,人们的精神世界从对神的膜拜转到崇仰理性。在社会的文明开化方面,知识化被立为标准。知识化不仅意味着教育的普及,还在于一个社会所拥有的受过专门训练的人才数量和这个社会吸收外来文明的能力。知识化是社会与个人现代化的关键。在社会的组织结构

---

① 塞缪尔·P. 亨廷顿. 变化社会中的政治秩序[M]. 王冠华,等,译. 北京:生活·读书·新知三联书店,1988:30-31.
② 西里尔·E. 布莱克. 比较现代化[M]. 上海:上海译文出版社,1996:134-138.
③ 金耀基. 从传统到现代[M]. 北京:中国人民大学出版社,1999:98-104.

城市法治:理论与制度

方面,高度的功能专门化被立为标准。现代化使社会的组织结构日益呈现出多样化的趋势,企业、学校、社团、警察等所具有的专门化功能使社会变得井然有序,稳步发展。在社会成员关系方面的标准是自由流动性。这种流动性在横向和纵向上都是双向的,即在社会集团关系方面是开放的而不是封闭的,在社会等级层次方面是可以升迁的而不是壁垒森严的。实现这种流动性实际上取决于两个前提:人身自由与机会均等。这两点的实现会使任何一种羁绊人身的缰绳和任何形式的世袭制度失去其存在的基础,使人们在利益与事业的选择方面获得更大的自由度。①

我们从以上学者对现代化内容或特征的论述中可以得出以下结论:城镇化是现代化的重要内容之一;没有城镇化就没有现代化,城镇化是现代化的必要条件。

那么,城镇化的概念及内涵是什么呢?

城镇化概念目前尚存在争议。由于研究城镇化问题涉及许多领域,所以,学者们往往从不同领域、不同学科出发,给城镇化下定义。人口学意义上的城镇化是指农村人口变成城镇人口,这就是说,城镇化反映了人口由农村向城镇集中的过程。经济学意义上的城镇化是指农村经济向城镇经济转化的过程,这就是说,城镇化反映了产业转型,即第一产业向第二、三产业的转化过程。地理学意义上的城镇化是指从农村地域向城镇地域的转化,这就是说,城镇化使地域景观出现了极大的差异,使地域性质发生了变化。社会学意义上的城镇化主要是从城镇与社会的相互关系来探讨人口集中、地域转化的深层社会原因,这就是说,城镇化是涉及新的生产方式和生活方式的产生、聚集、扩散的过程。所以,从整体上说,城镇化概念应包括上述诸方面内容:城镇化是指人口、地域、生产关系以及生活方式由农村型向城镇型转化的自然历史过程。当然,在此有必要强调的是,城镇化应包括文化价值观的变迁,即城镇化就是全社会人口逐渐接受城镇文化的过程,这是城镇化重要的内容之一。

城镇化并不是从城镇产生之日就已开始,而是开始于工业革命时期。这就是说,城镇化的过程与工业化的过程是相伴相随的。工业化是城镇化的动力,若没有工业化就没有城镇化。我们知道,城镇已产生了几千年,但各国的城镇人口比重在很长时期内都很低。据统计,19世纪初,世界城镇人口比重仅为3%。② 但随

---

① 钱乘旦,陈意新.走向现代化国家之路[M].成都:四川人民出版社,1987:45-48.
② 相比较,中国古代的城镇人口比重倒比世界城镇人口的平均比重要高,自唐代以来,我国城镇人口比重曾长期维持在10%左右,即使到了鸦片战争时期,我国城镇人口比重也在5%左右。参见:张钟汝,等.城市社会学[M].上海:上海大学出版社,2001:64.

着工业化进程的加速,城镇化进程也在加速。1900年,世界城镇人口比重达到13.3%;1993年,世界城镇人口比重接近50%。① 发达国家城镇人口的比重很高,少数发达国家甚至达80%以上。现在,城镇化已成为社会发展的主导趋势,任何阻碍城镇化发展的措施都将不利于社会发展。

城镇化过程一般要经过发生、发展和成熟三个阶段。在城镇化的发生阶段,速度较为缓慢;在发展阶段,速度加快;而在成熟阶段,速度又减慢。在这方面,英国较为典型。英国是18世纪中叶开始工业化的。工业化之前的1700年,英国全国人口中城市人口只占不到2%。过了一百年,到了1800年,城市人口占20%。1850年,城市人口占50%;1890年,占72%;1939年,占80.4%;从1959年到现在,一直保持在89%左右。城镇化的进程也有一个量化标准,即城市人口占总人口的10%才算城镇化进程的开始,当城市人口达到60%以上时,才标志着一个国家从传统农村社会转变为现代城市社会。

从前文我们已经知道,现代化离不开城镇化。在明白了城镇化的内涵后,我们就很有必要搞清楚城镇化为什么会成为现代化的重要内容这一问题。

城市是社会生产力发展到一定阶段的产物。人类祖先最早是穴居,以后才发展到宅居。最初的宅居是分散居住,以后才发展到集中居住。当集中居住的人多了,就会形成村庄,进而发展为城市。城市产生的前提条件是生产力的发展,有多余的农产品。若没有多余的农产品,城市人就无法生存,城市就无法形成。所以,社会生产力若没有发展到一定水平,城市是不会产生的。

城市产生的前提条件虽然是出现了剩余的农产品,但城市的出现并不是商品交换的结果。按照著名的城市社会学家芒福德的观点,在早期城市的产生过程中,王权起了决定性的作用。原始社会的人们为了获得食物,主要靠采集和狩猎。随着进化,采集变成了农业,变成了种植,采集者变成了农民,而狩猎者却变成了农民的保卫者,变成了统治者。于是,王以及王的阶层就出现了。这些人凭借武力,占有了大量财富。为了享受,他们需要种种其他服务,而这些服务需要其他行业去提供,于是,在他们的居住地周围就形成了古代城镇的雏形。所以,王以及王的阶层的产生,促进了城市的产生,全世界都是这样。城市的产生标志着一种新的生存方式的形成。这种新的生存方式包括两个方面,一方面是新的生产方式,另一方面是新的生活方式。生产方式对生活方式的变革会产生革命性的作用。生产方式是生产人们必需的生活资料的方式,具有获取手段的性质,而生活方式

---

① 张钟汝,等.城市社会学[M].上海:上海大学出版社,2001:78.

则体现社会生产的目的。当生产方式在更大程度上是一定的生活方式时,生产方式就成为生活方式的组成部分了。在这时,生活方式的含义就等同于生存方式了。

在前面,我们已经说过,城镇化开始于工业革命时期。早期城市的形成表明一种新的生存方式的出现,这种新的生存方式虽与农村的生存方式有着巨大差异,但还不是现代化的生存方式。早期城市规模一般比较小,人口在一万左右,社会分工与现代社会不可同日日语,而且早期城市普遍存在着宗教与政治合一的权力结构,这与现代化的生存方式格格不入。所以,蕴涵着现代生存方式的城镇化应从近代城市开始。

我们知道,古罗马末期,蛮族入侵,大批城市沦为废墟,只有规模非常小的城镇保留了下来。直到9—10世纪,城镇人口规模没有超过两三千人的。在西方城市的再次复兴过程中起推动作用的已不是王以及王的阶层,而是商人阶层。这就是说,中国古代城市与西方古代城市在起源、特征上是一致的,城市的重心都是政治、军事。但到中世纪后期,西方城市的再度崛起已脱离了原来的轨道,城市的重心不再以政治、军事为重心,而是以商业为重心。重商活动必然使城市逐渐形成新的政治体制,城市结构发生了新的变化,城市建立了新的秩序。近现代西方城市虽然发生了许多变化,但重商主义的传统始终没有丢。可以说,重商是近现代城市的一大特色。没有重商就没有工业化,工业化在某种程度上可以说是商人推动的。现代化的城市应是以工商为重心的城市,而不是以政治、军事为重心的城市,至少绝大多数城市是这样。工业化的结果使城市与乡村完全分离,城市生产活动的类型愈来愈多,与农村的差别越来越大。于是,一种新的迥异于农村、迥异于早期城市和中古城市的生存方式产生了。

二、城镇化与法制现代化

法制现代化与城镇化一样,都是现代化的重要组成部分。所谓法制现代化是指法律从传统型向现代型的历史更替。传统型的法律是指传统社会的法律,现代型的法律是指现代社会的法律。传统社会是指农业社会,现代社会是指都市化了的社会。[①] 所以,法治现代化从一定意义上可以说是从传统社会的法律转向现代社会的法律,也就是说,是从农业社会的法律转向都市社会的法律。法治现代化

---

① 现代都市是工业化了的都市,是以工商为重心的都市。当然,这是从整体上说的,并不排除少数城市是以政治、军事等为重心。现代的旅游城市其实也是以经济为目的的。

的目标就是建立现代法治,实现依法治国。

从前面我们已经知道,城镇化之所以成为现代化的重要内容,是因为现代城市产生了一种新的与农村、早期城市、中古城市不相同的生存方式。在这种新的城市生存方式的基础上,产生了现代法治。当然,现代法治从萌芽到建立经过了数百年的历程,不是一蹴而就的。这种新的城市生存方式具有集中性、流动性、专业化和异质性等特点,这些特点对现代法治的产生和成长都产生过极大的影响。它对法治现代化的影响具体表现如下:

1. 集中性所带来的影响

城市生活方式的集中性主要表现在三个方面,即人口的集中、经济活动的集中和文化活动的集中。集中是城市生活的基本特点,是城市生活方式形成的原因。与农村相比,城市人口的集中度是非常高的。全世界城市面积的总和约为20万平方千米(相当于一个陕西省),多数国家的城市面积仅占国土面积的1%。城市人口所占比重大,而所占国土面积小,说明城市人口集中度在不断增大。在工业化之前,百万人口的城市寥寥无几,而现在这类城市则是遍地开花,全世界达几百座;千万人口的城市也达一二十座。城市不但积聚了大量的人口,而且成为经济中心、文化中心、政治中心、交通中心、信息中心,等等。集中带来了规模,规模产生了效益。所以,现代政治运动的中心往往在城市,一个重要原因在于城市人口多,易于产生广泛影响。另外,城市人口的集中也便于民主选举。选民投票方便,被选举人开展竞选活动也方便。这些活动都是法治社会缺少不了的。

当然,集中不但会带来量的变化,而且会带来质的变化。农村人口迅速向城市集中,他们的思想会在城市这一新的环境中发生变化。乡村的铁匠与城市的铁匠看似相同,实则不同。因为他们身处的环境不同,思考的问题便不相同。城市人和乡村人的差异主要是思想的差异。

城市由于人口的集中往往发生大众行为,即不稳定与相对无组织的行为。大众这个词意味着临时聚集的非紧密的社会群体。由于大众行为往往是受某种来自外界的刺激的反应,缺乏深入的思考,所以,大众行为所产生的广泛影响有好有坏,诸如游行、示威、群众大会等事件都有利于加强群体的团结,实现某种政治或经济等方面的目的。而且合法的游行、示威、群众大会等大众行为是法治社会下人们意愿的表达形式,使人们的情绪有了正常的宣泄途径,起到了社会安全阀的作用,避免了社会更大的动乱。所以,这种大众行为是现代法治社会所允许的。当然,大众行为也可表现为骚乱、恐慌等形式,这种大众行为往往会引起社会动乱,发生社会冲突,是法治社会所极力避免的。

2. 流动性所带来的影响

工业化带动了城镇化,所以,现代社会的城市大多以工业为支柱。机器化大生产提供了许多就业岗位,吸引农民从乡村流动到城市务工。机器化大生产还使生产空间与生活空间隔开,人们整天要奔波于不同的空间,在不同的空间流动。另外,市场经济竞争激烈,经常会发生企业的倒闭与开张,这也会引起员工的流动。城市人价值多元化必然带来职业选择的多元化,人们为了找份适合自己的工作,势必频繁跳槽,从而带来频繁的流动。城市的社会流动主要分为以下不同类型:依流动的主体范围可分为代内流动和代际流动;依流动的方向可分为水平流动和垂直流动;依流动的规模与作用可分为结构性流动和非结构性流动。各种不同类型的流动对社会产生的影响是不同的。但总的来说,各种不同类型的流动对社会产生的影响是积极的,有利于社会的进步。

人口的流动会扩大人际交往。在乡土社会,人们的活动范围有限,认识的人有限,人际交往限于地缘关系、血缘关系。而在城市居民之间,比起农民来,交往面大大扩大,交往对象大大增多,交往方式大大多样化;也不再限于与有地缘关系、血缘关系的人交往,与有业缘关系、趣缘关系、志缘关系的人也有密切的交往。交往的扩大,使城市人眼界开阔,价值取向多元化,对不同意见更加宽容。多元化、宽容是民主的温床。民主是在多元化、宽容的温床上孵化出来的。德国学者斯宾格勒深刻地认识到这一点,认为"民主是城市人的世界观",是"城市中的才智之士改造了青春时期的伟大宗教,在贵族和僧侣的旧宗教以外建立起第三等级的新宗教,即自由科学"。① 而没有民主就没有法治现代化。所以,我们在实现法治现代化的进程中绝不能限制人口的流动,否则就阻碍了法治现代化的进程。我国一些地方对人才流动的限制,对农民工进城的限制,都不利于促进法治现代化的进程。

3. 专业化所带来的影响

传统的农业社会一般是按年龄和性别分工的,劳动分工极不发达,其成员是靠基本相似性聚拢在一起的,即人们穿着相似的衣服,住着相似的住所,过着相似的日子,思考着相似的问题。现代社会是靠人们的不相似性聚拢在一起的,社会是由一系列相互联系的个人组成的,每个人都有不同的特点,社会团结的基础不再是成员的相似性,而是他们之间的差异。工业化使城市社会分工越来越复杂,复杂的社会分工带来的是城市生产方式和生活方式的专业化。据统计,在1850

---

① 奥斯瓦尔德·斯宾格勒.西方的没落(上册)[M].齐世荣,等,译.北京:商务印书馆,2001:209.

年,美国工业化的早期,社会上只有323种职业;而在当今的美国,职业已多达两万多种。① 况且,这里统计的仅是合法性职业,非法性职业尚未计算在内,其实非法性职业的种类也是很多的。专业化使得人与人之间的协作越来越重要,从而使得城市居民生活的组织化程度得以提高。专业化还使得城市居民对社会的服务业的依赖性越来越大,这是因为专业化对技术要求很严,人们把大量的时间投入工作、学习中去,生活中的许多事情便无时间去做或无能力去做,这样,服务业便发达起来了。所以,越是经济发达的城市,服务业越是发达。现代的发达国家,第三产业占国民生产总值的比重很大,吸纳的劳动力人数也最多。

我们知道,社会之所以成为一个整体,是由于它的成员有着相同的规范和价值标准。随着社会分工的多样化和专业化,人们之间的差异越来越大,人们考虑更多的是个人,而不是社会,这样人们所遵守的相同的规范和价值标准就逐渐瓦解了,其结果是社会出现了失范。所以,在现代化的过程中,法律及其观念是会发生很大变化的,这个变化的过程就是法治现代化的过程,也就是传统法律及其观念向现代法律及其观念转变的过程。由于国情不同,文化不同,法治现代化的过程在某些国家转变得较为顺利,而在某些国家转变得较为艰难、曲折。

法治现代化是一个涉及观念、行为及其实践领域的多方面进程,它的核心是人的现代化。任何制度都需要人来完成,法律制度也不例外。要实现法治现代化,仅有现代化的法律制度是远远不够的,还需要有一批具有现代法律意识的法律人来具体操作现代化的法律制度。这些法律人的联合就构成了法律职业共同体。因此,专业化既推动了法治现代化的进程,也促进了法律职业共同体的形成。

在现代社会里,法律组织职业化的形成也与城市生活的专业化有关。我们知道,早在古罗马时期,法律家群体就已产生,但严格的现代意义上的法律职业化产生于18、19世纪。这主要是由于工业化引起了城镇化,带来了复杂的社会分工,法律内容越来越多,调整的领域越来越广,以往只要凭着丰富的日常生活经验就能胜任法官、律师职务的时代已经一去不复返。在现代社会,要胜任法官、律师职务,就必须对法律知识进行系统的学习,以往那种学徒式的技术上的训练已经不适应时代的要求了。这是法律职业化的最基本的要求,也是法律职业化形成的最重要的原因。在我国,近几年之所以呼吁实现法律职业化,其原因也是因为我国社会发展越来越快,法律调整的领域越来越广,部分不懂法律的复转军人进入法院工作,已经不像过去那样能胜任审判工作了,所以在此背景下,法律职业化便呼

---

① 伊恩·罗伯逊.社会学(下册)[M].黄育馥,译.北京:商务印书馆,1991:604.

之欲出了。只有实现法律职业化,才能给大众提供优质的服务,才能满足现代社会的需要。一批高素质的法官、检察官、律师、法学教授的出现,既是法律职业化追求的目标,也是法制现代化的标准与要件。

4. 异质性所带来的影响

城市人口的集中和流动性的增强以及专业种类的增多,使异质性明显增强。城市的异质性表现为一系列的差异,诸如职业差异、文化差异、收入差异等。这些差异直接导致了人们社会经济地位的差异。

城市的异质性增强了城市人的独立性。

乡村由于人口少,流动性差,劳动分工不发达,人与人大多熟悉,社会差异没有城市人那样多样与显著。城市人由于存在着比农村多得多的各种差异,人们扮演的社会角色很多,熟人便相对少,整天面对的是大量的陌生人。

所谓陌生人,是指不熟悉的人和不了解的人。陌生人是不速之客,没有被"邀请"就进入我们的视野,所以,他们是我们所看到或听到的人,他们的存在被我们确确切切注意到了。陌生人既不是我们的朋友,也不是我们的敌人;既不是我们中的一部分,也不是他们中的一部分;既不能接近他,也不能远离他。由于城市生活中存在大量的陌生人,这就使人与人之间产生距离感和疏离感,使个体与外在社会的联系切断,人与人缺乏情感,处于冷漠状态中,从而增强了城市人的独立性或自由。而个人生活的自由是法制现代化题中应有之义。也就是说,城市生活的异质性导致城市人比农村人有更多的自由,而公民拥有广泛的自由是法制现代化的要件之一。所以,城镇化的发展必然会促进法治现代化的进程。

城市生活方式的异质性带来了次级的而不是初级的社会关系①,这种次级的社会关系形成了非人情化的、变化无常的和表面化的社会联系。所谓初级的社会关系是指为个人提供安慰并满足其情感需要的持续的关系。初级关系的形式包括父母与子女间的关系、友谊、爱情以及关系密切的社会群体或社区成员间的关系,这种关系具有亲密的社会交往和合作的特征。个人的思想和社会性的形成主要是在初级关系中形成的。而在次级的社会关系中,信息交流比较肤浅,社会交往与合作不亲密,关系很容易移植到他人身上。例如,店员与顾客的关系就是一种次级关系。如果说在乡土社会里,人与人之间存在的更多的是初级的社会关系,那么,在都市社会里,人与人之间存在的更多的是次级的社会关系。店员和顾客的关系就是一种次级关系,他们其实互为陌生人,他们虽有交往,但那是陌生人

---

① 有些研究者称初级关系和次级关系为首属关系和次属关系,或首属群体和次属群体。

之间的交往,谈不到关系的密切。在初级关系中,虽然存在着爱与友谊,虽然能更多地实现自我满足,但由于亲情和友谊的缘故,在处理问题时,往往做不到平等、公正。而在次级关系中,人们之间的交往与合作并不亲密,这样,在处理问题时,就更有可能做到平等、公正。我们知道,平等与公正均是法制现代化的必备要件之一,没有法律面前的人人平等,没有立法者和执法者的公正,法制现代化就是一句空话。所以,城市生活方式的异质化有利于社会平等与公正的实现,从另一方面促进了法治现代化的进程。

城市生活的异质性也会增大个人生活的隐蔽性,使私生活与公共生活界限分明,一清二楚。

由于城市人具有更多的自由,经常处于次级的社会关系中,社会交往常面对的是陌生人而不是熟人,所以,城市人的所作所为他人往往是不大清楚的。而农村人由于经常处于初级的社会关系中,家庭、家族、邻里、村庄都属于熟人社会,个人生活的隐蔽性便不及城市人。个人生活隐蔽性的增强使公民的私生活得到了保障,隐私权被侵犯的可能性大大减少,从而使公民人格尊严得以保障,也有利于限制公权力的扩张。这些因素都与法治现代化有很大关系,有利于法治现代化的实现。

城市生活的异质性有利于现代法律的施行。

德国社会学家特尼斯(Ferdinand Tönnies)把城乡社会分别称为法理社会和乡土社会。乡土社会属于小社区,常被看作一个大亲族群体,人们之间大多相识,持有相同的价值标准,对异常行为的社会控制往往采用非正式的手段,诸如闲话、规劝,甚至私刑。法理社会属于大社区,人们之间大多不相识,相互之间的关系不是基于感情上的义务,而是基于功能上的需要,持有的价值标准很不一致,在这种情况下,对异常行为的社会控制采用非正式手段已无济于事,因此,为了保障社会秩序,就必须采用法律和其他正式的制裁手段。法理社会的典型关系是契约。人与人之间的社会结合是志愿性的而非义务性的。梅因所说从身份到契约就反映了从乡土社会到法理社会的情况。由于法理社会的典型关系是契约,而订立契约是在自愿基础上的,所以人们便摆脱了人身束缚,获得了自由。我们可以说,城市生活造就了法理社会,而法理社会要求人们在处理问题时把作为正式手段的法律放在至高无上的地位,使法治取代了人治,标志着法治现代化有了基础。

三、中国的城镇化与法治现代化

在世界范围内,中国的城镇化程度算是比较低的。据统计,2001年,中国城市

一 城市法治:理论与制度

人口比重是36%,大大低于世界城市人口50%的平均比重(1993年统计数字)。当然,近年我国的城镇化率增速较快,但与发达国家城镇人口80%以上的比重相比,中国城镇人口的比重还是显得较低。与中国的工业化程度相比,中国的城镇化程度明显滞后。许多国家工业化程度不如中国,但城镇化程度却比中国要高。之所以会出现这种现象,与我国长期实行的限制城市人口增长的政策有很大的关系。

我国五四宪法规定公民有迁徙自由,但母法规定的迁徙自由没实行几年,就被子法废除了。虽属"不孝",但中国的文化就是这样。法治所要求的程序化在提倡人治的领导人眼中永远是多余的。公民的迁徙自由没了,取而代之的是严格的户籍制,把几亿老百姓都钉在乡村的田地上,不得迁往城市。由于实行计划经济,重点发展重工业,导致老百姓的生活用品奇缺,这样国家只能重点保护城里人的供应。城里人的生活条件好,乡下人羡慕,便想奔向城市,国家只好用户籍制把这些乡下人钉在田野上,让乡下人生产城市人需要的农副产品。所以,我国长期实行的限制迁徙自由的户籍制虽然是极不公平的,但在计划经济条件下也是无奈的选择。这种户籍制长期执行的结果,便是我国的城镇化进程极其缓慢,我国经济文化的发展严重受阻。

改革开放以后,我国引入市场经济机制。市场经济的灵魂是自由竞争,而自由竞争是与迁徙自由捆绑在一起的。所以,实行市场经济的结果必然要冲破实行多年的户籍制的束缚,允许迁徙自由,允许农民向城市流动。当我国限制迁徙自由的户籍制一松动,城镇化的步伐便势不可挡。改革开放三十多年,我国城市人口比重已上升了十多个百分点,据国家统计局在国务院新闻办公室发布会发布的数据,2011年中国大陆城镇人口为69079万人,城镇人口比重达到51.27%。

我们知道,法治现代化在一定意义上说就是从农业社会的法律转向城市社会的法律。大批的农民从农村迁往城市,过上城市的生活方式,其观念必然产生变化,逐渐会接受现代法治意识。①

由于现代法治是城市文明的产物,所以,我们在"依法治国,建设社会主义法治国家"的过程中,一定要大力促进城镇化进程。过去多年,我们曾经进行过"普法",曾经"送法下乡",企图让公民树立现代法治意识;不能说这些做法全无意义,但收效不大却是毫无疑义的。为什么会发生这种"种下龙种收获跳蚤"的尴尬局

---

① 当然这是从整体上说的,不排除少数人长期不接受新观念。但是这些人的后代由于从小生活在都市里,因而接受新观念会比他们的上辈更容易,他们会成为真正的城里人。

面呢？一个重要原因在于我们没有搞清楚现代法治是城市文明的产物。现代法治只有在城市的生存方式中才能生存，而在农村的生存方式中则无法生存。我国在数千年历史中，宗法观念影响很深厚。同姓人往往生活在一个村庄内，俨然一个大家庭。在大家庭里存在着严格的等级、尊卑观念，平等观念是谈不上的。所以，在这样的社会里，与其花大气力去普法，不如改变农村人的生存方式。因为只要生存方式改变了，现代法治观念就会悄悄地从他们的头脑中滋生出来。而在生存方式没有彻底改变的情况下，花大气力去普法，效果不会很显著。因为在大家庭里，若某人接受了现代法治观念，和长辈讲平等，他就会成为孤家寡人，遭到持有旧观念的人的"歧视"，他在当地就无法生活下去。由于遭受孤立的代价实在太大了，所以，一般人在生存方式没有改变之前，即使有接受新观念的意愿，也因为害怕遭受"歧视"而选择放弃。从这个角度来说，在中国广大农村，普法的前提并不具备。同样的道理，在中国基层官员中，普法的效果也不会太显著。因为，在农民占多数的情况下，乡土文化的影响要比城市文化的影响大。在发达国家里，在城市人占多数的情况下，城市文化的影响远远比乡土文化的影响大，比如在美国，许多人虽然居住在农村，但所持观念却是城里人的。而中国却恰恰相反，许多人身处城市，所持观念却是农村人的。中国基层官员可谓离乡不离土，虽然洋装穿在身，心却还是农民的心，观念并没有彻底地改变。所以，在大力推进城镇化的过程中，我们还要对城市人的观念进行彻底的整合，使他们身心都成为城市人。

在这里有必要对城市文明中的城市概念进行界定，否则，就会把我们的思想搞混。作为承载一种文明形态的城市，不能仅仅以城市外观的大小作为判别城市的标准。在有些地方，几千人的聚居区就可称为城市，而在有些地方，几万人的聚居区也不能称为城市。要注重从经济的角度研究城市，因为从经济的角度更能揭示城市的本质。但是，我们应该注意，并不是所有以经济为重心的城市都能产生我们所说的城市文明，因为在以往，以经济为重心的城市分为两类，一类城市生产的产品主要是为宫廷服务的，另一类城市生产的产品主要是为了供应市场，是为了交易。前一类城市就不是我们所说的城市，而后一类城市才是我们所说的城市。中国古代的城市前一类居多。还有一类城市也应排除在外，这就是为长途贸易而设置的定期集市。所以，我们所说的城市应该是那些"只有居住在当地的居民在经济上日常生活需要的基本部分，能在当地的市场上得到满足，即基本部分由当地的居民和周围附近的居民为了在市场上销售而生产或者获得的产品来加以满足"①。城市应是市场中心。近代西方文明的所有成果都是与这样的城市联系在一起的。而中国的一大批小城镇其实还不属于这样的城市。我国的城镇人口中,农业人口占50%以上。县辖的城镇人口中农业人口占75%以上。城市文明在中国的统治为时尚远(至少需要几十年)。中国现在处于农业文明向城市文明的过渡阶段。只有当城市文明在中国居于统治地位时,法治现代化才会实现,法治社会才会建立。因此,法治社会在目前的中国还没有完全实现,我们只能将其当作长远目标,而不能将其当作近期规划。否则欲速则不达。

---

① 马克斯·韦伯.经济与社会(下卷)[M].林荣远,译.北京:商务印书馆,1997:568.

中国的城镇化与法律问题:从制度到秩序

蒋立山①

内容提要:本文重点围绕制度和秩序两个层面集中论述当代中国的城镇化与法律的关系:①从制度层面看,中国的城镇化进程已经构成目前世界上涉及人口规模最大的权利平等运动,其所面临的问题复杂性决定了这将是一场渐进、适时、有序和多层次推进的制度变革和权利平等运动,并正在和即将推动中国法律制度发生一系列根本性的变化。②从秩序层面看,城镇化进程的加速期阶段与中国转型秩序处于矛盾上升周期的事实存在正相关的影响,且还会延续若干年。此后,城镇化的中后期进程有望与其他因素结合,导致转型秩序呈现出好转的趋势,并最终改变城市法律秩序与农村法律秩序二元分割的格局,促进一元性的法律秩序普遍确立。城镇化进程的基本完成也将对中国的法治成长和公民社会建设产生长远的意义。

关键词:法律;城镇化;权利平等运动;法治成长;公民社会

法律与城市的关系,是一个跨学科的复杂问题。就目前掌握的材料看,从法学角度把法律与城市之间的复杂事实关系转换成一种简单性的理论把握,依然是一件人们尝试不多但又颇有意义的事情。在近代欧美,城镇化进程中法律演进的自发性质,使得当时的法学错过了近距离观察与理论思考的机会。与此不同的是,当代中国的法律变迁是在迅猛的城镇化进程背景下展开的,法律既在制度层面上受到欧美法律制度示范的强烈影响,又在法律绩效层面上受到以城镇化为代表的急剧社会变化的牵制。这迫使中国法学界在热切关注欧美国家法学界的传统法治问题的时候,也应该同时关注以往欧美法学界不曾关心或不甚关心的问题,把法律与城镇化的关系问题作为影响和关涉中国法律前景的大问题加以思考。

本文拟从城市学、城市社会学等外部学科的基础知识和已有成果出发,对中国当前的城镇化与法律的关系中的几个问题做一简要分析。首先,我将对改革开放近三十多年来中国城镇化与法律的关系做简要的描述性回顾,意在指出,与法

---

① 蒋立山,中国政法大学教授、法学博士。

律在构建市场经济的法律制度方面所做出的突出贡献不同,近二三十年来,中国法律在城镇化方面的角色基本是保守的甚至经常是负面的,虽然这一现象正在得到改善。其次,我将分析法学家在分析城镇化相关法律问题时所研究的视角多是单一性的,即多在规范层面上论述应该如何。这是必要的,但又是明显不足的。应该把规范视角与社会实证视角结合起来,既要从理想性角度出发看问题,也要关注问题的可行性一面。这也是本文要努力试图体现的立场。最后,我将围绕制度与秩序两个层面集中论述当代中国的城镇化与法律的关系——从制度层面看,中国的城镇化进程将构成目前世界上涉及规模人口最大的权利平等运动,其所面临的问题复杂性决定了这将是一场渐进、适时、有序和多层次推进的制度变革与权利平等运动,并正在和即将推动中国法律制度发生一系列根本性的变化。从秩序层面看,城镇化进程的加速阶段与中国转型秩序处于矛盾上升周期的事实存在正相关,即城镇化进程的加速会加剧城市秩序的持续性紧张与恶化,且会延续若干年。此后,在城镇化的中后期其进程有望与其他因素结合,导致转型秩序呈现出好转的趋势,并最终改变城市法律秩序与农村法律秩序二元分割的格局,导致体现正式规则治理特点的一元法律秩序普遍确立,即现代法治秩序从城市向农村地区的扩展。

一、城镇化进程及其与法律的关系描述(1980 年至今)

基于多数工业化国家的历史经验,人们可以根据城镇化的历史分期,把城市与法律的关系问题大致分为三个历史阶段的关系问题。

第一阶段,农业社会阶段(前城镇化阶段),也可称为农业文明主导的法律时代。关于农业社会的法律,熟悉法律史教科书的人对此都不陌生。根据目前学界的共识,在农业社会阶段,法律呈现出稳定性、保守性、地方性和崇尚神化了的自然秩序的倾向,村落与家庭共同体的价值居于个人价值之上,不同形式的家长权威得到正式法律制度的认可和维护,非正式规则的调整占主导地位。在此阶段,城市作为正式制度的维护中心和商贸中心,反映其特色的法律及价值不占主导地位,整个社会的法律是农业取向的。

第二阶段,工业化阶段(城镇化阶段),即工业文明或城市文明居于主导地位的法律时代。以工业化为主要动力的城镇化进程,在城市自身及城市与乡村的关系方面引发了两方面的问题。一方面是人口向城市的迅速集中,导致了环境、公共资源及秩序的紧张和相关制度安排的急剧变化;另一方面,人口向城市的集中也导致城市与乡村关系的一系列变化,从工业化初期乡村经济的衰落到工业化中后期城市"反哺"农村,再到后来城市生活方式及现代性秩序在农村扎根。上述这些方面的法律与城市(城乡)的关系问题构成了近二百年来法律生活的重要内容。

第三阶段,即后工业化社会阶段,城镇化水平接近极限,城市价值取向的法律文明将覆盖全部的城市与乡村社会。在此阶段,正式规则的调整覆盖全社会,乡村生活方式完全城镇化,传统农民及其生活方式完成了历史性的"终结"历程。

在上述三个阶段中,城镇化的加速阶段即第二阶段对近现代法律的动态影响最大,所产生的相关法律问题最多,也是多数发展中国家正在经历的历史过程。其产生的法律问题,既指城市价值主导的法律秩序的迅速产生与发展,也指传统农村法律秩序的衰败,即体现城市价值的法律秩序的建立问题,以及体现不同价值的城乡二元法律秩序的对立问题。如果从整个城镇化过程对法律秩序的影响来看,城镇化过程也是法律秩序类型演进的过程,即从乡村价值主导的传统一元秩序向城乡对立的二元秩序转变,进而又向城市价值主导的现代一元秩序转变的过程。

从上述历史分期角度看,中国目前的城镇化与法律的关系仍然处于第二阶段,即处于加速状态的城镇化进程与相关社法律问题最集中的阶段。从相关政策演变的角度看,可以把现阶段中国城镇化与法律的关系具体细分为两个时期。第一个时期是二十世纪八九十年代,面对逐渐加速且愈来愈迅猛的城镇化浪潮,法律基本上是在扮演一个消极保守甚至是反城镇化的角色,特别是在对进城农民工权益保障的缺失方面,法律日益受到社会各界的批评;另一个时期是进入 21 世纪以来,构建和谐社会目标的提出,城镇化战略在国家层面的确立,以及新农村建设初见曙光,可能在预示着一种新的面貌:法律与城镇化之间将呈现积极的互动格局。

1. 二十世纪八九十年代,快速城镇化与消极保守的法律

中国城市与法律的关系,至少要回溯到新中国成立之初。1949 年,中国城市人口 5700 多万,城镇化水平为 10.6%。到 1958 年前后曾经达到 19%,又经历了两次逆城镇化过程①,致使城镇化的速度大大落后于工业化进程。到二十世纪九十年代中期,中国只有 30% 的人口是城市居民,城镇化程度仅相当于日本战前的

---

① 分别指 1961 年至 1965 年动员 2000 万人返乡和压缩城市数量、1966 年至 1976 年主要通过"干部下放"和"知青插队"向农村输出 3000 万人。参见:向德平.城市社会学[M].武汉:武汉大学出版社,2002:170.

一 城市法治：理论与制度

水平①。

1958年，在新中国成立后的第一次工业化出现暂时性困难之后，初步启动的城镇化进程也随之出现逆转。锁定当时城乡关系的一个重要法律文件，是全国人大常委会通过并以国家主席令的形式颁布的《中华人民共和国户口登记条例》，其确立了一套全方位的户口管理制度，包括常住、暂住、出生、死亡、迁出、迁入、变更等7项人口登记制度。这个条例以法律的形式严格限制农民进入城市，城乡分离的"二元经济与社会模式"因此而生成。

自二十世纪八十年代起，中国现阶段城镇化是从带有某种半自发性质的所谓"城镇化"重新起步的。在1978—1984年，大约2000万"上山下乡"的"知青"和干部返城并就业，城乡集贸市场开禁，出现大量的城市暂住人口，各地乡镇企业的异军突起也带动了小城镇的发展。1984年，中国开始尝试用农村经济改革的方法推进城市经济改革，以发展新城市为主，沿海地区出现了以大量新兴小城镇组成的"工业化地区"。根据小城镇的发展，国家将设镇标准定为非农业人口2000人；设市标准由原来的10万人降低为6万人。同时，允许农民自带口粮进城办第三产业，这导致每年数千万甚至上亿的农民进城打工和做生意。这些措施促进了城市的发展。中国的城镇化率由23.01%提高到27.63%，年均提高0.58个百分点。②

在二十世纪八九十年，面对逐渐加速的农民进城浪潮，中国政府显然持一种既矛盾又一厢情愿的态度。一方面，国家希望在大中城市有限度地接纳一定数量的农民工，让他们在一些城里人不愿意从事的特殊职业上发挥替代作用；另一方

---

① 薛涌. 人口问题与城镇化[EB/OL]. http://www.863p.com/Article/ArcPlan/200611/9353.html.
② 我国法律在户籍问题上的有限改革措施有：1984年，中共中央一号文件，允许务工、经商、办服装业的农民自带口粮在城镇落户；继而国务院又发出《关于农民进入集镇落户问题的通知》，允许农民自带口粮进集镇落户。1985年7月，公安部又颁布了《关于城镇人口管理的暂行规定》，"农转非"内部指标定在每年万分之二。同时，作为人口管理现代化基础的居民身份证制度也在同样的背景下由全国人大常委会于1985年9月宣布实施。1994年，取消户口按商品粮为标准划分为农业与非农业户口的"二元结构"，而以居住地和职业划分为农业和非农业人口，建立以常住户口、暂住户口、寄住户口3种管理形式为基础的登记制度，并逐步实现证件化管理。1997年6月，国务院批转了公安部《小城镇户籍管理制度改革试点方案和关于完善农村户籍管理制度的意见》，明确规定：从农村到小城镇务工或者兴办第二、第三产业的人员，小城镇的机关、团体、企业和事业单位聘用的管理人员、专业技术人员，在小城镇购买了商品房或者有合法自建房的居民，以及其共同居住的直系亲属，可以办理城镇常住户口。1998年7月，国务院批转了公安部《关于解决当前户口管理工作中几个突出问题的意见》，解决了新生婴儿随父落户、夫妻分居、老人投靠子女以及在城市投资、兴办实业、购买商品房的公民及随其共同居住的直系亲属，凡在城市有合法固定的住房、合法稳定的职业或者生活来源，已居住一定年限并符合当地政府有关规定的，可准于在该城市落户等群众反映强烈的几个问题。2001年3月30日，国务院批转了公安部《关于推进小城镇户籍管理制度改革的意见》，对办理小城镇常住户口的人员，不再实行计划指标管理。

面,各级政府特别是中央政府又希望更多的农民有序地进入中小城市,而不是进入在管理及接纳方面远未做好准备的大城市,扰乱那里的城市生活秩序。"离土不离乡,进厂不进城"成了当时中国城镇化政策的重要组成部分。在此背景下,1982年5月12日,国务院发布了《城市流浪乞讨人员收容遣送办法》。此办法规定,对于家居农村流入城市乞讨的、城市居民中流浪街头乞讨的、其他露宿街头生活无着的人员予以收容、遣送(至户口所在地)。1990年施行的《中华人民共和国城市规划法》中明确了中国关于城市发展的指导方针,即国家实行严格控制大城市规模、合理发展中等城市和小城市的方针。1995年,公安部又颁布了《暂住证申领办法》,对暂住证性质、申领对象、登记项目等问题进行了规定,以期进一步加强对流动人口的管理,维护城市的治安秩序。此阶段实施的1990—1995"八五计划"也同样贯彻了此种方针。在此背景下,原有横亘在城市与农村之间的制度藩篱基本没有改变,反而在新形势下得到强化。

大致从二十世纪八十年代末开始,一个一度曾经消失了30多年的词汇"盲流"再度流行中国①。1989年,中国出现第一次民工春运高潮,3000多万名农民工返乡造成的大城市铁路交通困境给有关部门造成了巨大压力。从此,在人们的视野里,农民工的潮流势不可挡。据统计,1978年,农村从事非农产业的劳动力为2182万人;2005年,这一数字已经达到20412万。② 大致是在1995年实行暂住证制度之后,"三无人员"③一词在某种程度上替代了"盲流"一词,或两者同时流行。

为遏制农民工"盲流"造成的大规模无序现象,几乎整个九十年代,中央及各地政府以遣返处理外来"三无人员"为主要对象,运用法律与行政手段进行了持续性的、声势浩大的整治运动。特别是在每年春节前夕及中国"两会"期间,以整顿社会治安为目标的清理"三无人员"的运动遍及全国。全国各大城市针对外来人员聚集区的专项整治工作也周而复始、此起彼伏。④ 每年各地大中城市都有数以

---

① "盲流"是指农村人口自发地流入城市的现象。在中国现行户籍制度中,长期居民可分为城市户口与农村户口,盲流一般为农村户口持有者。在传统体制下,农村人口转入城市是在统一计划条件下进行的,盲流在进入城市后一般无长期正式工作,亦非城市企事业单位雇用的合同工,其生活无可靠来源。二十世纪五十年代初期,每年都有大量农村人口因贫困流入城市,1953年4月,国务院发出了《劝止农民盲目流入城市的指示》,首次提出了"盲流"的概念。1956年秋后,农村人口流入大城市和工业建设重点区域的现象发展到十分严重的程度,国务院于当年年底再次发出《防止人口盲目外流的指示》,并于1957年初对该指示作了补充再次下发。参见百度百科"盲流"词条(http://baike.baidu.com/view/167814.htm)。

② 中国农民工问题研究总报告[EB/OL] http://club.cat898.com/newbbs/printpage.asp?BoardID=3&ID=1454304。

③ "三无"是指无身份证、无暂住证、无用工证明。

④ 如首都北京在二十世纪九十年代曾经反复开展过整治"新疆村""浙江村""非法劳务市场"等工作。

城市法治:理论与制度

万计甚至更多的无合格法律证件的农民被强制遣送回乡。①

当然,上述现象,仅仅是中国农民工权利保障缺失和法律所扮演的消极角色的一个方面。2005年由国务院研究室牵头,中央和国务院17个部门及有关方面组成的相关调研组提交的《中国农民工问题研究总报告》中,还提到了其他几方面问题:

一是农民工工资待遇和劳动条件方面存在的问题严重。据湖南、四川和河南三省的抽样调查,农民工月实际劳动时间超过城镇职工的50%,但月平均收入不到城镇职工平均工资的60%,实际劳动小时工资只相当于城镇职工的1/4。2亿左右农民工的低工资,导致在国民财富分配中,其劳动收入与财政收入、投资收益相比,所占份额明显偏低。不仅如此,农民工劳动安全卫生条件较差,往往缺乏最基本的劳动保护。农民工拿着最低的工资,却干着最重、最苦、最脏、最累、最危险的活。据国家安全生产监督管理局统计,全国每年因工伤致残人员近70万,其中农民工占大多数。据国家统计局2004年所做的典型调查,农民工平均日工作时间11小时,每月工作时间超过26天。76%的农民工在节假日加班未享受过加班工资。

二是农民工的社会保障待遇普遍缺失。由于现行的城镇社会保障制度规定,以及城市政府和企业的认识差距等因素,绝大多数农民工享受不到基本的社会保障。工伤保险参保率低,伤残医治赔偿困难;医疗、养老保险空缺,农民工后顾之忧难以解决。劳动和社会保障部调查表明,农民工医疗保险的参保率为10%左右,养老保险的参保率为15%左右。而基本养老保险由于不能跨地区转移,一些地方已参保的农民工也纷纷退保。

---

① 如下两则近年的新闻报道同样能折射出二十世纪九十年代各地政府治理"三无人员"的工作状况。一是《信息时报》2003年1月15日报道:广州警方1个月遣返万余"三无"人员(记者郭爱娣、通讯员龚宣)。大意是:新春佳节将近,广州市各级公安机关按照市公安局的统一部署,围绕打击"两抢"、偷盗机动车辆等违法犯罪活动,大力开展收容工作,有效地净化了社会治安环境。据统计,一个月来,广州全市公安机关出动警力27000多人次、车辆5000多辆次,收容"三无"流浪乞讨人员13000多人,遣送10000多人。(http://gzdaily.dayoo.com/gb/content/2003-01/15/content_919664.htm)。二是《泉州晚报》2001年7月21日以《这条"乱"街不乱了》(记者吴家阳)为题,报道了一则新闻,大意是:据当地公安派出所所长介绍,泉州市兴贤路地处城乡接合部,周边有外来暂住人口1万多人。2000年度,在兴贤路发生刑事案件137起,其中致死案件7起,飞车抢夺案63起,发生治安案件314起,群众把这条街称为"乱街"。泉州市鲤城区和浮桥镇将整治这条街作为"严打"整治斗争的一项重要内容,对这条街进行高压清除。半年多来,浮桥派出所从这条街上共遣返"三无"人员567人,抓获违法犯罪人员34人。2001年1月至6月,这条街的刑事治安案件与2000年同期相比下降了50%,群众的安全感大大提高。(http://www.66163.com/Fujian_w/news/qzwb/gb/content/2001-07/21/content_255529.htm)。类似报道在中国各地新闻中屡见不鲜。

三是农民工基本享受不到政府提供的城市公共服务。如很多地方没有将进城农民工子女纳入当地义务教育体系。尽管中央政府三令五申,但一些地方公立学校仍然向农民工子女收取额外的借读费。而农民工家庭中父母长期在外打工,留守农村的孩子缺乏良好的教育,辍学、失学人数增多。此外,农民工居住条件比较恶劣,生活质量低下。很多农民工处于居无定所的状况。根据部分城市调查,在制造业和工矿企业中,虽然不少企业有集体宿舍,但拥挤不堪,经常是几十人拥挤在同一个棚屋中,卫生安全条件脏乱差;从事建筑施工工作的农民工,一般居住在建筑工地的简易工棚、地下室和未竣工的房屋中。农民工的城市生活处于"孤岛化"状态,他们穿最廉价的衣服,用最廉价的商品,吃最廉价的食物,住最廉价的房子,业余文化生活贫乏单调。

四是农民工维权工作困难重重。目前,涉及农民工的高发侵权案件,主要是工伤和劳资纠纷。按照《劳动法》规定,劳动争议案件必须经过劳动仲裁,才能向法院起诉。但现行劳动争议仲裁时效 60 日的规定太短,使得众多农民工延误维权的时机。此外,仲裁、诉讼环节过多,必要程序全部走完一般需要 1~2 年,有的到案件终结时用人单位已不存在或相关责任人已无从查找,迫使农民工到处申诉、告状。农民工在企业里缺少主人翁的地位,劳动工资集体协商制度没有得到执行。

上述这些现象,前三个方面首先与相关立法歧视或立法缺失相关,后一方面则与法律实施特别是农民工权益的司法保障不力相关。

还应该看到,中国户籍管理政策经历了几十年演变之后,非但没有剥离附着在户籍制度上的社会福利因素,反而有所增加。一些地方的政策及相关法规,在制定如投资、购房、最低生活保障等规定时,经常采取与现有户籍挂钩的做法(这意味着与进城工作的农民工无缘)。上述做法,使得有学者甚至认为,改革开放几十年来,中国现行户籍制度弊端(城乡差距)反而在扩大。①

综上所述,人们至少可以在现象层面上得出一个初步的结论,即在整个二十世纪八九十年代,面对中国迅猛的城镇化浪潮,法律基本上是在扮演一个消极保守甚至是逆城镇化的角色。在这种表象的背后,则是国家关于城镇化战略的摇摆与迟疑,即如前面所言,中国政府曾经寄希望于"离土不离乡,进厂不进城"的模式,走一条中国特色城镇化的新路。

---

① 专家称中国现行户籍制度弊端在扩大[N].人民日报,2007-05-09.

2. 进入21世纪以来,城镇化与相关法律改革的良性格局有望出现

进入21世纪以来,中国城镇化与法律之间的关系开始在几个层面上出现了积极的趋势性变化。

在国家层面,在"十五规划"中,虽然重点发展小城镇的内容没变,但城镇化战略正式被确立国家的经济与社会发展目标。"改革城镇户籍制度,取消对农村劳动力进入城镇就业的不合理限制"①的内容得到了明确。中国的国家经济与社会发展规划虽然不是纯粹的法律文本,却是全国人大通过的具有法律效力的正式指导性文件,其中关于城镇化战略及户籍制度改革的内容自然也体现了相关方面法律改革的重要方向。

在地方层面,至少有12个省市以不同方式"试水"户籍制度改革。2003年,河南郑州实行"户籍新政"改革,规定不仅投资置业、买房、直系亲属投靠等条件可以入户,就连投亲靠友都可以入户。交4元钱,5分钟就可以迁入一个户口,这曾经被认为是迄今为止全国各地户籍改革政策最宽松的改革尝试。② 当然,由于改革步骤过快,最终由于城市公共资源不济而暂告中止。

在社会层面,2003年武汉大学生孙志刚在广州因无法出示规定的"三证"被收容站管理人员殴打致死案引发的社会舆论风潮,最终导致国务院迅速废止了《城市流浪乞讨人员收容遣送办法》,代之以《城市生活无着的流浪乞讨人员救助管理办法》。2007年7月26日,北京律师程海状告合肥公安部门户口迁移不作为一案,也似乎预示着以法律诉讼推进中国户籍制度改革的序幕正在缓缓拉开。

二、制度问题:规模最大的权利平等运动

对于什么是城镇化,学界普遍给出了一个多层面的定义:人口学意义上的城镇化是指农村人口变成城市人口,即农村人口向城市集中的过程;地理学意义上的城镇化是指农村地域向城市地域的变化,即地域中的城市性因素逐渐扩大的过程;经济学意义上的城镇化是强调农村经济向城市经济(即工业经济和服务业)转化的过程;社会学意义上的城镇化涉及的内容更多,但一些学者更强调生活方式的变化,即城市生活方式向农村扩展的过程。③

---

① 中华人民共和国国民经济与社会发展第十个五年计划纲要[Z]. 全国人民代表大会常务委员会公报,2001-03-15.
② 郑州户籍新政折射教育困局　户籍改革需整体推进[EB/OL]. http://www.china.com.cn/city/txt 2007-01/08/content_7622366.htm.
③ 向德平. 城市社会学[M]. 武汉:武汉大学出版社,2002:136-137.

本文认为,在中国当前的社会背景下,此定义应该再加上一项内容:从法学意义上说,城镇化最终将演变成一场城乡居民之间的权利平等运动,即部分城市居民所享有的"市民权利"向惠及包括农村居民在内的全体民众的公民权利转化的过程。如果考虑到中国城镇化进程所涉及的人口规模,人们可以说,中国的城镇化进程不仅是一场根本性的社会结构变迁,同时也是目前世界上涉及人口规模最大的权利平等运动。

然而,如何推进这样一场涉及七八亿人口的规模史无前例的权利平等运动?在传统规范法学的角度与作为社会科学的法学视角之间似乎存在着不同的分析思路。

从规范法学的角度出发,基于规范与事实、理论与现实的差距,人们很容易得出一个基本结论,即中国应该废除现行户籍身份制度,实行城市居民与农村居民的权利平等。具体的理由是:

第一,城市居民与农村居民之间的权利不平等是目前中国社会最大的法律不平等。中国目前有7.3亿农民、1.4亿流动人口(以农民工为主体)[①],他们构成了中国人口的绝大多数,但却在法律权利上处于弱势地位。这无论在中国信奉的政治生活理论上或是宪法原则上都是说不过去的。

第二,中国于1998年10月5日签署《公民权利和政治权利国际公约》,正待全国人大批准(截至本文写作时,已经等待了十余年了)。依此公约,公民的迁徙自由是公民的一项基本权利。从迁徙自由原则出发,城乡二元隔绝的体制应该在被废除之列。

然而,上述推论只是从规范分析的意义上解决了这场权利平等运动的目标问题,如何实现这一目标、如何操作这场权利平等运动的问题,却超出了规范分析的范围,进入了事实分析或社会实证分析的跨学科领域。

由此,人们不仅要关注户籍制度问题的理想性制度立场,还应该关注该问题解决的路径、成本及可行性。根据学界各方面的研究,人们大致有以下几个问题需要关注:

1. 户籍制度改革的经济成本问题:资源与城市承载能力

谈到城镇化问题,首先不得不考虑城市资源供给与人口承载问题。

以北京为例,国际公认的缺水标准是人均1000立方米以下,300立方米被认为是不应突破的底线。按照这个最低标准计算,北京市水资源合理人口承载力不

---

① 7.3亿农民与1.4亿流动人口两个数字之间有重合。

超过1700万人。北京市的总体规划将2020年的人口目标制定为1800万。然而,相关统计表明,按目前的人口增长速度,2020年北京人口将突破1800万人的政府规划控制目标,达到2141.23万人。超载人口达预计达400多万人。①

同样严重的问题是,全国不只北京一个城市面临水资源的人口承载力难题。据水利部统计,全国669座城市中有400座供水不足,110座严重缺水。在32个百万人口以上的特大城市中,有30个长期受缺水困扰。14个沿海开放城市中有9个严重缺水。北京、天津、青岛、大连等城市缺水最为严重。② 如此而言,未来20年内,3~4亿农民应该进入哪些城市呢?

如果说,自然资源的人口承载力是一个长期性因素,城市公共资源则面临着一些短期类的困扰。诚如一些学者所指出的,仅从制度层面看,户籍制度本身并不复杂,问题在于中国现行的户籍上附加了许多社会福利功能。按帕累托最优原则及相应的补偿原则,把原为少数城市居民所享有的社会福利简单平分给大数农村居民,即用一部分人的损失增加另一部分人的福利是不可取的。至少是在原有居民福利不变的条件下,增加另一部分人即农村居民的福利,或是城市居民的暂时损失小于未来的收益。这是理论上的问题。在实践中,对于城市居民的暂时福利损失多大是能够承受的,也是必须考虑的问题。另外,中国城市化进程中还存在一种福利损失,即公共福利的损失。如农民大量进城所导致的城市交通、教育等公共资源的暂时紧缺等。

当然,仅看城镇化进程中的经济成本是片面的和短视的。城镇化本身是一个资源集约化的进程,城镇化的水平标志着社会经济发展水平,这是公认的事实。依经济学上的推算,以中国现有的发展水平,城市人口比重每提高1个百分点,直接消费可拉动GDP增加1.5个百分点,城市基础设施投资将新增1400亿元,最终可带来3360亿元的GDP。城镇化率每年提高1个百分点,对经济发展直接和间接的贡献率将达到3个百分点左右。③ 这说明,城镇化本身的收益是完全可以补偿其经济成本。

问题在于,由于城镇化滞后于工业化进程,中国城市建设的历史欠账太多,不可能在短期内弥补,城镇化所增加的社会福利转化也需要一个过程。故而又提出

---

① 相关数字参见:京津冀人口发展战略报告. 转引自:北京、上海应为3000万人口做准备[J]. 中国青年报,2007-12-15.
② 城市节水:践行"和谐"之道[EB/OL]. http://info.water.hc360.com/2005/08/10095557273.shtml.
③ 李继凯,杨雅清.农村城镇化进程启示录——山东省济南市郊区城镇化试点调查[J].人民论坛,2005(4).

了一个时间的因素,即户籍制度改革的速度问题。

2. 户籍改革的速度问题:渐进还是激进

2007年,北京律师程海状告合肥公安部门户口迁移不作为一案,拉开了中国"迁移户口第一案"的序幕,进而使得早已存在的关于户籍制度改革速度问题的争论再次浮出水面。

2007年5月,在围绕此起法律诉讼举办的"户籍歧视与社会公平研讨会"上,何兵教授认为,由于户籍制度的长期存在,现行户籍制度上面压了劳动保障、高考分数线、医疗制度等众多社会利益和分配格局,如果突然"把最下面的板抽掉",允许自由迁移,恐怕会引起社会问题。①

律师程海不认可这种说法。他认为,实现自由迁移并不会出现(大)城市人口涌入,城市资源有限不堪重负等社会问题。理由有二个:其一,人不仅是消耗,更重要的是创造财富,通过纳税创造城市的公共服务资源。能在城市待下来的新进人口,大多数是竞争力较强于原住民的青壮年(否则进来也待不下去)。有人曾经统计过,新进人口人均纳税额是原有人口的4倍! 新进人口实际享用的是自己纳税的部分,并没有享用和影响原住民的利益。城市的公共资源紧张,可以用新进人口的缴纳款扩增道路、新建扩建学校和医院以满足需要。其二,人会理性决策。实际上,并不是人人都想来北京和能够长期待在这里,程海说:"我接触过一些建筑业的朋友,他们预感2008年奥运后,北京的建筑市场要萎缩,很多人就提前转到环渤海的天津、沈阳、大连等地去了。没有工作他要这里的户口何用? 所以蜂拥还是不蜂拥不是户口的原因,主要还是工作机会。"

新闻媒体曾以《中国户籍改革,敢问路在何方:激进式还是渐进式》②为题,报道了相关内容。如果把上述不同观点分别归纳为关于户籍制度的渐进论与激进论之争,争论双方似乎都有道理,在纯理论推论上未必能辩出优劣。其实,此种争论结果的揭晓已部分地显现于户籍改革的已有探索实践中。

早在2001年,为了弥补城镇化滞后的一课,中国部分省市曾经在加快城镇化进程方面做了许多探索。其中,以河南省郑州市的实践较为典型。

2001年郑州市户籍制度改革在全国大中城市中起步并不算最早,但其改革设计的彻底性却是引人注目的。从2001年至2003年三年时间里,由于实施户籍改

---

① 王健.户口迁移第一案[EB/OL].http://news.sina.com.cn/c/2007-09-14/173313892988.shtml.
② 中国户籍改革,敢问路在何方:激进式还是渐进式[EB/OL].http://review.jcrb.com/200706/ca608798.htm.

一 城市法治:理论与制度

革政策,郑州市人口在原有200多万常住人口的基础上新增了25万,由于城市公共设施建设跟不上,许多学校出现学生爆满、公交拥挤等现象,最终导致户籍改革暂停。① 其他省市也出现了类似的因城市公共资源暂时性紧缺而导致的叫停户籍改革的情况。

根据类似现象,中国较早致力于研究户籍制度改革的学者王太元认为:"户口改革的最终方向是剥离附加在户口上的各种好处。现在有些人大声疾呼,要求彻底解决。改完以后人人就有北京户口? 就能享有北京市居民的所有好处? ……不是户口决定一切,是你的政治、经济、文化各方面的生活状态决定你的户口。"②据他估计,中国将用十年左右时间改掉户籍制度上的法律歧视问题。

3. 户籍改革的空间格局:整体推进还是局部推进

以城镇化进程为背景展开的这场权利平等运动,涉及复杂的社会背景与社会事实。可以用曾经很时尚的语言说,这是一个复杂的社会系统工程。

在前十多年的探索中,在地方经济竞争的背景下,一些地方曾经就加快城镇化进程做了许多分散性的尝试。然而,由于其中涉及的劳动、就业、教育等改革关乎全国,更由于地方希望从本地区的城镇化中受益,又不想承担过多的成本,致使相关改革流于表面。故而,有专家提出,应该在全国人大或是国务院统一部署下进行城乡户籍改革。

然而,在现有条件下由全国统一部署整体推进城乡户籍改革,在理论上同样有困难。主要是全国统一部署推进改革,显然需要一套更成熟更完备的改革方案,且全国性的改革具有不可逆性,一旦出现改革失误容易陷入被动。

从实践角度看,尽管有学者主张全国统一部署推进改革,但以地方改革试点为先导的户籍制度改革已经在更大规模和更深层次上得到强化。2007年,以"统筹城乡"为特色的、以建立城乡统一的户口登记制度为重点的户籍管理制度改革正在重庆等城市重点展开。据了解,重庆将建立起城乡统一的户籍登记管理制度,统一登记为"重庆市居民户口",不再区分为农村人或城市人。"这一改革将在试点基础上……全面推开,并尽快过渡到以身份证取代属地户籍管理制度。"③由此看来,以地方的局部性渐进改革为主的改革推进方式将是未来一段时期的主要特点,等到条件成熟时才有可能进一步上升为某种全国性的统一改革行动。

---

① 刘炳路,陶建杰. 郑州"户籍新政"三年之变[N]. 新京报,2004 – 10 – 9.
② 专家解读户籍改革:预计十年内改掉不公平和歧视[N]. 新京报,2007 – 5 – 26.
③ 陶卫华,杜娟. 户改艰难前行[J]. 小康,2009(1).

在未来10至20年时间里,中国城镇化进程将最终在以下众多方面推动和实现法律制度的历史性进步:

——从法律上赋予10亿多公民自由迁徙权。目前中国宪法上无自由迁徙权的规定,特别是占总人口80%至90%的农村或中小城市居民向北京、上海、广州等大城市流向存在着户籍制度上的限制。由于中国已经在1998年签署了《公民权利和政治权利国际公约》,全国人大的批准只是一个时间问题(也许不会再等下一个10年),所以,自由迁徙权"入宪"是一件可预期的事情。

——从法律上赋予近8亿农民平等选举权。目前中国农村每一人口的选举权只相当于城市每一人口的1/5~1/4,农民所占的实际比例太小。但实际情况更差。2002年末,全国有乡村人口78241万人,占全国人口总数的60.9%。按农村每96万人选1名代表的规定,那么,全国农村应选出全国人大代表815名,可实际上只有252名,还没有达到法定名额的1/3。① 从中共十七大报告"建议逐步实行城乡按相同人口比例选举人大代表"的精神看,8亿农民的平等选举权问题有望逐步得到解决。

——从法律上赋予13亿公民,特别是近8亿农民(包括1.2亿农民工)以平等就业权和福利保障权。目前,在最低工资、住房补贴、医疗保险、养老保险、失业救济等各种社会福利方面,农村居民与城市居民之间的差异巨大,农民基本上没有任何社会保障福利。比如,占中国人口20%的城镇居民,拥有全国80%的医疗卫生资源。国家每年上千亿元的财政开支用于城市基础设施建设,而农村享受到的极少,农村的基础设施建设、公益设施建设不得不通过从农村企业、农民头上摊派、集资、收费甚至罚款等方式来解决。② 就1.2亿农民工而言,作为社会转型的特殊群体,他们一方面为中国城市发展做出了巨大贡献,另一方面又作为经济转型成本的重要承担者,在身份权、薪资平等权、发展救济权、生命保障权、话语权、司法救助和子女受教育八个方面存在严重的权利缺失。应该看到,这些问题的解决都涉及社会资源的再分配问题,中国虽然不可能一下子全部解决这些问题,但事情的发展方向是十分明确的。

——从法律上保障3亿儿童平等教育权。由于教育资源向城市倾斜,中国城市中小学的教育条件与水平普遍高于农村学校。另据中国儿童少年基金会提供

---

① 张富良.完善人民代表大会制度保障农民民主政治权利[EB/OL]. http://www.chinaelections.org/NewsInfo.asp? NewsID = 66737.

② 冉井富.农民、民工与权利保护——法律与平等的一个视角[EB/OL]. 中国法理网, http://www.jus.cn/ShowArticle.asp? ArticleID = 45.

的数字,由于随父母外出打工或家庭生活贫困,中国目前有300万失学儿童,几乎全部是农村儿童。① 随着农村儿童随父母来到城市,以及相应的农村儿童数量的减少,加上教育资源的配置开始向农村地区倾斜,教育平等问题也会逐步得到解决。

——从法律上保障4000万留守儿童与父母共同生活的权利。按1989年联合国《儿童权利公约》规定,儿童享有和父母共同生活的权利。中国作为《儿童权利公约》的缔约国,应当完善立法,并在实践中保障孩子能够实现与外出打工的父母共同生活的权利。国内法律界人士建议:政府通过为随父母打工的留守儿童提供平等教育条件和为生活困难的父母提供临时救助等措施,从源头上减少留守儿童现象。新修订的《义务教育法》为保护留守儿童在父母工作或居住地平等接受教育的权利提供了法律依据。留守儿童父母工作或居住地的政府应当认真执行《义务教育法》的规定,消除相关限制性政策,使流动人员子女享受与城市子女平等的教育待遇,为留守儿童随父母一起生活创造条件,使留守儿童实现与父母共同生活的权利。② 应该看到,上述措施在一些地方已经开始得到实施。

三、秩序问题:城镇化对转型秩序的持续性影响

在2005年题为《迈向和谐社会的秩序路线图》论文中,笔者曾对中国自1980年至2050年之间长达70年转型进程中的秩序演变问题提出了一个基本假设,即中国的转型秩序有望呈现"先恶化、后改善"的周期性变化。③ 在《中国的转型秩序与法治发展战略问题》一文中,我又补充说明了秩序演变的另外两种可能性。④ 在这里,我要对城镇化进程对中国转型秩序的持续影响问题做一具体分析。

城镇化进程在社会生活方面的最直观表现,就是大批农业居民迁入城市,转化为城市居民。这一过程又大多毫无例外地的伴随着秩序剧变与犯罪现象的增长。

美国城市地理学家诺瑟姆(Ray M. Northam)将一个国家或地区的城镇人口占总人口比重的变化过程概括为一条稍被拉平的S形曲线⑤,并把城镇化发展分为

---

① 中国青少年研究网[EB/OL]. http://www.cycs.org/Article.asp? Category =1&ID =2066.
② 张雪梅. 六大问题阻碍工作拿什么来呵护留守儿童[N]. 中国教育报,2007 -3 -13(3).
③ 蒋立山. 迈向和谐社会的秩序路线图[J]. 法学家,2006(4).
④ 蒋立山. 中国的转型秩序与法治发展战略问题[C]//李林. 依法治国十周年回顾与展望[M]. 北京:中国社会科学出版社,2007.
⑤ 唐恢一. 城市学[M]. 哈尔滨:哈尔滨工业大学出版社,2004:33 -34.

三个阶段:城镇化水平在20%至30%之前是起始阶段,此后即城镇化从20%至30%上升到60%至70%之间为城镇化的加速阶段,在70%至80%以上为城镇化的停滞阶段。按诺瑟姆理论①,在城镇化加速阶段,城镇化曲线呈急剧上升趋头,直至城镇化水平到70%以上,曲线又呈平缓稳定态势。

如果人们同时描绘一条以犯罪、群体性事件等非稳定因素为内容的转型秩序变化曲线,从已知一些国家的经验看,转型秩序变化曲线与城镇化曲线在一定时期内应该呈同步上升状态。② 此后,两条曲线又会出现背离或分离的趋势,即城镇化水平在高位呈平缓停滞状态,而秩序恶化呈改善趋势。

图1-1所表示的,就是关于城镇化进程与转型秩序不稳定变化之间的关系。其中,城镇化曲线表现为一条稍被拉平的S形曲线,而转型秩序变化曲线表现为"先上升、后下降"的趋势。

中国自二十世纪八十年代以来的情况,至少证实了这种关系的前半部分,即转型秩序恶化趋势与城镇化进程之间有一段同步上升的历史。至于此示意图中的后半部分,尚待时间的验证。

1. 犯罪与城镇化进程同步上升的事实

从八十年代城镇化加速初期开始,在长达三十年的城乡隔绝体制出现松动之初,由于城镇化启动速度过快,城市生活几乎是在无多少准备的情况下遭遇农民大量进城的,导致城市管理秩序普遍出现问题,其中最突出的表现就是犯罪现象迅速增长。

社会学家和法学家似乎是最早关注城市治安与外来人口犯罪问题的。当时中国曾经出现了一个新词汇,叫"外来人口犯罪"。这是一个颇带计划经济色彩的词汇。

---

① 向德平.城市社会学[M].北京:武汉大学出版社,2002:170.
② 蒋立山.迈向和谐社会的秩序路线图[J].法学家,2006(4).

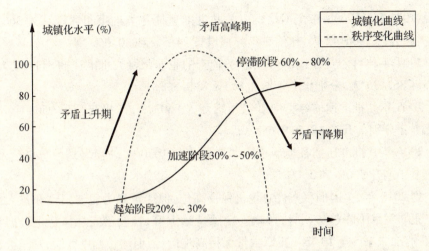

图 1-1　城镇化发展的 S 曲线与转型期秩序变化曲线叠加示意图

在九十年代中后期的一份题为《当代中国亟待解决的二十七个问题》的中国问题报告中,相关学者提出:九十年代中期犯罪发案率是八十年代前半期的八倍,[①]中国正在进入 1949 年以来的第五次犯罪高峰。[②]

犯罪数量的统计问题,在各国都有是争议的,难有一致的口径,中国也不例外。有关学者按每万人犯罪率提供了另外角度的数字(见表 1-1),也值得参考。

表 1-1　1980—1995 年我国每万人犯罪率统计表[③]

年份	每万人犯罪率	年份	每万人犯罪率
1980	7.67	1988	7.60
1981	8.90	1989	17.87
1982	7.37	1990	19.87
1983	5.96	1991	20.90
1984	4.99	1992	13.70
1985	5.12	1993	13.90
1986	5.26	1994	14.15
1987	5.14	1995	14.25

另据最高人民检察院原检察长韩杼滨在 2003 年《最高人民检察院工作报告》

---

① 郭星华认为,中国 90 年代的犯罪率是 80 年代初的 2~4 倍。参见:郭星华.当代中国社会转型与犯罪研究[M].北京:文物出版社,1999:130.
② 许明.当代中国亟为待解决的二十七个问题[M].北京:今日中国出版社,1997:557.
③ 崔中东.犯罪控制——动态平衡论的见解[M].北京:中国政法大学出版社,2004:5.

中说,1998 年至 2003 年全国检察机关共批准逮捕各类刑事犯罪嫌疑人 3601357 人,提起公诉 3666142 人,比前 5 年分别增长 24.5% 和 30.6%。①

2004 年共对公安、国家安全等机关侦查的犯罪嫌疑人批准逮捕 811102 人,提起公诉 867186 人,分别比上年增加 8.3% 和 9.3%。②

2005 年共批准逮捕各类刑事犯罪嫌疑人 860372 人,提起公诉 950804 人,分别比上年分别上升 6.1% 和 9.6%。③

2006 年共批准逮捕各类刑事犯罪嫌疑人 891620 人,提起公诉 999086 人,分别比上年上升 3.6% 和 5.1%。④

到 2010 年,全国刑事案件总量仍保持高位,但严重暴力犯罪案件和重大侵犯财产犯罪案件下降趋势明显,群众安全感持续上升,社会治安总体稳定。据相关专家预测,未来 5 至 10 年。犯罪数量保持高位运行,但增长幅度变缓,甚至会出现一定的下降趋势。⑤

张荆的研究也表明,改革开放以来,中国的城镇化率与犯罪率呈大致同步的上升趋势。⑥

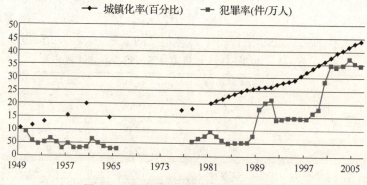

图 1-2 城镇化与犯罪率的变化曲线图

(摘自张荆《影响中国犯罪率攀升的六大关系研究》)

---

① 2003 年《最高人民检察院工作报告》。
② 2005 年《最高人民检察院工作报告》。
③ 2006 年《最高人民检察院工作报告》。
④ 2007 年《最高人民检察院工作报告》。
⑤ 2010 年中国犯罪形势分析及 2011 年展望[EB/OL]. http://www.sinoss.net/2011/0228/31034.html.
⑥ 张荆.影响中国犯罪率攀升的大六关系研究[EB/OL]. http://legal1.people.com.cn/n/2013/0822/c42510-22661051.html.

城市法治：理论与制度

数字是枯燥的,但也是有说服力的。中国犯罪上升势头从上面的数字和比较中可略见一斑。

没有理由认为,当今中国社会犯罪率的增长完全是由城镇化原因(即由农民进城)造成的。因为近三十年来中国各种类型的犯罪均呈现快速增长,而其中的一些犯罪如贪污、贿赂、走私等案件及多数操纵证券、仿造信用证、擅自设立金融机构等犯罪大多与进城农民无关。但是,也应该看到,从犯罪增长数量上看,农民犯罪无疑是犯罪增长的最主要和最突出的因素。据有关统计资料显示,近年来北京地区外来人口犯罪有持续上升的趋势。据统计,1990年抓获各类外来籍犯罪分子占北京全市抓获犯罪分子总数的22.5%;1991年占30%;1992年占37.6%;1993年占43%;1994年占45.1%;1995年占49.4%;1996年占54.3%,平均每年以5.3个百分点递增。①

就原因方面的因素来说,影响中国转型秩序的因素很多,城镇化只是其中的一种。由于涉及其他众多因素的交互作用,且按目前研究与技术手段,无法将这些作用严格加以区分。所以,在此单独研究城镇化对转型秩序的影响,其有效性是难以精确评估的。尽管如此,从定性方面大致分析城镇化对转型秩序的影响,依然是有意义的。

另外,秩序恶化的表现是多种多样的,犯罪现象只是其中之一。除此之外,自八十年代以来,特别是在九十年代中期之后,中国贫富差距的扩大、信访数量的急剧攀升及群体性事件的爆炸性增长,都同样表明了秩序恶化的性质。其中,像信访与群体性事件也有许多与城镇化进程中的"圈地"、农民工维权等因素相关。②

2. 犯罪增长的高峰期是否已经度过

中国无疑已经处于犯罪增长的高峰期。这个阶段正在成为历史吗？

2004年,国家发展与改革委员会课题组对来自国务院各部委、重点科研院校、主要民间组织以及国外大学、驻华国际组织的98名中外著名专家进行了调查。这些来自不同领域的学科带头人和领军人物对我国"十一五"时期(2006—2010年)可能影响我国经济社会持续发展的风险因素、风险领域以及风险冲击程度进行了科学预测和分析。课题研究表明,在2010年前,中国面临着十大风险,按程度由重到轻排列大致分别是:就业问题、三农问题、金融问题、贫富差距问题、生态

---

① 黄京平.北京地区外来人口犯罪及其预防[EB/OL].http://www.criminallaw.com.cn/xingfaxue/xingfaxue/sphuanjingpingyufang.htm.
② 蒋立山.迈向和谐社会的秩序路线图[J].法学家,2006(4).

资源问题、台湾问题、全球化问题、信心问题、诚信问题、公共卫生问题。其中,三农问题、贫富差距问题直接涉及社会安全,生态问题、金融风险问题、诚信问题和公共卫生问题也同样涉及相关法律秩序的状况。[1] 应该注意到,就业问题和三农问题是分居第一、二位的,这与中国目前的快速城镇化过程有密切关系。上述因素的存在,使得中国社会的转型秩序面临巨大压力与挑战,治安秩序、公共安全秩序、经济秩序、管理秩序、生活秩序以及社会整体秩序都将经受更大的考验。

应该注意到,上述报告在评估中国中期转型的风险因素时,就业问题、三农问题、贫富差距问题、生态资源问题和公共卫生问题,都与城镇化进程有着直接的和主要的关系。国家人口发展研究战略课题组的研究报告也指出,按人口城镇化水平年均增长1个百分点测算,今后20年将有3亿农村人口陆续转化为城镇人口。[2] 平均计算下来,每年转化为城市居民的人口在1500万人左右,这依然是一个庞大的数字,肯定会构成一定的社会压力。

从某种意义上说,城镇化进程的顺利推进和完成,"以工补农""城市反哺乡村"的时代的全面来临,也是化解上述风险因素的重要助力。这显然是需要时间的。

综合多方面的情况,有关专家把中国社会正在面临的种种问题归纳为一个颇具警示性的判断:中国已经进入高风险社会。[3] 中国决策层关于未来20年是中国改革发展的关键期的判断,正是基于上述因素的考虑。

四、秩序问题:二元法律秩序向一元秩序转化的远景

与城镇化进程相关的转型秩序问题的另一个方面,是农村法律秩序与城市秩序的关系和前景。

中国依然是一个二元化的社会。二元化现象不仅表现在经济生活中,也同样存在于法律秩序之中。在法学界,较早捕捉到农村法治问题的学者大概是苏力教授。在二十世纪九十年代中后期,苏力教授以解读文学作品的方式提出:是否存在一种无语境的、客观普遍的权利,并可以毫无疑问地据此建立一个普适的法律制度来保护这种权利?因为,"在中国农民和许多城市公民心目中,都会认为说别

---

① 许雨青.国家发改委预测中国十大风险,就业问题排在第一[N].法制晚报,2004-09-01.
② 未来20年三亿农村人口将转化为城市人口[EB/OL].人民网;2050年5亿人转为城镇人口,城镇化率达70%[N].北京青年报,2003-10-15.
③ 2004年上半年,国内较权威的《瞭望》新闻周刊、《中国青年报》和《半月谈》等新闻媒体均对中国即将进入风险社会的问题做了分析报道。

人断子绝孙(哪怕说的是事实)也是对他人的严重伤害,这种伤害甚至要比某些身体伤害更为严重,是对公民'权利'的一种侵犯。然而,我们的正式法律制度没有考虑到这些因素,而是依据那种进口的观点构建起来的"。在这里,正式法律制度的干预破坏了(乡村社会中存在的)社会关系和这个社区中人们之间的默契与预期。①

苏力教授的议论在很大程度上把部分中国学者的注意力引向农村的法律秩序问题。

1. 体现国家正式制度的法律秩序与地方化的乡村秩序的二元图景

在《送法下乡》一书中,苏力教授再次把一种为法学界所不曾认真对待的乡村司法图景呈现在人们面前。其讨论的事实材料很简单,是一起依法收贷的案件。

陕西北部靠近沙漠地带的某乡农民在大约10年前向镇信用社贷了一笔200元的款,期限为3个月,但一直未还(10年未还)。信用社曾几次托人捎话,或见面催要,甚至上门催款都没有结果。1996年,在地区和县政府有关部门要求加强"依法收贷"的促动下,信用社向该县法院驻该乡的人民法庭提出诉讼请求。法庭庭长因此带着信用社的人下乡收贷,他们不仅从县农工部租了一辆小面包车,而且请了派出所的民警(属于法院之外的警察系统),"以壮声势"。到了该村,法庭庭长首先找到该村干部,由村干部领到借贷人家中。……随后,在炕上"开庭",法院追问这笔贷款为何不还。借贷人除了称无钱以及搬出其他借口外,还称民间流传:到1997年底,政府会将农民欠政府的所有贷款都一笔勾销。庭长当即批驳了这种流言,声称这一次是"依法收贷",借贷人应交纳的金额为,本金200元加上10年的利息,共700多元,再加上这次下乡所用交通费、诉讼费各200元(交通费大致可纳入法律上规定的执行费,诉讼费是法律规定必须交纳的——引者注)。借贷人声称无法还这么多钱。村干部此时发言,首先批评了借贷人借钱不还,随后在未同庭长以及原告信用社商量的情况下,自作主张地要求借贷人及时还上本息,诉讼费和交通费就免了,由他自己"给你顶这个人情"。对此,法庭庭长并无反对,反倒说,这是调解的办法,没有加15%的罚款;如果借贷人不接受,那么就到镇上法庭去,按国家法律规定办;现在这样做还是为了借贷人考虑。最后借贷人出去借了钱还了贷款本息。这一"开庭"究竟是"审理"或是"调解",事先并不清楚。但据后来的补充调查,发现案卷的"制作"是按调解进行的,所有

---

① 苏力.法治及其本土资源[M].北京:中国政法大学出版社,1996:68.

记录都看不出场景和开庭期间的种种讨价还价,似乎一切都非常严格地符合法定要求。①

苏力教授随即便围绕此件"送法下乡"的案件,对中国当下的乡村司法做了系统的社会学诠释。

此前,法学界所一直面对和研究的,是一幅正式规则依靠正式权威进行规范运作的司法图景。这种司法图景存在于中国大中城市的法律生活中,也存在于国内的各种法学著作与法学教材中。由于中国法学界近些年来一直忙于(并且仍在忙于)引进、消化西方法律的知识,并把它们应用于中国法律制度的改革与各种具体法律问题的解决之中,而对于中国本土的法律实践,特别是占中国绝大多数人口的乡村法律问题,一直未能予以足够的关注。

然而,事实毕竟是事实。在城市社会中按正式规则运作的法律实践图景的另一端,依非正式规则运作的法律实践图景,不仅真实存在,而且也构成了中国农村社会基层法律秩序的重要一环。在这里,人们看到的不仅是地方性习俗的影响,也有国家正式权威在基层环节的弱化以及非正式权威(以介于地方人情与国家权力之间的村干部为代表)对正式权威运作的参与、支持和影响。

目前法学界对农村法律秩序问题的讨论更多地集中于价值层面上,即在以城市价值主导的法律秩序和以传统价值为主导的乡村秩序之间,谁更具正当性或合理性?或者说,在农村地区应该推行什么样的法律秩序?

从静态角度看,问题似乎是无解的。因为,两种正当性在价值层面上的优劣似乎无从比较。所以,本文更关心的问题是:中国二元化的法律秩序图景前景如何?城镇化进程对法律秩序远景的影响会是什么样子?

2. 用发展的眼光看问题:城镇化进程与传统乡村秩序的终结

如果换一个角度,从动态的、社会演变的角度看,上述关于城市性质的法律秩序在农村地区的正当性问题的性质似乎就发生了变化,即从正当性问题变成了实证性问题。

中国正处于城镇化进程的加速期。如果人们把城镇化看成为社会进步的必然趋势,那么以所谓城市价值为主导的法律一元秩序的时代的来临就成了一种不可避免的趋势。

城市社会学的研究结果表明,在城镇化进程中,城市文明的辐射范围总是以

---

① 苏力.为什么送法下乡?[EB/OL]. http://www.lawbbs.cn/viewthread.php?tid=188http://www.snzg.cn/article/show.php?itemid-1271/page-1.htm.

略大于城市自身范围的速度,向农村地区扩散。当城市人口占总人口10%左右时,城市文明的辐射力较小,仅限于城市居民;当城市人口占总人口20%~30%时,城市文明的辐射力增强,城市文明的普及率会在25%~35%左右;当城市人口占总人口30%~40%时,城市文明的普及率会在35%~50%左右;当城市人口占总人口40%~70%时,城市文明普及率会在50%~70%;当城市人口占总人口70%~80%时,城市文明的普及率会在70%~90%,甚至达100%。① 同时,如果仍以目前的每年1%的速度推进城镇化进程,最多在未来30年左右,中国的城镇化水平将达到70%左右,城镇化进程将基本完成。届时,中国的城市人口将达到8至9亿人。人口结构的变化将在众多方面改变农村目前的生活方式与生产方式。

1964年,法国社会学家孟德拉斯在其《农民的终结》一书的开篇指出:"二十亿农民站在工业文明的入口处:这就是20世纪下半叶当今世界向社会科学提出的主要问题。"②

在这部影响广泛的著作中,孟德拉斯提出,传统的农业生产者即农民在工业社会和现代社会的社会结构中、在分工体系中都是被挤压与排斥的群体。这既是工业社会的必然逻辑,也是农民的必然命运。"农民是即将消亡的群体。"③按译者李培林的话说,孟德拉斯所说的"农民的终结",并不是"农业的终结"或者"乡村生活的终结",而是"小农的终结",是传统农民及其生活方式的终结。在孟德拉斯看来,从"小农"到"农业生产者"或"农场主"的变迁,是一次巨大的社会革命。④

中国的城镇化进程正在实现这样一场革命。从法学意义上看,这同样是一场以城市文明为主导的法律革命,一场以正式制度为实践品格的法律秩序取代和改造地方性的乡村法律秩序的革命。

从历史的角度看,传统农民的"终结"至少有四种途径:

第一种途径是借助暴力和法律手段强制性地消灭小农,同时消灭传统农民的生活方式,如英国历史上部分地区的情况。通过前后四百年的圈地运动,逐渐消灭传统农民,把他们变成雇佣劳动力。此种以暴力和法律手段强迫性地消灭小农

---

① 向德平.城市社会学[M].武汉:武汉大学出版社,2002:152-153.
② 孟德拉斯.农民的终结[M].李培林,译.北京:中国社会科学出版社,1991:1.
③ 孟德拉斯.农民的终结[M].李培林,译.北京:中国社会科学出版社,1991:269.
④ 孟德拉斯.农民的终结[M].李培林,译.北京:中国社会科学出版社,1991:译者前言.

的做法,在后来各国的历史上已经不大多见。①

第二种途径是工业化成果改造传统农业,进而改造传统农民和他们的生活方式,如法国二战后的情况。大致从1954年起的10年里,在"躲过"了19世纪的第一次工业革命之后,工业化成果开始进入法国农村。农业产量增长一倍还多,过去满足于每公顷土地产出1500千克小麦、每头奶牛年产出2000千克牛奶的农民,现每公顷土地年产出4000千克小麦、每头奶牛产出5000千克牛奶。从1946年到1965年,法国的拖拉机停机场从2万处增加到100多万处。新技术直接来自实验室而不是来自农业劳动者的摸索。一切农业生产都受消费者的个体户和市场变化所支配。像其他生产领域一样,农业必须服从工业社会的技术和经济变化的节奏。② 这里存在着"从农民逻辑向经济理性的过渡",标志着农民向农业生产者的转化——新一代农业生产者出现了。

第三种途径是在城镇化过程中,通过农民进城和农村土地"从分散转向相对集中"等途径,渐进终结传统农民。如现在中国正在发生的情况。前面说过,在未来20年,中国将有数亿农民转化为城市居民。此种转变会直接从主体身份上"改造"传统农民,使他们成为现代生活方式和现代法律秩序的接受者。

第四种途径,可能同样是根本性的,即通过教育培养新一代农民。中国现在仍有半数以上的中小学生在农村。中国政府2007年宣布,在全国农村全部免除义务教育阶段的学杂费,使农村1.5亿中小学生家庭普遍减轻经济负担,同时继续对农村贫困家庭学生免费提供教科书并补助寄宿生活费。"十一五"时期(2005—2010年)中央财政将投入100亿元,实施农村初中学校改造计划,2007年确保全面完成西部地区"两基"(指实现西部地区基本普及九年义务教育、基本扫除青壮年文盲)攻坚计划和农村中小学现代远程教育工程,让所有孩子都能上得起学,都能上好学。人们有理由相信,这些只是在2007年和未来5年内培养新一代农民的部分措施。未来的农村教育状况肯定会更好。

培养新一代农民的意义,借助苏力教授"秋菊打官司"的事例,可以得到较好的说明。设想一下,如果"秋菊打官司"的事情不是发生在秋菊身上,而是发生在她的子辈或孙辈身上,发生在接受了现代教育的新一代农民身上,会是一个什么样的结果呢?是借助"大写"的权利话语表达主张,还是继续沿用他(她)奶奶的传

---

① 有学者研究认为,通过暴力及法律手段强制性地消灭小农的做法,在英国历史上也不是主流。高远致."圈地运动"为什么没有引起大规模社会动荡?[EB/OL].[2015 - 05 - 02]. http://news.163.com/14/0913/16/A61MAHUV00014SEH.html.

② 孟德拉斯.农民的终结[M].李培林,译.北京:中国社会科学出版社,1991:11.

统权利话语表达主张呢？结果可能是无悬念的。

在上述四种途径中,后三种情况往往是同时发生的。

传统农村秩序的主体是传统农民,传统农民的终结从根本上说就是传统农村秩序的终结。

可能有人会问,城镇化进程只是改变了已经进城的农民的生活方式,对于仍然留在农村的那些人,他们的生活方式又从何改变呢？

至少按美日等国的经验①,当工业化和城镇化进入中期以后,当农民从占人口的"绝大多数"变成"相对少数"时,必然会出现全面的"以工补农"和城市"反哺"农村的时代,亦即工业技术和现代管理全面进入农村和农业的时代。这也是最后彻底消灭"小农"、改造传统农民和传统农业生产与生活方式的时代,是以合同管理、正式规则管理为特征的现代协作关系取代乡村传统协作关系的时代。

这些情况出现的时间已经不会太遥远,应该在未来20~30年内,在中国城镇化水平达到60%至70%的时候。

乡村的传统法律秩序是以传统的生活方式为根基的。传统生活方式的变迁,必然导致和带动传统乡村秩序的现代转型。这同样是无悬念的事情。所以,中国传统农民的终结是必然的,中国传统农村秩序的终结也是必然的,甚至可能发生在未来20~30年内。②

3. 城市价值主导的一元法律秩序时代正在秩序阵痛中逐步来临

美国新版图书《世界城市》是这样给城镇化(都市化)下定义的:"都市化是一个过程,包括两个方面的变化。一是人口从乡村向城市运动,并在都市中从事非农工作;二是乡村生活方式向城市生活方式的转变,包括价值观、态度和行为等方面。"③关于大城市的精神生活,19世纪的社会学家齐美尔将其描述为个人主义、个性、自由、非人性、理性和非情感化,并把这种独特的城市个性看作是城市居民适应和接受工业化城市新环境的结果。④

在国内一篇较早的关于城镇化与法律的论文中,何柏生、潘丽华两位学者曾经从城市生活的集中性、流动性、专业化和异质性等角度对城市特点对法律的影

---

① 张继红. 新均富说[J]. 管理世界,2004(4).
② 本文没有讨论在城镇化进程和工业、城市文明进入农村的过程中,如何对待(善待)传统乡村习俗的问题。这主要是一个政策问题,人们不难在中国"新农村建设"、村民自治和农民逐步适应市场经济的相关实践中找到更富启发性的鲜活的经验。
③ 城镇化的研究性报告[EB/OL]. http://0358chenpeng.blog.163.com/blog/static/17232552007427525 50524/.
④ 向德平. 城市社会学[M]. 武汉:武汉大学出版社,2002:152-162.

响做过初步的探讨。① 前文也论述过,城镇化进程对城市法律在制度层面和秩序层面都构成了挑战。

这里要特别强调的是,几亿农民进入城市,开始熟悉、适应和融入城市生活,这本身就是一场巨大的挑战。

从二十世纪八十年代初到现在,中国已有数亿多农民进城,但与原有城市居民相比,他们还算是少数。在未来20年左右的时间里,在一代人左右的时间里,几亿农民将陆续进入城市,与原有的几亿城市居民重新整合,形成一个有机的新社会。其中必有许多人们目前尚未发现的新难题,也许将有一个秩序阵痛的过程。

当原有的城里人逐步发现,他周围出现了许多"新邻居""新同事""新竞争对手""新团伙",出现了众多乡下人,甚至在人数上远远超过了自己原有的社会群体时,原有居民有安全感吗?会不会有不适应感?当新到城里的乡下人发现周围的原有居民在歧视他、疏远他、不接纳他、排斥他,他会感到愤怒吗?他会有什么样的反应方式甚至会采取反抗举动吗?

几亿"新移民"能够把他们与城市生活"不相适宜"的行为方式与生活习惯逐步改掉吗?几亿"新移民"能够自觉接受他们从前所不太熟悉的从正式法律到日常行为准则的约束吗?面对可能出现的歧视与可能的无助,"新移民"会以违法的形式发泄他们的不满吗?会因个体性的过激反抗导致出现普遍的无序吗?

2008年6月,广州增城因外地务工人员与当地居民的矛盾,爆发了一场持续3天的打砸烧聚众滋事事件,先后有上百人聚集,3辆警车、1辆救护车和多辆私家车被砸烂。他们不但打砸过往轿车与路人、破坏了部分沿街建筑的设施,甚至放火烧车,官方出动大批特警与武警后,该事件才平息。事后,《人民日报》对此进行了评论:"近来,一些地方接连发生了本地人与外来务工人员的摩擦事件。虽然冲突已经过去,事情逐渐平息,但那'外来人员殴打当地人、当地人殴打不会讲本地话的外地人'的情景,仍深深刺痛了人们。"②

由此看来,未来10至20年内,以城市价值主导的一元法律秩序,将会在这样一种秩序阵痛过程中缓缓降临。法律在这方面应该提前准备什么?法律能够帮助"新移民"做些什么?我们还缺少经验,法律也缺少准备。

---

① 何柏生,潘丽华.城镇化与现代法治[J].社会科学战线,2005(4).
② 评近期本地人与外来务工人员摩擦事件[EB/OL].[2011-06-27]. http://news.china.com/domestic/945/20110615/16595420.html.

五、展望 2030 年:城镇化问题的长远法治影响

斯蒂格利茨说过,21 世纪初期影响最大的世界性事件,除了高科技,就是中国的城镇化。

中国仍处于城镇化进程的加速期。几亿农民进入城市,转变为城市居民,不仅是中国社会转型的核心内容之一,也是中国法治成长的必经阶段,具有全方位的法学意义。从户籍制度到迁徙自由权,从住房制度改革到住房权的保障制度,从犯罪控制到公民法律意识的培养,从农民工权益保障到城市居民与农村居民福利均等化的所谓国内"国民待遇",从犯罪率攀升到社会转型的法律治理,从城乡贫富差距过大到中产阶级主导的橄榄型社会的形成,从法治的成长问题到公民社会建设。所有这些都是法学界正在面对的重大问题。

关于中国城镇化问题的长远法治影响,本文尝试提出几点结论,供学界进一步探讨:

第一,城镇化进程及相关法律治理任务的完成(与工业化进程相结合),是中国法治成长必经的中间阶段。在历史上,西方法治(主要是英美等国)的成长大致经历了两大阶段。第一阶段是法治(宪政)体制的形成阶段。此阶段大致发生于近代工业社会之前的十七、十八世纪,在英国和美国分别形成了以权力制衡为核心内容的宪政体制。它对应的是自由竞争的资本主义阶段。第二阶段是 19 世纪晚期以来,伴随着工业化、城镇化运动和现代公共行政的兴起,西方法律职能发生了重大变化,完成了社会转型的法律治理。由此,西方国家呈现出成熟法治的制度魅力特征,并成为后来发展中国家的榜样。在中国,法治建设面临着法治体制构建和社会转型法律治理的双重任务。由于发展时序的问题,中国有望在 2030 年前后完成以工业化和城镇化为核心的社会转型。从目前的政治时间表及相关进度推算,法治体制构建的任务在 2030 年前后不可能完成,而可能会延续到 2040 年以后。所以,中国社会转型的法律治理任务完成在先,法治体制构建的完成时间在后,可能是今后法治建设面临的客观趋势之一。

第二,参照相关国际经验,随着城镇化及相关法律治理任务的完成,中国有望初步进入以治理为核心特征的法治成熟社会。

按照 2011 年 WJP 法治测评情况,把进入该年度测评的 66 个国家或地区按不同的城镇化率划分成 4 个组。具体划分方法是,城镇化率在 30% 以下的国家或地区为第一组,城镇化率在 30% 至 49% 的为第二组,城镇化率在 50% 至 69% 之间的

为第三组,城镇化率在70%以上的为最后一组。最终,各国(或地区)的城镇化率与法治测评得分情况如下:

城镇化率为70%以上(含70%)的国家或地区,共有30个,它们的城镇化率和法治测评得分分别是:挪威(79%)、6.92分,德国(74%)、6.43分,荷兰(82%)、6.58分,新西兰(87%)、6.86分,瑞典(85%)、7分,比利时(97%)、5.98分,英国(90%)、6.29分,阿联酋(78%)、5.68分,中国香港(100%)、6.27分,法国(77%)、5.88分,澳大利亚(89%)、6.36分,新加坡(100%)、6.01分,加拿大(80%)、6.25分,韩国(81%)、5.66分,西班牙(77%)、5.66分,美国(82%)、5.84分,捷克(73%)、5.48分,智利(88%)、5.42分,巴西(86%)、4.72分,阿根廷(92%)、4分,哥伦比亚(74%)、4.42分,保加利亚(71%)、4.08分,多米尼加(74%)、4.07分,俄罗斯(73%)、4.17分,马来西亚(70%)、4.7分,秘鲁(71%)、4.59分,黎巴嫩(87%)、4.08分,墨西哥(77%)、3.91分,委内瑞拉(93%)、3.2分,约旦(78%)、4.72。该组平均得分是5.37分。

城镇化率为50%至69%的国家,共有21个,它们的城镇化率和法治测评得分分别是:意大利(68%)、5.09分,克罗地亚(57%)、4.6分,加纳(51%)、4.69分,波兰(61%)、5.57分,日本(66%)①、6.43分,奥地利(67%)、6.42分,爱沙尼亚(69%)、6.26分,南非(61%)、4.74分,土耳其(69%)、4.03分,哈萨克斯坦(58%)、4.25分,伊朗(68%)、3.99分,罗马尼亚(54%)、4.77分,牙买加(53%)、4.33分,印度尼西亚(52%)、4.7分,摩洛哥(56%)、3.81分,中国(51%)、4.51分,玻利维亚(66%)、3.58分,菲律宾(65%)、4.36分,喀麦隆(57%)、3.28分,乌克兰(68%)、3.28分,利比里亚(60%)、2.95分。该组平均得分是4.55分。

城镇化率为30%至49%的国家,共有8个,它们的城镇化率和法治测评得分分别是:巴基斯坦(36%)、2.65分,吉尔吉斯坦(36%)、3.6分,泰国(33%)、4.58分,危地马拉(49%)、3.95分,塞内加尔(42%)、4.11分,阿尔巴尼亚(47%)、4.06分,尼日利亚(49.8%)、3.72分,萨尔瓦多(42%)、4.37分。该组平均得分是3.88分。

城镇化率为30%以下的国家,共有7个,它们的城镇化率和法治测评得分分别是:印度(29%)、4.07分,越南(28%)、4.34分,埃塞俄比亚(17%)、3.43分,乌

---

① 这里引用的维基百科网站上的日本城镇化率的数据,另据其他方面的数据,日本的城镇化率为91%,参见:2013 年日本城镇化分析报告[EB/OL].[2015 - 04 - 07]. http://www.doc88.com/p-9099097245163.html. 为统一起见,本文仍采用维基百科网站上的数据。

干达(13%)、3.53分,肯尼亚(22%)、3.29分,孟加拉国(27%)、3.72分,柬埔寨(22%)、2.91分。该组平均得分是3.61分。

城镇化率不同的各组的法治得分情况见图1-3。

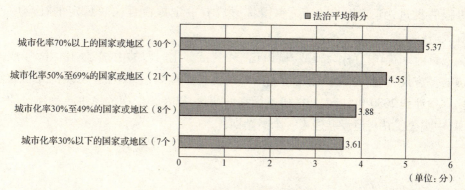

图1-3 WJP法治测评结果与城镇化水平

从上述统计可以看出,目前法治状况较好的国家,主要集中在城镇化进程已经完成的国家或地区。其中的原因在前文关于城镇化问题的意义的讨论里已经有所交代,即城镇化问题是从传统农业社会向现代工业社会转型的核心内容之一。

处于城镇化加速期的国家,特别是处于城镇化率50%左右的国家或地区,也是农民大量涌入城市并导致社会矛盾尖锐化的阶段。无论是目前处于城镇化50%左右的国家,还是历史上曾经处于此阶段的国家,法治发展都面临着众多的社会矛盾,相应的法治状况也都处于非理想状态。

处于城镇化率30%以下的国家,多是贫穷国家。在这些国家里,农民仍然占人口的大多数,一些国家的工业化进程处于起步阶段,另一些国家则仍处于前工业化时代。传统法律治理方式居主导地位,现代法治的起步缺少必要的社会政治条件。

根据上述分类讨论的情况,中国预计在2030年前后全面进入后工业社会,基本完成城镇化进程。届时,以工业化和城镇化为核心内容的社会转型及相关法律治理有望基本完成(也应该完成)。加之其他社会经济条件,中国有望在2030年前后初步迈入法治成熟社会。

第三,城镇化与公民社会问题。预计在2030年前后,随着以城镇化为核心内容之一的社会转型的完成,"橄榄型"社会结构的形成,中国有望进入公民社会建设的活跃期。

据2011年中国社会科学院城市发展与环境研究所发布的《中国城市发展报

告 No.4——聚焦民生》预计,从 2010 年到 2025 年我国城市中等收入阶层规模将以每年 2.3% 的速度扩大,到 2020 年将接近 47% 左右,在 2023 年前后可能突破 50%,将形成以中产阶级为主导的"橄榄型"社会结构。① 牛文元认为,随着城镇化进程的推进,到 2030 年前后,中国将形成有一定规模且比较稳定的社会中产阶级。②

目前,中国内有社会转型(城镇化)和贫富分化问题的困扰,外有国际守成大国的多方位遏制,公民社会建设的内外环境仍不理想,公民社会建设仍处于低潮期。预计到 2030 年,随着相关影响因素的变化,以及预期中的民主政治建设的牵引,中国公民社会建设会迎来一个高潮期。

---

① 蔡慎坤. 中国中等收入阶层年收入多少[EB/OL]. [2015-05-12]. http://www.bwchinese.com/article/1019796.html.
② 牛文元. 中国中产阶级将走上社会前台[EB/OL]. [2015-05-12]. http://www.chinanews.com/sh/2012/10-31/4291960.shtml.

城市与法律的历史和前景

陈 颐[①]

城市已经成为各种理论讨论不自觉的前提,潜在的想象之源。脱离了城市的生存这一语境,一切论说似乎都将成为虚空的言辞。城市提供了人与人高度密集的共存的空间结构,这一空间结构已内化为我们的存在本身。这一城市是近代统治[②]的本质所在。与此同时,近代凭空构建了一个法治秩序,这一法治秩序却对城市统治无能为力,近代法律充其量只是城市统治的旁观者。城市统治与法治秩序的割裂使得一方面我们拥有得到以法治秩序严格保障的生命、自由、财产为核心的全部权利,另一方面城市统治以共同生活为名不断地暗中蚕食着我们的权利,而我们却无从以法治为名予以反击并维护自身。这样的例子不胜枚举。比如,近代法律中的人是自由的、平等的、抽象的人,但在城市统治秩序中,有着分门别类的人,如流行病传染者、精神病人、乞讨者、流浪汉,这些人并不为城市完整地接纳;又比如,以公共安全为名对人进行的各种临时检查与控制,对人的活动空间的限制(如对市集、对流动商贩的控制),同样虚置了人的自由。

因此,讨论这一割裂与当下的生活关系重大。

这一割裂状态究竟是如何产生的呢?最直接的解释是,它与近代法治秩序的构造有关。近代法治秩序的构造与启蒙思想密不可分。启蒙思想是人对人所生存之世界以人为出发点展开的全面解构与重构。一方面,人除了孤立的、赤裸的人自身,别无所恃。人从上帝那里、从祖先那里、从各种"社会"(家族、行会、庄园乃至国王等)中实现了彻底的解放。人自身(人的理性与欲望)成为唯一可信靠的基石和全部。另一方面,打破一切枷锁之后,则是承认他人之为人,承认任何一个

[①] 陈颐,华东政法大学副教授。本文原刊于《史学理论研究》2014年第3期。

[②] 本文对"现代"与"近代"的用法不做区分,本文中的"近代"一词用来指称18世纪以来西方扩张到全球的时间概念,但不包括近代早期。同时,本文使用"统治"一词而不使用近年更为常用的"治理"一词,原因在于"治理"一词影射了城市管理的技术化与科学化,而忽略了任何"治理"最终都依赖于权力关系的运作,正是权力的失控,使得城市管理不断地侵蚀人的自由与权利。

独立的个体都是不可化约的实存,承认任何一个人都是目的而不是手段,在此基础上,以人的理性与欲望为依凭,重构人的世界,人的所有世界。

启蒙思想在实践层面的展开则是由近代革命与立法完成的。逻辑上,这一实践对应于前述启蒙思想大体可以区分为两个步骤:其一是与过去的决裂,既有的所有人和人之间的交往与组织的全部瓦解,人成为拥有自由意志的独立的没有过去的理性的人;其二是拥有自由意志的、独立的、理性的人重建他们之间的交往与组织。这一重建的进程在观念上也被区分为两个步骤:其一是每个人作为自身的主权者进入与他人的交往,在交往中形成了规则。这些规则的前提是承认每一个人作为独立的主权者的权力与地位,在这里,没有凌驾于个人之上迫使个人屈从的来自于人的权力与权威。这些规则由理性所赋予,在交往中形成。独立的、自然的人由此成为文明社会(市民社会)的人,这些规则也因此可以称为文明社会(市民社会)的规则,民法、商法、刑法等即为这一层次的规则。其二是独立的人的自愿联合形成政治共同体(国家)。这一自愿联合的起源的一个非常重要的原因在于执行前述规则裁决市民社会纠纷,避免战争状态。这一自愿联合的过程被认为借由"立约"(社会契约)或制宪得以完成,而所有的权力因此只能来自于全体的明确授权。这些授权的规则(权力的来源及其行使的规则)也因此可以称为政治国家(政治社会)的规则,宪法、行政法、诉讼法等即为这一层次的规则。因此,在观念上,近代国家与社会是拥有自由意志的独立的理性的人借由法律组织起来的人的联合。近代国家与社会在这一意义上是一个以个体的意志与自由为核心创建的法律国。这一法律国的核心手段是立法与司法技术的应用。

这一近代法治秩序本质上是由法律国监护的自然秩序,在这一秩序中,人与人之间的关系被预设为疏离(不仅仅是情感距离,也暗示着物理距离)的,统治行为被预设以最小限度的必要为限,人与人之间的关系是简单的(可以通过全面的法典编纂就能提供所有交往规则),对人与人之间的关系的调整和控制只需要通过被动的、个案式的司法审判就能解决。在很大程度上,正是这一疏离(人与人之间的、人与统治主体之间的)以及立法与司法的有限统治保护了人的自由和独立。如果用不那么恰当的比喻来说,近代法治秩序设想的是一个近乎蛮荒的世界中自然散落的人群各自生活的情形,这个世界总是被想象得广袤而安宁。①

---

① 如果深究,也许潜在的原因在于近代启蒙与革命反对的对象是乡村化的,而非城镇化的,它们反对的王权之下的王国有着相对广袤的领地,领地之内人群散落四方,国王与贵族作为曾经占有大片土地的封建领主,其生活与统治也是乡村式的。

显然,这并不是城市生活的世界。从一开始,城市就是有限空间内的人群忍受彼此共同生活的世界。城市生活从一开始就不可能彻底地还原到彻底解放的"人"的生活,城市的生活空间从一开始就是逼仄而喧嚣的。

城市生活意味着,人与人必须在急剧削减的物理空间中密切共存,与之相应的则是有限空间内人群的高度集聚带来的人口规模。就第一点而言,人与人的关系比之前任何人群聚落远为紧密,这一紧密的人际接触使得人与人的交往关系类型大量增加,这些增加的关系类型需要及时地予以处置方能维持有限空间内的和平。在密集而显得脆弱的人与人的关系中,统治(或者传统意义上的治安,police)的需求尤为迫切,由此衍生出来则是对人的全面管理的需求,这些需求包括对特定人群如贫民、孤儿、妓女的管理,对人的训诫,对职业的控制与引导以及对教育的管理,等等。就第二点而言,维持一定人口规模的城市生活意味着远为频繁且具有高度竞争性的物资流通以及高密度的建筑,由此带来的则是对贸易的控制、对市集的管理、对道路与建筑的维护乃至对公共卫生以及传染病的隔离控制的需求。

从城市统治中成长起来的核心统治技术即行政。行政就其本质是日常性的管控,它可以满足城市统治所需要的每一时刻、迅速、直接地采取行动的能力。而这些不是滞后的个案式的司法或固定而持续的法律所能解决的。城市发展起来的行政由此成为司法、军事、财政(财政很长时间以来都被视为行政事务的核心,但显然未必确切,只能说财政被纳入到行政中)之外新的统治技术。

行政作为新的统治技术并非纯粹直接的暴力使用或者潜在的暴力威慑。暴力的使用只是行政的末端,暴力之上则是各种规章制度、法令、禁令、指示。每个城市在其历史进程中为了处理公共事务,总会颁布一些涉及整个城市生活的各种规章。这些规章涉及贸易与市场、价格与商品质量以及防火的、清洁的、街道养护的、健康的和教育的各个方面。如福柯所说,城市的公共管理从本质上而言只能是一个规章的世界。①

这一行政规章的统治之所以能够在近代之前的城市得以维系,最主要的原因在于城市以其特殊的方式维持其统治的合法性,这一特殊的方式在古代城邦是以"公民—城邦"同构的形式实现,在中古自治城市则以盟誓共同体的形式实现,无论何种形式,公民或自治城市市民都获得了全体成员自我管理、自为主宰的权力,他们的自我统治为城市统治的所有措施烙上了合法的、不受挑战印记。同时,古

---

① 福柯. 安全、领土与人口[M]. 上海:上海人民出版社,2010:304 - 305.

代城邦与中古自治城市的行政是可见的、可控制的行政,而非近代以来遥不可及的、在层层官僚的暗箱中展开的行政,这使得行政更易于被古代城邦与中古自治城市所接受。

从技术层面来说,城市人群规模以及市民政治平等使得城市的统治不仅需要效率而且需要无差别的平等对待,规则总是比个案式的命令有效率,规则也总是抽象的,不针对特定个体。城市密集的居住环境以及城市人群的流动性,一方面使得城市人群更易于实现人的平等、无差别以及同质化;另一方面则是面对面的陌生与疏离感。城市人群的这一特征进一步强化了市民的服从,也大大便利了城市的规章之治。

随着城市的急剧扩张、市民阶层的分化以及城市最终被王权俘获,城市行政规章的统治已经无法从市民的自我统治中获得正当性的支持。湮没在近代国家中的城市的统治仰仗依赖于外在的国家官僚体制,这一国家官僚体制对城市行政规章统治的正当性的辩护,一方面源自虚幻的国民意志(并非特定城市的市民意志)的授权,另一方面则引入了科学与理性。就前者而言,授权即放权,放权是因为近代法律对城市统治的无能为力;就后者而言,科学与理性自近代以来就拥有了天然的正当性,但正是科学与理性将城市统治物质化了,城市的统治无关城市中的人,城市成为"官僚科学家们"的试验场,城市的统治只是城市物理空间的统治,城市中的人只是各种人口数据,借由"官僚科学家"的努力,我们的生存便成为统一的、无差别的、模式化的,也无从反抗的存在。由此,在近代,城市生活虚置了近代法律曾经许诺的给世人的自由与权利。

也许我们可以辩解,城市生活的代价从来高昂,城市的统治总是要求牢牢地控制每一个人、每一片空间。无论早期城邦还是中古自治城市,城市总是要以吞没个体为代价的,个体总是得随时准备做出许多牺牲。在古代城邦,如贡斯当所说,公民个体的所有行动都受到限制、监视与压制;作为集体组织的臣民,他也可能被自己所属的整体的专断意志褫夺身份、剥夺特权、放逐乃至处死。在中古自治城市,如范迪尔门指出的,一直到近代早期,城市社会的特点恰恰就在于,没有人可以作为一个有个体权利的个人而生活。

问题是,解放了的人是否还应该或者还有可能回到曾经的枷锁之下?如果不能,那么我们首先得承认近代法治秩序划定的边界——人与人的边界、人与国家权力的边界,这些边界是城市统治所不得触犯的,然后,承认法律对城市治理的无能为力,重建行政规章的统治。行政规章的统治的重建前提在于承认法律并无能力规制、管控行政,然后,将城市行政的权力从外在于城市的国家官僚以及"官僚科学家"手中夺回来,让城市成为城市人决定他们自身的共同生活的空间,让行政重新回归它本有的状态,成为自我统治的、可见的、可控制的行政。当然,这里所谓的自我统治并非意指广场式的直接民主,而是法律之下的民主(人的秩序)与科学(事物的秩序)的有效融合。过去几十年的参与式行政、利益代表模式的行政(理查德·B. 斯图尔特:《美国行政法的重构》)、合作治理行政(朱迪·弗里曼:《合作治理与新行政法》)、行政宪政主义(伊丽莎白·费雪:《风险规制与行政宪政主义》)的理论与实践均可视为因应之道。

城市的生活扩张到整个国家层面带来的结果有两个方面,一方面,国家统治的城镇化,国家习得并垄断了城市统治的手段并无差别地施行于国土之上,因此,夺回行政权力不仅仅只是市民的事务,也是国民的事务;另一方面,在城市被国家淹没数百年后,是时候将城市从国家中挖掘出来,让城市成为该特定城市的市民的城市了。只有当城市回归该特定城市的市民的城市时,我们才有望在保有近代法治秩序承诺的全部自由与权利的同时享受城市的共同生活为我们带来的福祉。

论城镇化政府主导推进的程序规制

孙 莉[①]

内容提要：与西方发达国家城镇化更多具自发渐进特征有别，中国的城镇化更多地呈现政府主导推进的特质，且推进"过程"凸现法律规制（特别是程序规制）的不在场或在场不足。城镇化政府主导推进的特质不仅关乎法律在场的必要，更关乎怎样的法律在场。以过程哲学和程序的法理观之，应当强调，对这一"过程"本身的法律在场更多的是正当程序的在场。正当程序不只是控权机制，且可能催发权力结构实体上哪怕是细微的改变。城镇化是一种公共选择和决策，应通过富含开放性、分权性、交涉性、包容性要素的程序装置促使政府和有利害关系的个人或群体在程序内的互动博弈论辩妥协中各自反思其诉求主张，在不断的程序性试错和调整中渐进获致各方都可接受的共识与方案，使城镇化成为真正的互动善治过程。

关键词：城镇化；政府主导推进；程序规制

自 1998 年党的十五届三中全会明确提出发展小城镇是带动农村经济和社会发展的大战略和 2000 年"十五"规划纲要首次把"积极稳妥地推进城镇化"作为国家重点发展战略以来，党和政府一直在将走中国特色新型城镇化道路、全面提高城镇化质量作为持续性发展战略加以推进[②]，以此为据，各级地方党委、政府都把

[①] 作者单位：苏州大学王健法学院；苏州大学中国特色城镇化研究中心；江苏高校区域法治发展协同创新中心。本文系国家社科基金一般项目"政府主导推进城镇化的过程正当性研究"（14BFX088）、教育部人文社科规划基金项目"城镇化政府推进的程序法理"（11YJA820063）、教育部重点研究基地重大项目"城镇化的政府推进：过程正当性与程序法理"（13JJD820006）、江苏省教育厅重点项目"城镇化政府推进的程序控制"（2011ZDIXM044）、中国法学会和江苏省法学会 2014 年度法学研究课题"法治视域下城镇化内涵和指标体系研究"[CLS（2014）C03、SFH2014D04]的阶段性成果。

[②] 这种推进体现为：2000 年国家"十五"规划纲要首次提出推进城镇化战略后，党的十六大又明确提出"全面繁荣农村经济，加快城镇化进程"和"逐步提高城镇化水平，坚持大中小城市和小城镇协调发展，走中国特色的城镇化道路"的大政方针；2006 年"十一五"规划纲要进一步提出"坚持大中小城市和小城镇协调发展，提高城镇综合承载能力，按照循序渐进、节约土地、集约发展、合理布局的原则，积极稳妥地推进城镇化，逐步改变城乡二元结构"；2011 年"十二五"规划纲要进一步强调要"优化城镇化布局和形态，加强城镇化管理，不断提升城镇化的质量和水平"；2014 年 3 月根据党的十八大报告、中央全面深化改革的决定、中央城镇化工作会议精神、"十二五"规划纲要和《全国主体功能区规划》编制出台的《国家新型城镇化规划（2014—2020 年）》，进一步强调要"走中国特色新型城镇化道路、全面提高城镇化质量"，进一步明确未来城镇化的发展路径、主要目标和战略任务。

城镇化建设摆上了破解"三农"难题的重要议事日程,城镇化呈现出迅猛发展的态势①。迅猛发展的城镇化进程深刻而广泛地影响着我们的经济生活、政治生态、社会结构和文化格局,也进而成为各学科竞相关注和研究的重要领域。当然,各学科提出问题的方式和角度各有不同,法律人也当然应有面对这一问题的特有方式和视角。笔者认为,法学研究对中国城镇化提出问题的方式或角度或许应是这样的:中国的城镇化"过程"中,有无法律的在场?有无法律在场的必要?若须有法律在场则应是怎样的在场?又为什么应是这样的在场?而所有这些问题及其回答都与中国城镇化过程的特质有着无法割断的联系。

一、政府主导城镇化的"过程"凸显法律在场不足

近现代与工业化、市场化相伴随的城镇(市)化②过程无疑首先是从西方开始的,其有关城镇化的研究也极为丰厚。③ 而令我们特别感兴趣的是中国的城镇化过程在西方学者那里更被关注的会是哪些方面,因为或许正是这些被特别关注的方面是中国城镇化不同于西方的特质。笔者注意到:20世纪70年代以前,国外学者主要致力于探讨中国未能实现资本主义和西方式城镇化的原因。改革开放后,西方学者对中国城镇化的关注愈加呈现多元性,不仅考察中国城镇化的过程,分析其发展模式、水平、动力机制和存在问题,更注重探讨中西方城镇化的差异,各种用于解释中国城镇化发展规律的学说应运而生,如反城市主义学说,工业战略说,城市二元体系与工农业均衡发展说,工业化与城市偏爱说,等等。其中特别需要提及的是:在西方学者看来,中国经历的是具有相当独特性的城镇化过程,政府

---

① 发展主要体现在速率、数量和规模方面。1949年我国城镇化率为10.64%,1978年为17.92%,1998年为30.4%,2000年为36.22%,2015年1月20日国家统计局发布的最新数据显示,2014年我国城镇化率已达54.77%。这意味着我国已成为近年城镇化率增速最快的国家之一。然而高速率发展带来的问题和弊端也显而易见,快速发展的城镇化在品质上也受到质疑,在一些学者看来,一些地区的城镇化具有"伪城镇化"的性质。参见:项继权.城镇化的"中国问题"及其解决之道[J].华中师范大学学报(人文社会科学版),2011(1).

② 西方对这一过程常常是以"城镇化"表述,但实际上其与"城镇化"两者在英文中为同一个单词Urbanization,即广义的城市和狭义的城镇是相同的。本书在二者相通的意义上使用"城镇化"这一表述。

③ 西方对城镇化问题的研究,遍布城市学、人口学、社会学、经济学、政治学、法学、管理学、政策学、规划学、地理学、生态学、文化学乃至哲学等领域,形成了以城市为对象的若干学科分支和不同的城市理论以及"城市正义""空间正义"等重要概念。关于城市的叙述早已超出规划、建筑等物质形态和经济学、人口学、社会学等社会科学领域,文学、艺术、历史、文化研究等都介入到对城市的分析和价值阐述行列。参见:陈映芳.城市开发的正当性危机与合理性空间[J].社会学研究,2008(3).

主导和推动是其最具独特性的部分,这构成他们重要的研究领域。① 显然,这样的一种关注与本文所讨论的主题之间具有极大的相关性。

然而,这并非意味着中国学者对于中国城镇化过程的特质就缺乏应有的关注。在中国,初始的城镇化研究主要聚集在城市学、经济学、社会学、人口学、管理学、规划学、地理学等领域;之后,随着城镇化进程的加快及综合性问题的呈现,政治学、法学、政策学、生态学、文化学、哲学以及一些重要的人文学科也逐渐介入。研究主要涉及两大方面:一是城镇化的一般理论研究,如城镇化的内涵与特征、速度与水平、动力机制与规律、道路与模式等,其中,政府主导推动就被认为是中国城镇化的一种特有模式。二是与城镇化相关问题的研究,如城镇化与人口流动、非农化、现代化、全球化、信息化的关系;城镇化与公共政策、经济建设、可持续发展、新农村建设的关系;城镇化与农地资源、农民权益、生态环境、文化遗产的关系等。这些问题或关系的解决往往更多寄望于政府的良性作为,因而应是以政府的主导推动作为背景或凭借的,当然,其中也不乏对政府主导推进过程本身的反思。

法学界的研究则集中体现为对城镇化带来的如土地、资源、生态环境和农民、农民工权益保护等问题的法学角度的关注,也有对城镇规划、政府拆迁、融资监管等问题的较为系统的关注。这些关注同样是建立在对中国城镇化更多由政府主导推进的认识基础上的,只是对城镇化带来的结果或问题的关注远胜于对这个推进"过程"本身的关注。此外,关于城镇规划、政府拆迁、融资监管等问题的法学研究,尽管包含对政府推进行为的关注,但对实体问题的关注远甚于对过程和程序的关注,对政府主导推进这一模式或道路的反思和警觉也显不足。由此可见,意识到政府主导推进是中国城镇化的特质,也并不意味着提出与解决问题的立场和方式是共同的。

确实,与西方发达国家的城镇化更多呈现为与工业化、市场化相伴生的自发渐进过程有别,中国的城镇化更多地表现出政府主导推进的特质。② 政府主导推进当然需要仰仗于集权体制③,而我们亦具备这种条件,国人也习惯甚至愿意看到

---

① 钱振明.中国特色城镇化道路研究:现状及发展方向[J].苏州大学学报(哲学社会科学版),2008(3).

② 两者的区别只是相对而言的,并非西方城镇化就无政府介入,也非中国城镇化就无市场推动、自然演进因素,而是就两者的主要发展模式和道路而言,前者更多地具有自然渐进倾向,即便有政府行为介入,也是在时间过程上更为错后、介入方式上更为间接,而后者更多体现为政府积极主动直接地计划、组织和实施运作。参见:张孝德,钱书法.中国城镇化过程中的"政府悖论"[J].国家行政学院学报,2002(5).

③ 城镇化政府主导推进与本就具集权特征的政治体制和权力运作机制之间存在相互支撑和彼此强化的关系,这或许就是中国城镇化过程深刻影响中国政治生态的一个方面。

城市法治:理论与制度

国家通过集权方式整合资源、凝聚力量、"集中起来干大事"。城镇化便是这样的一件大事,由政府主导推进确乎有助于整合资源、凝聚力量、直奔主题、高效率地接近目标。然而,对于这种由政府主导的、有更多的政府因素参入的城镇化过程,法律人的关注向度或许应当是以下两个方面:一是在一个由政府主导作为的领域,政府行为的"过程"本身是否受到法律规制,是否被规制到合理的程度;二是公民个体的尊严与权利是否被考虑、承认、尊重和保障,特别是受政府行为影响的个体或群体对于政府行为的过程本身能否进行制度性的参与和影响,并由此使其实体上的权益获得维护和补救。基于这种法治思维的关注向度,我们认为,中国城镇化过程的政府主导推进本身或许就是值得高度警惕的。这是因为,权力特别是一贯以主动出击姿态存在的行政权力本身就是值得警惕的。尽管权力因其公共性而不可或缺,但权力所具有的单方面性和强制性,物质性、组织性和自行进行性,价值性,扩张性,侵犯性,腐蚀性等属性,使其本身就值得高度警惕。倘若国家为某一特定目标的实现而呈现出不遗余力的积极主动姿态的话,其可能带来的侵犯性、威胁性和腐蚀性就更为突出,也更值得警惕。不仅如此,中国的城镇化主要是由行政权推动的①,而行政权与其他权力相比显然更具有值得警惕的特征:第一,行政作为积极的管理或控制,表现为行动的权力,发生于社会生活的全过程,可主动出击,自行发动,自我进行,这种主动性或许意味着更强的攻击性和侵犯性。第二,行政作为行动的权力,总是更关心和服务于一定的目标与效率,且会随时顺应社会情势的变迁做出灵活的调整,其强烈的目标导向更易使权力运作在手段上较少顾忌,更强的灵活性也带来更多的非确定性和不安定性。第三,作为行动的权力,行政更关注行动的结果,评价尺度也更多从物质结果着眼,过程本身的正当性起码不是其首要关注的方面。现代行政尽管开始注重程序,但对于结果及效能的追求依然是主要甚至首要的。第四,行政亦更追求效能和秩序,其任务是促进和保证更大的产出,在价值取向上往往是效率优先。以法治视角观之,权力特别是行政权的这些特有属性,提示我们更应对由政府主导积聚力量主动推进某一进程保持警惕。

正因为如此,城镇化的这一政府主导推进"过程"凸显法律规制不在场或在场不足的特质就愈加令人警惕。这并非是指关涉城镇化的法律规定缺乏,而是:第一,即便有法律,也大多体现为对城镇化带来问题或结果的回应和补救,或直接是

---

① 在党的至上地位和党政不分的权力结构下,中国的城镇化严格地说是由党政权力主导推动的,只是其更突出和直接地体现为作为三种国家权力之一的行政权的运用罢了。

为政府的推进提供论证、依据和手段的,而着眼于政府主导推进"过程"本身的法律规制特别是程序性规制则相对匮乏。即使在新近制定的关涉城镇化的《城乡规划法》这样一部理应以规制行政权为基本取向的重要法律中,我们看到纵向的审批、备案、审议程序确实不乏,然而利害相关者和公众的横向参与性程序仍很稀缺,特别在借助开放、论辩、交涉和横向分权的程序来规制政府行为方面①,更不要说被其替代的旧的《城市规划法》,其甚至没有制定任何关于公众或利害关系人参与的程序性规定。第二,城镇化政府主导推进的过程中,真正实质性在场的是以红头文件②形式存在的政策③(或甚至有时直接就是领导指示)。政策既作为权力行动的依据,又作为权力行动的手段和方式。而政策的属性和操作逻辑与中国发展主义意识形态、集权结构和权力运作机理之间高度的契合性,使得这种推进具有更多非常态、非确定的运动式特征。在西方城镇化发达国家,"城镇化"本是个中性词汇,因而,自然演进是其重要标志。但其在中国发展主义意识形态下成为战略目标后,就似乎享有了意识形态上的天然正确性,特别是当这种正确性与地方政府的土地财政、GDP 指标、官员的考核升迁④等利益驱动机制捆绑交织在一起之后,城镇化的推进便不再是政府的常态性工作,而是"大干快上"可"运动化"操

---

① 《城乡规划法》第 26 条、第 46 条、第 48 条、第 50 条涉及规划的公告以及专家、公众意见的征求和利害关系人意见的听取等这些具有公开性、参与性的程序内容,但是:第一,听证这一最能体现程序交涉性本质特征的制度仅作为征求或听取意见方式之一而与论证会、座谈会或其他方式并列;第二,是否采取听证程序是组织编制规划的行政机关可自由选择的;第三,即使选择了听证程序,由于缺乏具体刚性的程序设计,行政机关依然有相当大的自由操控空间。

② 作为政策文本的红头文件被清华大学政治学教授张小劲主持的《政治文件与文件政治》课题组称作中国的"治国密码",体现着"文件政治"。文件一旦加了"红头",便有了不容置疑的权威与合法性。"从延安时期开始,起草文件被认为是最核心的权力","可以说,现在的中国是文件治国。政令由文件推行,改革由文件推动,国家由文件治理"。参见《环球人物》杂志记者毛予菲采访清华大学政治学教授张小劲的文章《揭秘红头文件里的治国密码》,http://news. sina. com. cn/c/sd/2014 - 08 - 15/120730690491. shtml,2015 年 3 月 20 日访问。

③ 国家发改委城市和小城镇改革发展中心研究员冯奎在接受采访时曾特别提到国家主要是通过户籍政策、土地政策、行政区划调整政策、规划政策、投融资政策等来实现对城镇化的全面主导推进。他说到颇具意味的一个现象是,有关城镇化的规划,在国家各级机关那里显然不是具有法律意义的东西,而是政府的一项政策工具,合称为"规划政策"。而规划背后起决定作用的是政府利益,政府利益成为政策超越和凌驾于法律(如法定规划)的理由与依据。参见:刘辉. 新型城镇化只能是政府有限主导——访国家发改委城市和小城镇改革发展中心研究员冯奎[N]. 经济参考报,2013 - 05 - 17.

④ 我们注意到,在省、市、县、区各级党政机关关于城镇化推进的决议、决定性文件中,几乎无一例外地都有"将推进城镇化工作纳入各级人民政府的年度责任目标考核。强化督促检查,严格考核兑现","将城镇化率和相关绩效作为对各级党委、政府及其领导者和工作人员的考核指标,达标者予以奖励,不达标者予以责罚"之类的明文规定,相应地也制定了具体的量化考核指标。

作的事情,而"运动"的惯常习性恰恰是撇开法律的①。如此,一方面,各级地方政府会将这一"战略任务"视作完全应由政府自己主导和操作的事情,且越是强调"战略",越是被视作仅由政府自己"操刀"的事情;另一方面,政府推进仅凭借承载政策的红头文件或甚至党政领导的指示即可操作,"战略目标""中心任务"成为地方政府可以进行非常态化操作无须法律约束的理由,为了实现目标,手段或过程上无所顾忌就可能成为很自然的事情②。但是,问题在于以下几个方面:

第一,由于政策是目标导向而非过程导向、是实体导向而非程序导向的,同时行政权又最重视追求目标和实体结果的,故城镇化的政府推进就可能更多的是用目标来论证过程、用结果来证成手段、用实体来评价程序的;又由于城镇化与地方各级政府的土地财政利益与绩效考核挂钩,组织制度上绩效又与官员的升迁密切相关,于是,对于目标、利益和绩效的追逐便可能使得一些地方党政机关和官员不计成本③、不问代价,在手段、过程上无所制约。"十五"规划提出推进城镇化战略后,全国由省、市到县、区、乡镇几乎各级政府都制定并颁布了关于"加快"或"推进"城镇化建设的"决议""意见"或"通知",其中充斥着"加快""强推""加大力度""下大力气"等词语,内容多为实体性和目标性的,关于过程和程序甚至关于法律的内容几近于无,或只是口号式的只言片语;在各级政府的政绩考核指标中,城镇化率是一项重要指标。于是,各地强行圈地、强行征收、强行拆迁、急功近利、弄虚作假,甚至与开发商④共同联手损害农民、市民或其他相关利益人权益等事件竟然并非个例。

---

① "运动"总是以非常态化的操作方式进行的,而法律则往往是与常态性互为存在根据的,法律既为经济、政治和社会生活贡献使其得以建立常态性、确定性秩序的规则与程序,也以经济、政治和社会生活的一定的常态运作为存在条件。非常规的"运动"状态,如"反右""大跃进""文革",都是在根本上排斥法律的。

② "史上最美最狠拆迁女市长"吉林省舒兰市市委原常委、副市长韩迎新或许是这方面的例证。她曾长时间分管市监察局、财政局、审计局,并协助市长分管市政府办公室、住建局、城管局、棚户区改造办、政府采购中心等重要部门。2011年1月4日,舒兰市步行街的28家门面房被当地政府强拆,影像材料显示,当时还是副市长的韩迎新在与被拆迁群众的对话中喊道:"我不懂拆迁法,不按拆迁法办!""我有尚方宝剑!你们随便告,我不怕……"后韩迎新因涉嫌受贿被司法处理。参见:韩迎新[EB/OL].[2014-12-08].好搜百科:http://baike.haosou.com/doc/3852264html.

③ 成本是综合性的,包括经济成本、政治成本、社会成本、文化成本、环境和生态成本,特别是个体权利的成本,如农民失地失业无市民待遇等。

④ 当然也有这样的情况:当政府面临政治压力,需要调整土地政策和动迁政策时,一些开发商亦不免会因政府的"转嫁"行为而成为利益的相对受损者。这说明,公权力是最为强势亦是最需防范和警惕的。

第二,由于政策具有较强的灵活应变性①,特别在集权体制下,政策的形成和执行更多地带有随意性和长官意志特征,常常是红头文件和领导讲话代表一切,"计划赶不上变化,变化赶不上电话,电话赶不上领导一句话",这使得城镇化过程本身缺乏应有的常规性、确定性、稳定性和连续性,深受城镇化影响的民众的合理预期往往落空,民众的利益也随之受损。

第三,由于政策不具有法律上的可诉性和可问责性,当政策失误以致对利害相关者的权益造成损害时,农民、市民或企业无法诉诸法律寻求权利救济,决策的制定者却可凌驾于法律之上而不被问责。所谓"拍脑袋决策,拍胸脯保证,(最后干砸了)拍屁股走人"的"三拍"模式即指此,留下来承受失误后果的永远是与城镇化利害相关的普通百姓。

第四,由于党的特有地位和权力结构体系的特殊性,我国国家权力体系外独存一套自上而下的党的组织系统,党的政策的制定和实施在现有体制下并不直接进入法律流程,现实中的惯常操作也常是政策出自党政机关联手,因而其制作流程亦变得模糊,法律的程序规制也就大受限制。

显然,在由具有如上属性和运作逻辑的政策完全主导城镇化进程的情势下,法律的地位便是或可被忽略②,或被视为论证工具,或成为保驾护航的手段,其相关规定也更多的是目标和实体导向的,有限的程序性规定或笼统模糊,或附属于实体目标③。笔者认为,权力总要追求一定的目的,且凭借其对资源和价值的控制以及由此带来的物质强制力,权力可以直接开通阻碍自行进行,再加上权力本身的扩张性质,使得权力常常可能视法律为其直接实现某种目标的障碍性因素,进而表现出凌驾乃至摆脱法律的倾向。中国的城镇化主要凭借政府及其政策主导推进这一特质,使其不仅具有天然摆脱制约直奔目标的倾向,且内含着要求法律为其提供制度证成的强悍因素,这或许正是城镇化进程中法律可能沦为政府附庸的缘故。显然,对于城镇化的政府推进而言,法律是对其带来问题的回应意义的在场,还是保驾护航意义的在场,抑或是对其推进"过程"本身的规制意义的在场,

---

① "红头文件的'快'正好与改革的'变'相适应。改革出现什么新情况,红头文件迅速做出调整。所以文件政治是必然的选择。"参见《环球人物》杂志记者毛亨菲采访清华大学政治学教授张小劲的文章《揭秘红头文件里的治国密码》,http://news.sina.com.cn/c/sd/2014-08-15/120730690491.shtml,2015年3月20日访问。

② 笔者注意到,政府或政府旗下研究院所主办的城镇化网站所设的众多栏目中大多没有法律专栏的设置。

③ 程序不只具有工具性价值,且具有内在的独立价值,其最首要的独立价值是对程序主体尊严的尊重。

是法学研究必须面对的问题。

二、规制政府主导推进"过程"的理据

城镇化政府主导推进的特质不仅关乎法律在场的必要,更关乎怎样的法律在场或法律在场的方式。尽管市场机制和政府主导的城镇化都需要法律的在场,但法律在场的方式有不同。对自然渐进的与工业化和市场化相伴而生的城镇化过程说来,法律的在场更多的是对城镇化所带来问题或挑战的回应、反馈和调整。这一方面因为自然渐进的过程本身更多被自发性左右,有某种自然的必然性在其中,法律所能做的,更多的是顺应规律的调整①;另一方面因为自然渐进的城镇化过程中公权力积极、主动、直接、有目的的干预和介入不多,而法律通过程序对过程本身的规制首先是针对权力的,这正是程序更多地及于公权力运作场域的因由。中国的城镇化过程是更多的政府主导而非更多的市场带动和自然演进,对政府直接、主动、有目的的组织、推进、管控、操作"过程"本身进行法律上的规制就极其必要,因而法律的在场应是对政府主导推进"过程"本身的规制性在场。

以过程哲学②的解释方式分析我国当下的城镇化实践过程,我们发现:第一,城镇化"过程"本身具有实在性和当下性。城镇化"过程"本身不是实现外在目标的工具,其本身就是实在,处于城镇化过程中受城镇化影响的普通个体在这一过程中就不能被当作工具来对待。城镇化不是一个灿烂目标的许诺,然后使个体天经地义地成为实现目标的手段,让通过强势话语宣称的所谓"公共利益"无须取代个体对自己权益的正当主张。城镇化总是在一定的时间和空间中展开的,过程本身才是根本,"一定的时间"是指每一个当下,"一定的空间"是指每一步骤和方式。在这个过程中,所有与城镇化利害相关的人都应被当作目的,当作拥有尊严的独立、自主、平等的理性主体,个体的尊严、选择的自由、物质的需求、功利的计算、理性的预期、参与的渴望、平等的期待等都应当成为城镇化选择决策、编制规划、出台决定等程序设计的基点,从而使城镇化真的成为市民、农民的城镇化,而不仅仅是政府的城镇化。因而城镇化的政府推进在选择决策、编制规划、出台决定、解决

---

① 其实,政府推进本身也有一个尽可能顺应市场化规律、不强行改变自然演进进程、不破坏市场调节机制的问题,但这已属实体性问题的讨论,与本文主题不直接相关。
② 过程哲学由英国数学家、逻辑学家阿尔弗雷德·诺思·怀特海创立,被认为是一种建设性后现代主义哲学。其以机体概念取代物质概念,主张世界即过程,过程即世界;过程即实在,实在即过程。过程是世界的本体,离开生成过程,就不存在真实而具体的实在。参见:阿尔弗雷德·诺思·怀特海.过程与实在[M].杨富斌,译.北京:中国城市出版社,2003:28-40.

争端和补偿救济中就不得无视过程,将过程视作可有可无、可以随意处置、附着于目标或结果的无须顾及和证成的东西,而必须关注过程,认真对待过程,不断充实过程要素,使过程不断正当化。因为,城镇化就体现为一个个相对确定的当下的现实过程,体现为每一项决策、规划、行政决定的出台和实施过程,体现为在这样的过程中个体及作为其集合的群体被体面、尊严和平等地对待。所谓"看得见的正义"即指此。

第二,城镇化"过程"本身具有可控性和反思性。过程的可控不只在于其可见、可感、可直接亲历,还在于过程是实时、连续、累积、前一环节对后一环节构成牵制关系的,因而过程控制①就是过程本身的牵制性控制。不仅如此,过程本身具有条件性和开放性,包含着一系列动态变量和条件,受变量和条件对比关系的左右,生成的结果可能是不确定、未可预期的;但同时,过程的每一环节都存在可测量、调整和控制的节点,可进行条件和要素投入与输出的调整,从而使得结果的生成在相当程度上变得可控。显然,人们能够更确定地把握的更可能是过程本身,甚至可以说,控制了过程,也就在相当高的程序上控制了结果。借助城镇化政府推进过程的可控性以控制和修补实体内容与结果,应是契合法治本义的选择;而对于身处城镇化过程中深受城镇化影响的个体说来,能够实质性地参与决策和规划的制作过程,也就可能在相当高的程度上控制和把握自己实体权益的状态。此外,过程可控还源自其试错性、反思性和回应性。过程通常不会总是向着所谓预设目标线性地发展下去,而是在进程中不断发现、试错、反思和校正。在这一过程中,所谓目标也获得不断被修正和校改的机会。借助过程的反思性来修正校改实体目标和结果,亦是城镇化政府推进应受过程控制的重要因由。

第三,城镇化"过程"本身具有生成性和证成性。依过程本体哲学的解释,过程是世界的本体,所有现实实有都是由过程生成的。过程的实在性、独立性、反思性意味着目标和结果只存在于过程之内,是由一个个当下的切实的过程生成的,不存在独立于或外在于过程的目标或结果。离开生成过程,就不存在真实而具体的实在。因而那种只要目标或结果"正当",过程和手段便可在所不计的城镇化政府推进,往往目标或结果上的正当性本身就是可疑的。此外,过程的生成性也意味着其对于结果或目的的保障性。目标或结果不能保障过程,反而是要由过程本身来保障的。因而,城镇化不是只要预先宣称目的或结果正确,就可以为其对个

---

① 工业领域存在所谓过程控制,即以温度、压力、流量、液位和成分等工艺参数作为被控变量的自动控制。

体权利的戕害过程保障。① 在这个意义上,长期被奉为圭臬的"猫论"或许是特别值得反思的。

综上所述,既然过程本身即是一种具有独立性的实在,且目标或结果是由过程生成和证成的,则对城镇化的政府主导推进"过程"本身进行规制也就具有了某种根本性意味。这不仅因为过程控制可在相当意义上控制目标或结果,过程若无制约,结果则难以被合理期待;而且更因为法治本身正是过程指向的,结果的正当要由过程的正当来证成,过程规制符合法治的基本逻辑。

三、规制政府主导推进"过程"的程序性进路

过程哲学与程序法治原理存在着内在关联,过程哲学提供了对政府主导推进"过程"进行控制的根本依据,程序法治原理则为我们找到在法律上规制政府主导推进"过程"的基本思路。过程控制在法律上可直接体现为程序性规制,因为"程序的本质特点既不是形式性也不是实质性,而是过程性和交涉性。"②对于政府主导推进"过程"的法律在场根本上即是程序的规制性在场。

其实,程序特别是正当程序本身直接就是一种控权机制。"程序的实质是管理和决定的非人情化,其一切布置都是为了限制恣意、专断和过度的裁量。"③这就是说:其一,以法定时间和空间方式作为要素的程序本身就具有控权机能——程序的时间要素使权力行使在时间上是被限定和可被合理预期的;程序的空间要素意在通过不同权力(利)主体及其行为之间的内在牵连造成相互牵制和约束,使得权力行使的范围、手段、方式和与其他权力(利)的关系是确定、稳定、可量化、可计算的。不仅如此,程序还充分和突出地体现了法律的形式合理性,这种形式合理性正是权力制约最具技术性和常态性的力量。其二,正当程序更是一种控权机制。"有法律程序不等于有正当程序,并非一切法律程序都是正当的。此中包含着价值问题。"④明确的角色分化及以此为基础的公开性、参与性、交涉性、中立性、对等性、合理性、自治性和及时终结性等是正当程序的最低限度的要求,其本身即一种权力间相互牵制关系的安排,构成对决定者或程序指挥者牵制的力量。"分

---

① 在我们的历史和现实中,为达目的把人作为手段、以目的证成手段的权力操作不计其数,"反右""大跃进""文革"是其极致表达;改革开放后只以物或 GDP 的增长作为中心目标的发展模式,为经济增长或"公益"建设或城镇化战略而进行的野蛮执法、强行圈地、强行拆迁等,是其当下注脚。
② 季卫东.法治秩序的建构[M].北京:中国政法大学出版社,1999:20.
③ 季卫东.法治秩序的建构[M].北京:中国政法大学出版社,1999:57.
④ 张文显.法理学[M].北京:高等教育出版社,2003:158.

权的原理和人权的原理都是旨在通过公正的法律程序来限制国家的强制力,通过承认的要件来保障统治的正当性。"①"正是程序决定了法治与恣意的人治之间的基本区别。"②

　　法律的程序性规制还与政府主导推进行为的过程性天然契合。"程序是一种过程性的程式"③,过程既通过程序连接,又通过程序展开,当然,也就通过程序控制。因而程序性制约是能够在行为进行中对行为的发动、实施和结果直接介入并实施干预和影响的控制,是能收预先防范、事中制约并对结果施加影响之实效的控制。同时,我们知道,对政府行为实体上的控制(如设定权限和责任)不可能详尽无遗地涵盖所有方面,每一制度安排在实体内容上都可能有一定的不周延和不确定性,且因受多种因素的左右,实体目的的实现也往往是非线性甚或是偏离初衷的。而与之相比,通过程序对政府推进的每一决策、规划、决定的制作和实施过程进行规制,并经此对实体结果施加影响,却是相对更确定、可行和可期待的。现代法治国家在权力制约机制上的一个较为重要的变化趋势是由注重实体制约向倾向于程序性制约的转变④,也恰好意味着程序控权相对于实体控权不啻是一种补充,更是一种相对独立的权力制约模式。

　　还值得提及的是,程序制约所体现的过程正当性是法治的特有品质。过程本身的正当是法治所特别强调的,而这种过程正当性"特别表现在它们的程序上"⑤。当决定和选择是依据正当程序而做出的时候,结果本身的正当性也就有理由期待了。对于法治而言,实质的正当性正是由过程本身的正当来说明和证成的。

　　特别需要指出的是,程序的牵制性可能催发权力结构实体上的合理变化。程序控权的意义在于,程序特别是正当程序不仅其本身就是一种控权机制,其还有可能催发或推动权力结构实体上的变化。因而,只要设置和富有实效地操作了具有正当性的程序,便有可能生发或催发出权力结构实体方面哪怕是细微性的改变。如听证程序中"案卷排他"要素的引入,就会使听证过程和普通主体的参与具有更多的实质意义,普通主体与做出决策的职能机关之间的实体性关系就可能有

---

① 季卫东.宪政新论[M].北京:北京大学出版社,2002:11.
② 季卫东.法治秩序的建构[M].北京:中国政法大学出版社,1999:3.
③ 谢晖.论法律程序[EB/OL].[2013-11-02]. http://www.sooshong.com/info/detail-34607.html.
④ 关于实体控权模式和程序控权模式及其关系与意义,参见孙笑侠.法律对行政的控制[M].济南:山东人民出版社,1999:118-143、191-242.
⑤ 孙笑侠.法治对待道德的态度和方式——当代中国法应该怎样促进道德目标[C]//刘海年,等.依法治国与精神文明建设[M].中国法制出版社,1997:265-266.

微妙的改变。这些改变尽管细微,但点滴积累、渐进变化总会令我们不断向目标接近。

四、通过程序规制政府主导推进"过程"的要素和条件

城镇化政府主导推进过程的程序规制就是要在决策和规划的制作、实施、修改、监督检查、责任追究、争端解决、补偿救济过程中,增加与城镇化利害相关的农民、市民(通过他们个体或其联合体)同政府、开发商平等谈判、协商、论辩、交涉的程序设计,使这一过程成为受城镇化影响的普通主体得以实质性参与决策并经此使政府权力受到合理规制的过程,这意味着程序起码应当补充这些要素和条件。

(一)规制政府主导推进"过程"的程序要素

1. 开放性要素

公开、透明、开放是现代社会善治的基本要素①,其所体现的公共理性是现代社会政府统治和治理的合法性基础。不仅如此,开放本身还是一种反思纠错机制,它使得政府的决策和行动被置于众目睽睽之下而不敢过于恣意,也使得失误更易被发现和纠正。开放意味着:第一,政府推进城镇化的决策、规划和行动,应以公开②为原则,保密须有法律特别规定。国家应通过立法使政府决策、规划、决定的公开成为制度和程序安排,政府若未能依照法定程序将其公开,则应承担程序违法的程序性后果,即导致该项政府举措无效。第二,开放不只是指决策结果的公开,更是指决策与规划制作过程本身向利害关系者和公众的开放,政府应借助政府网站、传媒和公共论坛公开决策和规划的制作与实施过程。第三,公共论坛的开放,即以言论、出版等表达自由为据而形成的公众可以利用的公共论坛或言论空间的开放,包括对城镇化政府推进行为质疑、监督和批评声音的开放。第四,开放应体现为一系列具体机制的设置,包括政府资讯信息的公开机制、不依法公开的责任追究机制、程序性后果承担机制、信息的自由获取和传播机制、公共论坛的开放机制等。

---

① 善治的基本要素可以归纳为:合法性、法治、透明性、责任性、回应、有效、参与、稳定、廉洁和公正。参见:俞可平.治理和善治引论[J].马克思主义与现实,1999(5);俞可平.民主与陀螺[M].北京:北京大学出版社,2006:84—86.

② 我国最为新近的《国家新型城镇化规划(2014—2020年)》对完善城市规划的"公众参与"和"推行城市规划政务公开,加大公开公示力度"做出了规定,但对于公开是否为刚性原则,力度如何体现为刚性的制度安排,尚未做具体规定。不仅如此,将"公开公示"连缀表达,是否意味着公开仅限于规划结果的公示,而不意味着规划制作过程中的公开讨论和参与,也似乎并不清晰。

2. 分权性要素

分权是指有关城镇化的决定权应是在与城镇化利害攸关的主体间横向分享的，而非在政府那里逐级审批、纵向集中的。我国，城镇化的决策、规划和决定的制定、实施、修改、监督、检查的主导者都是政府，在这种操作过程中，似乎存在着这样一种前提预设：政府是民众和公益的当然代表者，且政府是理性的甚至在理性上是无限的，由其全权主导操作是天经地义且不会有错的。然而事实上：第一，政府的理性是有限的，它们也会决策失误甚至是重大失误。因此，政府需要由广泛的对话、协商、论辩、交涉等横向分享决策权的决策程序和由此凝聚的公共理性来保证决策的科学、合理和正当。第二，"理性经济人"作为西方经济学的基本假设，在一定意义上也可用于对政府行为的分析，特别是在城镇化推进与地方政府的土地财政利益相关、官员政绩考核指标和职务升迁挂钩的情形下，本就秉持效率追求、目标指向和发展主义意识形态的政府，与更关注自身权益的民众之间可能存在不同的诉求和主张就成为较为自然的事情，这意味着并非在所有情形之下政府都当然在实质上体现着民意。因此，政府决策需要在与民众广泛的对话、协商、论辩、交涉中形成，经此决策权分散的程序所产生的决策才可能被认为是具有可接受性的正当性决策。第三，城镇化本是一种公共决策和公共选择，其应在相当意义上是政府、社会组织、市民、农民、开发商就公共选择采取互动行动、共同决策的过程，故应尽可能在各方利益互动、交涉、博弈、反思、妥协的基础上实现起码共识并实现共赢。因而，所谓分权不仅仅是利害相关者或公众"参与"①的问题，而是公共选择与共同决策的问题，就是要保证在城镇化推进过程中除政府外，具有中立地位且联结政府与民众的城市规划师和专家学者以及那些与城镇化利害相关的农民、市民及其代表者也都能够通过制度性的决策程序对决策施加实质性影响，从而成为城镇化相关决策的一定程度的决定者或影响者。

3. 交涉性要素

法律上的程序并不是为单个主体无须与他人交涉互动只需直接由自己做出法律决定而设置的，而是为复数主体就相互关涉或共同性法律决定的选择而设置的。作为程序本质特征的交涉性是使决策权得以分享的根本机制，这就起码需要强调如下三个方面：第一，交涉一定是制度性和制度内的交涉，而不是制度外的密

---

① 对于与城镇化利害相关、受城镇化影响的农民、市民说来，"参与"一词或许意味着那不是他们在决定自身的事情，或与自身有关的事情，其参与也不必然或必须影响决策本身；而这里所说的决定权分享，则意味着城镇化是他们自身或关乎自身权益的事情，他们有权为自身或关乎自身的权益做出选择和决定。

室交易、讨价还价或暴力对抗,因而为交涉设置得以保证复数主体进行规范、平和、理性的对话协商论辩程序,是立法者的重要职责。第二,交涉的载体是理性对话,而不是强势一方的自说自话、自我宣称。因此,信息分享和话语沟通应贯穿整个城镇化推进的过程,对话商谈规则、论证规则、理由说明规则、谈判机制、诉求表达机制、意愿反馈机制、异议尊重和纳入机制、冲突的规范性解决机制的完善以及公共论坛的设置等,是城镇化推进过程中政府必须严格遵循或着力为之的。第三,横向的参与性、交涉性程序和机制应被精心设置和运作,这包括:①听证和谈判的法定化和制度化。作为最体现交涉性本质特征的程序,听证不应再被作为与座谈会、讨论会等征求意见方式并列而可以由政府任意选择的工作方法之一,谈判更不应成为无规则制约的密室交易。②赋予资源和能量上显然处于弱势的农民、市民一方以程序上更多的可与政府和开发商讨价还价的权利,以保证他们能在对等与平等的地位上展开真正具有实质意义的对话、谈判、协商和交涉。③发挥社区和市场中介组织的作用,赋予其参与规划和决策过程的主体资格与权利。④充分利用和借助传统媒体与现代网络数字技术来提供信息咨询、沟通、分享、交流的公共舆论平台和公共论坛,保障公众参与。⑤联结和沟通民意的城市规划师群体的培育。① ⑥对不采用或违反横向交涉性、参与性程序的政府行为应设置相应的责任,并设置相应的程序性后果。

4. 包容性要素

这里的包容应是规则和程序意义上的:一是意味着对弱者的尊重和把异议与反对纳入制度性公共论辩框架,给弱者、提出异议者、反对者以话语和抗辩的空间与机会。二是意味着把冲突甚至激烈的社会冲突纳入规则和程序框架,使社会冲突解决规范化、程序化甚至技术化。因此,论辩规则、谈判机制、司法或非司法的纠纷解决机制、公民诉愿表达程序以及为表达权实现提供条件的一系列制度的建立和完善,是极其重要的。当程序或制度内交涉不足时,制度和程序外的博弈就会大量存在,城镇化过程中频繁发生的群体性事件以及某些自焚、自残抗拆事件往往是缺失将交涉和冲突制度化解决的程序机制的结果。

---

① 西方城镇化过程中,规划已从"蓝图式"实质性规划逐步变为"过程中"规划,城市规划师不再只以其专业角色和主观价值体系来进行城市规划,而是逐渐转变为连接、沟通、汇聚民意和协调不同利益群体的角色,作用极其重大。我国最为新近的《国家新型城镇化规划(2014—2020年)》对"探索设立城市总规划师制度"做出规定,但距离城市规划师能够实现上述使命,或许还有很长的路程要走。其根本原因在于体制本身能否为城市规划师成为连接、沟通、汇聚民意和协调不同利益团体的独立角色提供制度性条件。

(二)规制政府主导推进"过程"的程序条件

1. 区隔与分权

这里指的是私域与公域的区隔、公域内社会自治与政府介入的区隔以及个人与社会、社会与国家乃至国家权力之间的划分。没有这种区隔和分权,城镇化的政府推进就极有可能走入漠视市场化和城镇化发展规律的专横道路,而这种区隔和分权在当下意味着政治体制与社会结构的变革。无疑,政治的解决具有先决意义。在这种变革未能根本上发生之时,应特别强调国家权力对市场化和与其相伴而生的城镇化介入的相对次生性和辅助性。城镇化首先是与工业化、市场化相伴而生的自然过程,只有在其带来"外部性"或仅靠市场化和社会自治无法完成时,国家动员政治、组织、财政或物质资源的介入才为必要。国家权力介入的最必要之处在于,凭借其对政治、经济、社会和文化资源的控制优势为社会自治、社会组织的充分发育、信息的充分流通、社会商谈和公共参与提供财政、制度和组织化条件。

2. 民间力量的制度化凝聚和社会组织的培育

区隔和分权与社会组织的成熟之间是互为因果的,没有社会组织的发育成熟,便无真正意义的区隔和分权,也便难以成就真正具备开放、分权、交涉、包容、理性和反思性的程序操作。以农民的组织化为例,在发达国家,农民的高度组织化运作及其影响使得"任何损害农民利益的行为都很可能导致执政联盟的崩坍"[①]。比如:美国农民人数远少于我国,但其农民协会、农民联盟、农场局三大农民团体所代表的农民政治势力对政府决策有强大影响力;日本农业人口不足全国的5%,但控制着全国25%的选票,并依靠自己的组织团体——农协,迫使政府决策必须顾及农民的要求;[②]我国台湾地区也有被联合国和东南亚不少国家奉为楷模的台湾农会,其由省、县、乡三级组成,拥有会员160多万人,在农业发展及维护农民利益方面发挥着巨大作用[③]。反观我们,社会团体的独立自治[④]、结社自由的法律保障,以及为一定利益集团的发育提供制度性条件,这些本为法治社会常识的东西,在当下或许还需要付出艰辛的努力来营造。

---

① 周原.农民!农民![M].广州:花城出版社,2004:114-115.
② 范毅.从"农业支持工业"到"工业反哺农业"——"两个趋向"的路径依赖之中外比较[J].中州学刊,2006(3).
③ 张德瑞.论新农村建议与我国农权维权组织农会的构建[J].长春市委党校学报,2006(5).
④ 在今天的官方表达中,诸如"努力把各类社会组织纳入党委和政府主导的社会组织体系"之类的逻辑仍大行其道,群团组织附庸化、民间组织遭挤压与个体的原子化存在仍是较为普遍的政治和社会生态。

3. 政策可诉和独立司法的最终解决

由于体制及政策的特质,政策可诉或许在一定时间内是较难实现的。但鉴于中国的城镇化政府主导推进更多仰仗于政策推动的现实,政策不具可诉性这种在权力场无人负责、在个体域无可救济的状况确实不宜长期存在。现代司法是正当过程的典型范本,具有示范意义,且在作为权利保障的最后一道防线的意义上,其也是法律控制政府推进过程的"兜底性"机制,而其得以正当化运作的根本保障在司法独立。"经过几个世纪积淀,世界范围内的法治模式已经基本定性,我们已经没有可能再另辟蹊径,创造出一种全新的司法体制。因此,对于先进的司法体制我们就应当进行模仿与移植。"①显然,这一陈述更多的是常识,毋庸赘述。事实上,前述对城镇化政府推进的程序规制的所有强调又何尝不是常识?我们似乎总是从常识开始,只愿这种开始不再是进一步退两步便好。

综上关于要素和条件的分析,令我们意识到,我国的城镇化实质上应是一个公共选择过程,其推进应精心设置政府与利害相关者及公众之间交涉性、回馈性和反思性的审批互动流程,为行政相对人的参与提供信息分享、论辩商谈、诉愿回应、理由说明论证、决策规划的修补废、政府问责、国家赔偿补偿等程序设置,促使政府和有利害关系的个人或群体在互动、博弈、交涉、妥协中反思各自的诉求和主张,以在不断的试错和校正中渐渐获致各方都可接受的共识与选择,使城镇化成为真正的互动善治过程。

五、结语

城镇化本是自然历史过程②,故各地政府应遵循规律,使城镇化成为一个顺势而为、水到渠成的发展过程,政府以强力推进促其高速率发展,或许仍可见仁见智。然以法治视角观之,发展主义意识形态和绩效合法性证成基础上的城镇化政府主导推进本身还是需要审慎对待的。因为在这样的操作中,强烈的目标指向与政府的土地财政利益、绩效考核和职务升迁挂钩所形成的巨大驱动力易于使得

---

① 王申.法官的经验与理性[J].法制与社会发展,2007(5).
② 根据中国共产党第十八次全国代表大会报告、《中共中央关于全面深化改革若干重大问题的决定》、中央城镇化工作会议精神、"十二五规划纲要"和《全国主体功能区规划》编制而成的《国家新型城镇化规划(2014—2020年)》指出"城镇化是伴随工业化发展、非农产业在城镇集聚、农村人口向城镇集中的自然历史过程,是人类社会发展的客观趋势",因此,应"正确处理政府和市场关系,更加尊重市场规律,坚持使市场在资源配置中起决定性作用,更好发挥政府作用,切实履行政府制定规划政策、提供公共服务和营造制度环境的重要职责,使城镇化成为市场主导、自然发展的过程,成为政府引导、科学发展的过程"。

"过程"及过程中的个体权益被忽略或作为代价付出了。而"过程"作为本体,是法治特别关注的,过程指向是法治思维别于政治思维的根本,亦是法治得以对政治权力构成制约并经此对个体权利实现保障的根本。城镇化政府推进的权力运作"过程"必须有法律的在场,这种在场不应是为政策注解或为政府行为论证和补救的,而应是引领性的、贯穿性的、规制性的;同样,城镇化研究中,法学不应只是补救性的、收拾残局的,而应是贯穿和结构性的,这不仅因为今天城镇化所遭遇的瓶颈更多的是来自体制和制度,而且因为法学是人学,是关于人体面、有尊严地生活和自由充分发展的学问,城镇化在核心内涵上是人的城镇化,对城镇化的研究就应有法学的结构性(而不仅仅是补救性)位置。

土地权属和农民权利保障

农村土地流转的合宪性分析

李忠夏[①]

内容提要:农村土地流转问题在今天中国的理论与实践中饱受争议。有学者主张放开农村土地的自由流转,改变国家垄断土地一级市场的现状,使农民从土地增值中获益,进而彻底废除集体所有制,实现土地私有;有学者则认为需要认清农村的现实和农民的需要,正视"土地财政"的积极作用,主张"土地发展权"国有。所有这些主张都未从宪法角度对现行《土地管理法》所设立的相关制度进行分析,也并未从宪法角度分析农村土地制度中集体与个体的权利属性和权利边界,因此有必要对宪法第10条所确立的农村土地制度以及"集体所有制"进行规范上的分析,结合土地制度的历史演进与现状、宪法的变迁,对"集体所有制"中国家、集体、个体之间的相互关系重新进行界定,并对《土地管理法》所确立的农村土地流转制度进行合宪性分析。

关键词:土地流转;集体所有制;《土地管理法》;土地发展权;土地财政

中国农村土地流转中出现的棘手问题是制度相生的结果,与改革以来的各项制度转变存在因果关系。中国自改革以来,改变了新中国成立伊始制定的赶超战略和重工业优先发展的战略[②],这标志着围绕赶超战略而内生的各种制度设计也需发生相应的变迁:一改以往以政治目标为取向的政策制定,转向追求经济效率。国家为配合赶超战略而采取的全面计划经济的体制也出现了松动,并促进了中央与地方财政关系的变化,1994年的分税制改革减少了地方的财政收入,而公共支出却未见减少,为填补地方财政的窟窿,地方就需要在公共预算之外寻找新的财政来源,"土地财政"由此产生。[③] 20世纪90年代开启的国企改革,"让地方政府从企业直接所有者变成了税收征收者和基础设施提供者",改变了地方政府的行为模

[①] 李忠夏,山东大学法学院副教授,法学博士。本文系国家社科基金一般项目"中国宪法学方法论反思"(项目编号13BFX031)与中国法学会法学研究课题"基本权利的社会功能"[项目编号CLS(2014)D017]的阶段性成果。

[②] 林毅夫,蔡昉,李周.中国的奇迹:发展战略与经济改革(增订版)[M].上海:格致出版社·上海三联书店·上海人民出版社,2014:22.

[③] 汪晖,陶然.中国土地制度改革:难点、突破与政策组合[M].北京:商务印书馆,2013:12.

式,地方政府从积极保护本地国企转向"区域竞争",形成"区域竞次"模式下的土地出让策略①:低价转让工业用地、高价出售商业用地。在这个模式下,地方政府成为利益一方,追求利益的最大化,并形成了地方经济对土地财政的依赖,进而导致了现有土地征收制度中所存在的一系列问题。

围绕"土地财政"这一"事实",学界存在两种截然不同的"判断":支持者认为中国目前在城镇化方面所取得的成就要归功于"土地财政","土地财政"不仅能解决地方政府在现有财税体制下收支不平衡的问题,还能通过国家对土地增值收益的占有实现当地公共设施的更新、公共事业的发展,从而惠及那些因土地没有开发价值而无法从土地征收中受惠的农民。② 这是"涨价归公"和"土地发展权"③国有化的逻辑。反对者则认为,《土地管理法》的做法限制了农村土地的自由流转,是对农民权利的一种侵害,有学者直接认为,《土地管理法》的规定违反了宪法。④某种程度上,正是由于视角的不同以及对相关事实与后果的认定不同,导致了人们对现有土地制度尤其是农村土地流转制度的不同评价。现有土地制度的拥护者多为社会学者,并从"事实"角度出发,反驳从产权角度反对现有土地制度的经济学者,并呼吁要多倾听农民的声音,知道"农民到底要什么"⑤,甚至在他们看来,诸多经济学者所用来反对现有土地制度的相关事实早已是陈词滥调,需要重新发现农村的事实。⑥ 中国土地中的诸多问题,如土地财政、涨价归公、农转非农土地流转的限制、同地不同权等问题的产生均存在复杂的因果关联,与其他政策和制度勾连缠绕在一起,也就是说,中国土地的问题不仅仅是土地问题,还与中央和地方权力的分配、分税制、城镇化、户籍制度等相关问题联系在一起。在这种情况下要进行判断是极其不易的,不仅人们对事实的认定不同,而且从不同前提出发做

---

① 陶然,陆曦,苏福兵,等.地区竞争格局演变下的中国转轨:财政激励和发展模式反思[J].经济研究,2009(7);汪晖.中国征地制度改革:理论、事实与政策组合[M].杭州:浙江大学出版社,2013:3.
② 贺雪峰.地权的逻辑Ⅱ:地权变革的真相与谬误[M].北京:东方出版社,2013:4、59.
③ 陈柏峰.土地发展权的理论基础与制度前景[J].法学研究,2012(4).
④ 周其仁.为什么城镇化离不开农地农房入市[EB/OL].经济观察网,http://www.eeo.com.cn/2014/0905/266002.shtml.
⑤ 贺雪峰.地权的逻辑:中国农村土地制度向何处去[M].北京:中国政法大学出版社,2010:82.
⑥ 比如有学者认为现有的土地征收中,需要改变农民是受害者的印象,农民在征收中总体是受益的,许多农民也都盼望其土地、房屋能够被征收,并且出现了一批"不劳而获的庞大土地食利者阶层"。参见:贺雪峰.地权的逻辑Ⅱ:地权变革的真相与谬误[M].北京:东方出版社,2013:34.

出的价值判断也会不同①;在这种情况下,围绕土地制度所产生的争论是所有争论中最为激烈的,共识也最难达成。于是"回到宪法",看看宪法如何规定,就成为讨论中国土地问题一个可能的出发点,或者是唯一有可能达成共识的出发点。

一、中国农村土地流转制度中的宪法问题

当下中国,农村土地制度中的主要矛盾集中于国家、集体、农民在土地收益中的分配。引发这一矛盾的关键因素在于现行法律制度关于农村土地流转的限制性规定以及农村土地的集体所有制。对农村土地流转的限制主要来自于宪法和《土地管理法》及《城市房地产管理法》(第9条)的相关规定,包括对所有权流转和使用权流转的限制。其中,根据宪法第10条第1款和第2款规定,按照土地属性加以划分的土地国家所有(城市土地)和集体所有(农村和城市郊区的土地等)的二元结构已经内在地对土地所有权的流转进行了限制,集体所有的土地变为国家所有的途径只有一条,即根据宪法第10条第3款的规定,国家基于公共利益进行征收。在农村土地使用权的流转方面,宪法第10条并未加以具体限制,只是要求法律保留,即"土地的使用权可以依照法律的规定转让",而《土地管理法》和《城市房地产管理法》的规定,却使农村"土地使用权的转让"在法律层面实际上被禁止了。

基于宪法和法律层面对农村土地在所有权和使用权转让方面的双重限制,当下中国土地制度存在的核心争论主要集中于两方面:其一是现行宪法第10条本身的正当性;其二是《土地管理法》等相应法律法规是否合宪的问题。第一个问题的争论焦点在于"土地应不应该国有或集体所有"②,许多学者主张废除农村土地的"集体所有制",还农民以土地所有权,持此论者多为"土地私有化"的支持者。③从宪法学角度而言,这一问题属于元宪法问题,对宪法规定本身的质疑对修宪或许具有意义,但问题的解决不能仅寄望于未来宪法的修改,在相关修宪程序启动之前,需要适度搁置争议,从现有宪法的规范框架出发建构相关土地制度,解决既存的问题。

---

① 比如在贺雪峰看来,"改革开放30年的最大经验是保持了农村的稳定",就农村土地使用权的自由流转而言,从农村稳定入手,就会与将"失地农民权益保障"作为前提的学者得出不同的价值判断。参见:贺雪峰.地权的逻辑Ⅱ:地权变革的真相与谬误[M].北京:东方出版社,2013:310.
② 张千帆.城市土地"国家所有"的困惑与消解[J].中国法学,2012(3).
③ 在学界,持此论者多为经济学者,从产权角度支持土地的私有化,如杨小凯、张五常、周其仁等人。参见:文贯中.吾民无地:城镇化、土地制度与户籍制度的内在逻辑[M].北京:东方出版社,2014:109.

就此而言,第二个问题就成为争议的核心。1988年宪法修正案在宪法第10条增加了第4款关于"土地使用权转让"的规定之后,1988年随之对《土地管理法》进行了修改,在《土地管理法》第2条增加了第4款规定,"国有土地和集体所有的土地的使用权可以依法转让。土地使用权转让的具体办法,由国务院另行规定",但实践中,国务院仅仅在1990年制定了《城镇国有土地使用权出让和转让暂行条例》,却并没有制定集体土地使用权转让的具体办法。1998年《土地管理法》再次进行修改时,这一条款也被废除了,反而增加了第43条和第63条的规定①,结合1994年制定、2007年修改的《城市房地产管理法》第9条规定②,形成了今天集体土地使用权转让的局面:农用地如果要用于非农业建设,只能经国家征收将其变为国有建设用地,由"国家"(事实上主要是地方政府)垄断土地一级市场,从而形成庞大的"土地财政",国家作为利益主体,形成了国家既制定政策又参与市场,既当球员又当裁判员的局面,造就了国家通过征地低价拿地、高价出手的奇怪现象,使商业开发被囊括为土地征收中的"公共利益",农民的财产利益则尽可能被压至最低。另外,《土地管理法》第43条第1款第2句和第63条第1款第2句③事实上对集体建设用地的用途和使用权的转让进行了严格的限定,使之仅在例外的情况下才能转让。总体而言,《土地管理法》第43条和第63条以及《城市房地产管理法》第9条的规定基本上禁止了农村集体土地使用权的转让,这一点构成了对宪法第10条第4款土地使用权转让的限制,形成了部门法规定与宪法规定之间的紧张关系,从而使部门法规定具有违宪之虞。

接下来的问题是,《土地管理法》等相关规定对土地使用权转让所造成的限制究竟属于什么性质?根据宪法第10条第4款的规定,土地使用权可以"依照法律"规定加以转让,问题是此时的"依照法律"应如何理解?从文义角度而言,"依照法律"是对宪法所规定的"土地使用权的转让"进行具体化(Konkretisierung),但这种具有形成性质的立法能不能对土地使用权的转让加以限制?这种限制是否

---

① 《土地管理法》第43条第1款第1句规定:"任何单位和个人进行建设,需要使用土地的,必须依法申请使用国有土地";第63条第1款第1句规定:"农民集体所有的土地的使用权不得出让、转让或者出租用于非农业建设"。

② 《城市房地产管理法》第9条规定:"城市规划区内的集体所有的土地,经依法征用转为国有土地后,该幅国有土地的使用权方可有偿出让。"

③ 《土地管理法》第43条第1款第2句规定:"但是,兴办乡镇企业和村民建设住宅经依法批准使用本集体经济组织农民集体所有的土地的,或者乡(镇)村公共设施和公益事业建设经依法批准使用农民集体所有的土地的除外。"《土地管理法》第63条第1款第2句规定:"但是,符合土地利用总体规划并依法取得建设用地的企业,因破产、兼并等情形致使土地使用权依法发生转移的除外。"

必须接受比例原则的审查? 从德国的经验来看,对基本权利进行限制首先应遵循法律保留原则;其次并非法律的任意限制都合乎宪法,法律的内容本身必须"合乎比例",否则就会构成违宪①,比例原则也因此成为基本权利审查中的帝王条款。从这一前提出发,则《土地管理法》等法律的相关规定就必须接受合宪性审查,而首要的任务则要分析宪法中所规定的"土地使用权"的性质,要做到这一点,就需对土地使用权背后的农村土地"集体所有"以及宪法中的"集体所有制"加以分析。

二、历史与变迁:集体所有制重新诠释的必要性

1. 立宪原意:农村土地集体所有的由来

要对农村土地集体所有加以分析,首先必须回到 1982 年,考察"八二宪法"通过时相关规定是如何出台的。根据肖蔚云先生描述,当时围绕农村土地的归属存在着"农村土地一律归国家所有"和"集体所有"的激烈争论②,讨论时主要考虑了两方面的问题:因国防和经济建设而进行征收的必要③;农民拥有土地是新中国成立的正当性前提之一,是农民"为了分田地、打土豪进行了长期艰苦的斗争"所取得的成果,"如果今天突然宣布将土地收归国有,就会在农民心理上产生极大的影响"④。最后,为了兼顾二者,并为了"保证农业经济发展的社会主义方向"⑤,"八二宪法"在农村土地问题上进行了折中,规定"农村和城市郊区的土地"属于集体

---

① 这是从形式的法律保留向"合比例"的法律保留转变的过程,参见:Bernhard Schlink, Bodo Pieroth. *Grundrechte:Staatsrecht* Ⅱ[M]. C. F, Müuller,2011:62.

② 肖蔚云.我国现行宪法的诞生[M].北京:北京大学出版社,1986:42.比如荣毅仁、耿飚、方毅等人主张土地国有,彭真主张应该采取渐进和过渡的方式,杨尚昆、杨秀峰、胡乔木等则反对农村土地国有,关于1982 年 3 月 12 日和 4 月 15 日宪法修改委员会全体会议两次讨论的记录及相应的发言和争论,参见:许崇德.中华人民共和国宪法史(第 2 版)(下)[M].福州:福建人民出版社,2005:403 - 425;蔡定剑.宪法精解(第 2 版)[M].北京:法律出版社,2006:195.

③ 比如 1982 年 3 月 12 日宪法修改委员会第二次全体会议上,国家科委主任方毅说:"国家企业、事业要发展,要用地,而土地有限,郊区和农村土地归集体所有,变成了他们向国家敲竹杠、发洋财的手段。一亩地索要上万元,这样下去……穷了全民,矛盾越来越尖锐。建议土地一律归国家所有,集体只有使用权。"参见:许崇德.中华人民共和国宪法史(第 2 版)(下)[M].福州福建人民出版社,2005:404.

④ 肖蔚云.我国现行宪法的诞生[M].北京:北京大学出版社,1986:42.1982 年 4 月 15 日宪法修改委员会第三次全体会议的分组讨论中,彭真说:"土地所有制牵涉心理状态,其实都是农民使用。……我赞成国有,但应采取渐进。先把城市定了,规定'城市的土地属于国家所有',农村、镇、城市郊区的土地属于集体所有,这样,震动小一些。"彭真又说:"我们民主革命没收封建土地分给农民,现在要把农民的土地没收归国有,这震动太大。"转引自:许崇德.中华人民共和国宪法史(第 2 版)(下)[M].福州:福建人民出版社,2005:404.

⑤ 这是彭真于 1981 年 11 月 26 日在《关于中华人民共和国宪法修改草案的报告》中所提到的。彭真文选:1941—1990 年[M].北京:人民出版社,1991:445.

所有。王汉斌回忆,最终选择集体所有的理由是,"我国农民对土地有特殊的感情,如果把土地规定归国家所有,虽然由农民长期使用,但在农民的心理上还是不一样的,很可能产生强烈的影响",至于国家建设需要土地,则"可以依照法律规定对土地实行征用"。①

从1982年修宪时的讨论来看,当时已经出现国家建设与农民利益之间的矛盾,国家因为建设需要用地时,经常遭遇农民"敲竹杠、发洋财"②的情形,当时考虑到稳定,因而规定了集体所有,但为了不一刀切,同时规定要"先笼统点,作为过渡"③,并且为了防止农民漫天要价,要制定统一的征用征收办法。随着改革的深入、社会主义市场经济的发展,整个社会经济形势发生了天翻地覆的变化,相应地,农村土地集体所有也应置于宪法变迁的大背景下加以理解。

2. 宪法变迁:"集体所有制"的重新诠释

从历史来看,农村土地集体所有的原因除了上述提到的在国家建设与农民利益之间的折中之外,还包括"集体所有制"背后的社会主义因素。从"集体所有制"的产生来看,这一制度源自苏联,其目的在于实现社会主义公有制,逐步消灭农民个体财产,1958年掀起的"人民公社化运动"将社员的自留地、私有宅基地、牲畜、林木等悉数充公,人民公社也被宣传为"建成社会主义和逐步向共产主义过渡的最好的组织形式",集体所有制在建立伊始就与消灭个体农业、实现农业集体化的目标紧密联系在一起。④ 从这个角度而言,集体所有制与旨在保障个体私有财产的宪法财产权是相悖的。如果从历史变迁的角度来看,"八二宪法"的土地规定也是有章可循的。首先,新中国成立之后推行的赶超战略和重工业优先发展战略需要各项配套制度的配合,比如"低工资、低利率、低汇率、低价格"的经济政策⑤,在土地征收方面,也需要通过制度设计以较低价格获得国家各类建设项目所需的非农用地;其次,1978年实行改革开放以来,仍然延续了国家为确保经济发展和城镇化而对土地流转加以管制、压低土地征收价格的政策设计。

---

① 王汉斌.王汉斌访谈录——亲历新时期社会主义民主法制建设[M].北京:中国民主法制出版社,2012:74.
② 许崇德.中华人民共和国宪法史(第2版)(下)[M].福州:福建人民出版社,2005:404.
③ 彭真语,转引自:许崇德.中华人民共和国宪法史(第2版)(下)[M].福州:福建人民出版社,2005:426.
④ 吴敬琏,马国川.重启改革议程:中国经济改革二十讲[M].北京:生活·读书·新知三联书店,2013:78.
⑤ 林毅夫,蔡昉,李周.中国的奇迹:发展战略与经济改革(增订版)[M].上海:格致出版社·上海三联书店·上海人民出版社,2014:28.

从原初意义来说,集体所有制与农民的个体财产权是相对立的,"八二宪法"制定时的讨论也表明,农村土地集体所有也是为了最大限度地抑制农民的私利。宪法文本的结构也表明,集体所有应纳入宪法第12条"社会主义公共财产"的范畴。根据宪法第6条和宪法第12条第2款规定,"集体所有"在"国家所有"之外,是社会主义公有制和"公共财产"的重要组成部分。宪法第12条与第13条构成了公共财产与私有财产的二元财产保障体系,这二者之间的规制逻辑也存在不同,从这个角度来说,宪法上的国家所有权和集体所有权似乎都是不存在的,集体所有似乎也不能与集体和农民的财产权联系在一起,否则就是将宪法第12条和第13条混同在一起。① 但国家与集体的不同在于,"国家所有"是"全民所有","国家"是一个不特定的存在,每一个公民个体显然不能直接从"国有财产"中受惠并直接主张其权利,只能通过国家对"国有财产"的管理、规制和开发来实现"国有财产"的"合理使用",从而惠及全民,"国家"不能成为基本权利的权利主体。"集体"则是一个相对封闭的群体,集体中的个体可透过集体直接从集体所有的财物中享受利益,集体为个体之集合与延伸。基于此,从集体所有的宪法规定中能否衍生出集体的财产权就需要进一步加以论证。

首先需要指出的是,在宪法变迁的背景下,从土地的集体所有制度中已经衍生出集体的财产利益。新中国成立后,土地制度的社会改革延续了国家对土地的管制传统,国家透过"集体"对土地分配、规划、耕种、建设加以计划调整,以实现附着于土地之上的政治目标。尽管在实践中形成了"三级所有、队为基础"的集体所有模式,但"集体所有"本身并无独立的财产利益,只是便于实现国家政治目标的制度设置。"八二宪法"在制定过程中的讨论也体现了这一点,在农村土地集体所有和国家所有之间,制宪者选择了既能够让农民心理接受、国家又不失其控制权的集体所有制。"八二宪法"制定之后,国家公权力一直通过各种方式继续渗透至农村土地制度之中,这背后存在复杂的政治原因——维持农村稳定、保证城镇化和经济发展的效率与低成本以及1994年分税制之后衍生出的土地财政问题,均与国家公权力针对农村土地的利益有关。新中国成立之初,在土地改革之后的制度环境下,国家、集体、个人的利益是一致的,至少逻辑上如此。但实行改革开放政策之后,经过家庭联产承包责任制的实践之后,集体所有制度中已经分离出农

---

① 学界倾向于建构宪法—民法双阶层面的国家所有权,但从基本权利角度而言,宪法上的国家所有权是难以成立的。近年关于国家所有权的讨论可参见:马俊驹.国家所有权的基本理论与立法结构探讨[J].中国法学,2011(4);税兵.自然资源国家所有权双阶构造说[J].法学研究,2013(4);巩固.自然资源国家所有权公权说[J].法学研究,2013(4).

民个体的财产利益,并与"集体所有"开始形成冲突;而在国家征地的过程中,巨大的财产利益以及地方政府的逐利性也让国家与集体的利益开始分化(甚至中央与地方也发生了利益分化),从而在现实变迁面前形成了内在于宪法第10条框架之中的国家、集体、个体之间的紧张关系。

国家的管控与市场所激发出来的土地价值开始无法协调,各方利益开始发生冲突。宪法中"出于公共利益的需要"被过于宽泛地解释,包括诸如商业开发等领域都可以被纳入"公共利益"的范畴,使得这一规定不可避免的流于形式。在"区域竞次"的发展模式下,地方经济的发展和地方财政需求的满足很大程度上依赖于土地出让,并围绕土地形成了国家、地方政府、集体三者与农民之间的矛盾:一方面征地价格被想方设法压至最低;另一方面,地方政府通过差别性土地出让策略获得了巨额的预算外财政收入,并实现了招商引资的经济发展目的。国家为保障城镇化和经济建设的发展而制定的低价征地策略(公益目的)却反而助长了地方政府与开发商的利益结合。尽管"八二宪法"在制定时已经考虑到未来中国经济发展和城镇化发展可能会面临的征地问题,但当改革飞速发展和城市急剧扩张时,修宪时的两方面考量就只剩下"征地之必要"了,而忘记了"农民拥有土地"这个新中国成立的正当性基础,从而造成了城镇化建设与农民权益之间持久的冲突。为了解决这一日渐尖锐的冲突,就需要对农村土地流转中的国家管制权限与农民权利进行清晰的界定,在宪法所规定的"集体所有制"下对国家、集体与个人之间的关系进行重新诠释,在国家权力、集体权利(力)与个体权利之间进行明确界定,这也符合"产权明晰"的要求。

随着改革的深入,"集体所有"制度与20世纪50年代相比显然已经发生了巨大的变迁。在社会转型的背景下,"八二宪法"的内在结构也发生了"革命性"的变化,比如"社会主义初级阶段"的确立、"社会主义市场经济"取代"计划经济"、宪法第13条私有财产权条款的修改以及"尊重与保障人权"写入宪法等都预示着宪法变迁的方向,即从强调计划、国家理性、公共性到强调市场、经济理性、个体权利,国家与个体的关系发生了根本性的翻转,集体所有制自然也实现了从否认农民私人财产到透过集体所有保障个体权利的性质变迁。1988年修宪将"土地使用权转让"写入宪法自然也与农民集体通过转让土地使用权而获得的财产收益联系在一起,从而与宪法上的集体财产权("集体所有权")联系在一起,而集体财产权也与农民的私有财产权在一定程度上具有了关联性。可以说,现行宪法中规定的"集体所有"制度面临一种尴尬的处境,既不能退回到"集体所有制"的原初意涵,又不能完全化约为集体财产权和农民的私有财产权。甚至有学者认为,农村集体土地所有制已经名存实亡,并将之界定为"只是一种形式上的法律所有权"。①

社会转型造成了农村土地领域的两难:一方面,出于保护耕地和土地合理利用的需要,一定程度的管制是必要的;另一方面,农民个体因集体所有和承包经营所产生的财产利益在国家、集体、个体利益分化的情势下也需要得到更严格的保障。为平衡国家管制与农民个体利益之间的关系,就需要重构集体所有制,明确"集体所有"所衍生的财产权益以及附着其上的公共利益,调和国家、集体、个体之间的紧张,明确国家管制的边界以及集体财产权和个体财产权各自的权利界限。在社会变迁的背景下,需要从双重角度对"集体所有"加以解读,这两个角度即宪法第12条公共财产意义上的"集体所有"与宪法第13条私有财产权意义上的"集体所有"。

三、"集体所有"制度的宪法解释

1. 公共财产意义上的"集体所有"

宪法第12条明确规定了社会主义公共财产包含国家的和集体的财产,所以从公共财产角度理解"集体所有"是最为顺理成章的。随着宪法变迁,"社会主义公共财产"的意义不再是政治性的,服务于特定的政治目的和政治理想,而是应限缩为对公共财产施加法律上的公共任务。将宪法第12条与宪法第10条相结合并结合制宪时的相关讨论可以透视出国家对农村集体土地的规制目的:为出于城镇化和经济建设之目的而征收土地提供规范上的依据、保障农村耕地的稳定性、适度赋予集体和农民在使用土地方面的自主权利。随着农民土地承包经营权的出现和城镇化过程中集体土地商业价值的崛起,由此形成了国家治理(通过土地管制)与集体、农民土地权益之间的冲突,这是时代变迁中出现的国家、集体、个人三者之间环环相扣的利益博弈。就这点而言,公共财产意义上的"集体所有"构成了对私法上集体土地所有权的一种限制,由私法上的集体所有权和农民承包经营权所产生出的财产利益也需受到"集体所有"目的的制约,在现行宪法第10条所限定的框架内运行。

在现行的宪法框架下,私法上的集体所有权要受到内在限制。根据现行宪法第10条所安排的土地要么国有,要么集体所有的二元体制,注定了集体所有权的转让途径只有一个:由国家加以征收。也就是说,私法上的集体土地所有权不能

---

① 华生.城镇化转型与土地陷阱[M].北京:东方出版社,2013:78、256.

像其他物品的所有权一样可以自由流转,而是只能通过征收的方式才能实现所有权的转移。① 私法上集体所有权的意义在于排斥私人对土地的不合理使用,但在现有的"集体所有制"下,集体在私法上的所有权是不完全的所有权,集体无法对土地所有权进行任意的转让和处分。

从公共财产的角度解读"集体所有"还可以厘清附着于"集体所有"之上的公共服务和给付任务,比如集体土地、乡镇企业等集体所有的财产应承担特定的公共任务。与"国家所有"不同,"集体所有"的公共任务与集体成员的公共义务不应主要通过法律而应主要通过自治的方式进行,因"集体所有"直接牵涉集体中村民个体的切身利益,换言之,公共任务的施加应由集体民主决定,比如土地耕种的协作、外嫁女和新生儿的土地分配、农村土地征收补偿价格的分配、水利灌溉应如何进行、乡镇企业的公共任务等均应由"集体"讨论产生,这与目前的"村民自治"不谋而合。但应注意的是,行政权力对农村的渗透、村委会与农村领导的权力寻租、农村基层组织的涉黑问题、农村选举中的乱相等都会对"村民自治"造成破坏,造成"集体"与"村民"、代表集体的村委会与村民之间持续的对立关系,要想理顺这一点,就需要通过制度设计切实保障村民自治的外部环境。

"集体财产"的公共义务主要由集体民主决定,当然不排除法律对"集体财产"公共义务的设定,法律对"集体所有"也可以加以规制,比如对宅基地、农村土地使用权流转、建筑规划等问题加以规定,这是基于保障农村秩序稳定、保护耕地、城镇规划等涉及整体国家利益的一种考量。对此,立法负有一种形成性的义务,需对"集体财产"的公共义务加以规制。如宪法第10条第4款第2句规定,"土地使用权可以依照法律的规定转让",其中"可以依照法律"已经提出了法律对土地使用权流转的立法形成义务,但法律的形成性内容同时也可成为限制性内容,法律的相关规定并非是任意的,需要从宪法的视角加以审视,否则农民附着于"集体财产"之上的权利就会受到限制和损害。

公共财产与私有财产权在宪法上的规制逻辑存在不同,前者作为全民之财产,需通过政治民主过程加以决定,其具体的规制依赖立法的形成,而后者则作为基本权利可以对立法内容本身进行审查。如果"集体财产"仅从"公共财产"角度理解,则通过立法对"集体财产"的公共限制就符合"公共财产"的规制逻辑,即通

---

① 这里存在的疑问是,宪法第10条并未明确禁止集体与集体之间土地所有权的买卖和转让,所以实践中有人主张可以允许集体之间的土地所有权转让,但宪法第10条第4款明确规定了集体土地使用权的转让,却未规定集体土地所有权的转让,表明宪法排除了集体与集体之间土地所有权的流转,能转让的只能是使用权。

过民主的政治过程对之加以具体化,这里不存在是否符合宪法(简称"合宪")的问题。但如果从基本权利(防止国家公权力侵犯)的角度理解"集体财产",则立法的限制就会产生合宪性的疑问,但问题在于宪法上的"集体财产权"是否能够成立。

2. 私有财产权意义上的"集体所有"

宪法中作为基本权利的财产权是一种制度保障,其保障的是"作为法律制度的私有财产",防范的是国家公权力的侵犯。如上文所述,如果从"集体所有制"的原初内涵来看,"集体所有制"与宪法财产权天然相悖。但随着社会变迁,在计划经济向市场经济转型的过程中,私有财产权逐渐确立,家庭联产承包责任制施行并写入宪法(第8条)以及城镇化过程中农村土地价值的飞涨,从"集体所有"中分离出了集体和农民个体的财产利益。农民承包土地的经营收入、农民与集体依附土地所有权和使用权所产生的财产利益等,都直接与集体和农民个体的财产权联系在一起。

如果从宪法第13条确立的"私有财产权"角度探讨"集体所有",需要解决的问题是:①"集体"能否成为宪法财产权的权利主体;②"集体所有"所衍生的财产利益能否纳入财产权的保护范围。

学界目前普遍采用的"集体所有权"基本上是《物权法》意义上的,宪法上的"集体所有权"能否成立却一直很少有人加以探讨。私法意义上的集体所有权是对抗私有权的,而宪法意义上的集体所有权则是对抗国家公权力的。宪法上"集体所有权"的成立面临两方面的困难:从形式角度而言,宪法中的"集体所有"置于宪法第12条"社会主义公共财产"的体系中,与宪法第13条"私有财产权"的体系并不兼容;从实质角度而言,宪法财产权的设立目的在于保障个体的私有财产不受国家公权力的侵犯,如果"国家"或者具有公共性质的主体(如"公法人")可以成为宪法财产权的权利主体的话,那么就可能出现国家侵犯国家、公权力侵犯公共主体这种悖论,财产权所具有的维系经济系统独立性、防止政治系统侵入的功能也可能会受到损害。①

在德国,基本法第19条第3款完成了基本权利主体从自然人向法人的"扩展"②,其理由在于个体人格自由发展的宪法价值可以借此延伸至"共同体中的人格发展",但要注意法人与个体之间权利的差异,法人具有独立的利益诉求。在法

---

① 对卢曼理论中财产权的社会功能可参见李忠夏:《基本权利的社会功能》,载《法学家》2014年第5期。

② 魏玛时期,围绕法人能否成为基本权利主体曾产生激烈争论,卡尔·施米特坚定地认为,基本权利只能保留给自然人。

人的基本权利主体地位中,有争议的是"公法人"的基本权利主体地位。① 在德国的法教义学体系中,进行直接国家行政活动的"行政机关"只能受基本权利拘束,而不能主张基本权利,原因在于传统宪法和基本权利理论所调整的是个体与国家之间的法律关系,其防范的是国家公权力对个体自由和权利的侵犯。但对于间接从事国家行政活动的公法人(包括公法社团、公营造物、公法财团等)而言,由于其行为更接近社会,因此具有成为基本权利之权利主体的可能性。在实践中,"公法人"享有基本权利的情形受到严格限制,只包括"那些以市民个体基本权利的实现为己任并且存在独立于国家之制度的公法人",主要包括基本法第5条第1款第2句所涉及的"广电营造物"、基本法第5条第3款的大学以及教会或者其他宗教团体等均属此种具有基本权利主体地位的公法人。颇具争议的是地方区域团体,通行的说法认为乡镇(Gemeinde)属于国家组织的一部分,虽然在宪法层面上享有自治权,却是通过国家组织法所建构的公共行政的自治主体并基于民主正当性而承担公共任务,在这种情况下,即使乡镇等地方自治团体在公共任务领域之外从事活动,也不具备基本权利主体资格,尤其不享有德国基本法第14条规定的财产权。

我国的情况与德国存在很大不同。在中国,"集体"的法律地位、权利和义务都并不明确。首先,"集体"有别于直接从事行政任务的行政组织,要将之与"乡镇"一级行政机构,甚至与村委会区别开来。目前实践中存在的现实仍然是区分不同层次的集体,实践中可以存在于行政村或村民小组、还可以是乡镇,经过1983年"政社分开",②实现了"农村集体"与"行政组织"的分离,1983年10月12日发布的《中共中央、国务院关于实行政社分开建立乡政府的通知》中明确了实行政社分开、建立乡政府的要求,明确了要将乡政府(行政机构)、村委会(基层群众性自治组织)与集体经济组织区分开来,并明确了村委会的职能,即"积极办理本村的

---

① 关于公法人的基本权利主体地位,可参见:李建良,刘淑范."公法人"基本权利能力问题初探:试解基本权利"本质"之一道难题,[C]//汤德宗廖福特.宪法解释之理论与实务(第四辑)[M].台北:沫若书店,2005:291-410.

② 事实上,"八二宪法"修改时,就已经确立要纠正以前的"政社合一",实行"政社分开"的原则,比如王汉斌回忆,"1981年12月,彭真同志在向小平、耀邦同志并中央的报告中,专门汇报了关于实行政社分开的问题","八二宪法"第8条虽然保留了"人民公社",但只是为了平稳过渡,将其作为集体经济组织的一个组成部分,参见:王汉斌.王汉斌访谈录——亲历新时期社会主义民主法制建设[M].北京:中国民主法制出版社,2012:116.彭真在《关于中华人民共和国宪法修改草案的报告》中也明确了这一点,"改变农村人民公社的政社合一的体制,设立乡政权。人民公社将只是农村集体经济的一种组织形式"。参见:彭真文选:1941—1990年[M].北京:人民出版社,1991:454.

公共事业和公益事业",但《通知》也遗留了一个尾巴,即"有些以自然村为单位建立了农业合作社等经济组织的地方,当地群众愿意实行两个机构一套班子,兼行经济组织和村民委员会的职能,也可同意试行",1998 年通过的《村民委员会组织法》第 2 条第 2 款通过法律明确了村委会的职责,即"办理本村的公共事务和公益事业"等,但第 5 条对乡镇政府的指导以及村委会对乡镇政府工作的配合义务又进行了规定。这也导致了实践中产生的两方面问题:一方面,村委会与集体经济组织(农民集体)并未完全实现剥离;另一方面,村委会虽然是宪法所规定的群众基层自治组织,但却经常被视为是国家行政治理体系的末梢①,国家(包括地方政府)通过村委会推行各项政策,实现特定的政治目的。随着征地过程中国家、地方政府、农村集体之间利益的分化和冲突,村委会与村民集体之间的矛盾也日渐激化,"集体"的法律地位需要重新界定,并将其功能和所承担的任务与村委会明确区分开来。在德国,作为公法人的乡镇等地方区域团体通常仅承担特定的公共任务和生存照顾等方面的给付任务,比如登记户口,清理垃圾,打扫街道,提供水电,建立社区医院、学校、图书馆等并维持其正常运转,为实现这些公共任务就需一定数额的公共支出,因此宪法中明确规定了乡镇的财政来源,这决定了德国的乡镇更偏重预算法中所规定的公共属性。② 而中国的"集体"则更多承担"经营、管理"集体财产的任务,更多与集体成员的财产利益直接相连,而公共任务则应由乡镇、村委会加以承担。

就此而言,"集体"就不能作为承担公共任务的"公法人"而被绝对排除在基本权利的主体范围之外。宪法中的"劳动群体集体所有制"中的"劳动群众集体"更接近由特定人员组成的目的联合体(Zweckverband)③,共同附着于一块土地之上而具有共同的公益诉求和财产诉求(如农作物耕种、水利灌溉、土地出让等),这种共同的利益诉求不能等同和还原为农民个体的利益主张,正如前文所述,虽然通过对集体利益的保护可以渗透至背后的个体,但"集体"具有独立的利益,应将之"法人"化,成为法律上具有独立诉求的主体,至于是否可以通过将现有的"集体经

---

① 周其仁."政社合一"的长尾巴[C]//周其仁.城乡中国(下)[M].北京:中信出版社,2014:3.
② 当然,德国的乡镇可以设立公共企业以提供给付服务(如水电的提供)。
③ 我国宪法第 8 条明确规定了"农村集体经济组织"的宪法地位,但"农村集体经济组织"在《物权法》《土地管理法》《村民委员会组织法》中并未有明确的规定,实践中则通常指代特定的经济主体,比如村股份经济合作社、村合作社、农民专业合作社、专业农场等,并不能完全反映"集体"本身,在实践中可以通过立法方面的制度设计,将"集体经济组织"与"集体"等同起来。

济组织实体化"①的方式实现,则可进一步加以讨论。另外,"劳动群众集体组织"并非行政组织法意义上的行政主体,这样从法律层面而言,"劳动群众集体组织"并不提供生存照顾等行政给付任务,当然这并不意味着集体不承担任何公共义务,但集体的公共义务应主要由集体协商加以决定。这两部分的财政来源也不同,生存照顾任务应该纳入公共财政收入体系,由村民交纳固定税费或财政拨款方式完成,而在此之外的集体公共义务则应视集体财产的增值收益由集体协商而定。"劳动群众集体组织"存在的主要目的是从集体角度维护对集体财产的所有权、实现土地等自然资源的合理利用以及附着其上的财产权,如此一来,"集体"就成为农民个体人格的自然延伸(但不等同于农民个体利益的累积)且具有自身独立的利益,并因此而享受因"集体所有"而产生的"财产权",也就是说,"劳动群众集体组织"可以成为宪法财产权的主体。② 实践中,"集体财产"包括集体所有的"土地和森林、山岭、草原、荒地、滩涂"等,这部分财产收益应该由"劳动群众集体组织"所有,村委会的财政来源应该由村民交纳固定税费的方式实现,以完成必要的公共给付任务。当上述集体财产权益受到公权力干涉时,则可将其纳入宪法第13条私有财产权的保护范围。

传统上习惯将宪法财产权的保护范围等同于物权法上的所有权,但黑塞已经指出,宪法财产权的保障对象不再与民法中的所有权相一致,而是比民法中的所有权范围更广的概念,宪法财产权的保护范围相较19世纪而言已经得到极大扩展,19世纪时对物的保护,尤其是对土地财产的保护是决定性的,而到了今天,货币财产以及其他财产权利与物同样重要,甚至更为重要,凡是牵涉财产利益的权利均可纳入财产权的保护范围:不仅包含所有私法上具财产价值的权利(如有价证券、股票、著作权等),还包含公法上的权利(比如由自己支付保险金而获得的社会保险方面的主观请求权,包括退休金等)。③ 相比较而言,宪法财产权的保护范围取决于立法对于相关财产权利的规定,这也使得宪法财产权的保护范围具有了适应社会变化的变迁可能性。值得注意的是,宪法财产权保护的并非是资产本身,而是"具有资产价值的法律地位",也就是说,财产权保障的不是个体资产总额

---

① 蒋省三,刘守英,李青.中国土地政策改革:政策演进与地方实施[M].上海:上海三联书店,2010:198.

② 现实中,"集体"作为基本权利主体存在的主要问题在于:集体成员很多出外打工,无法实行协商;实践中到底在多大程度上可以区分开"集体"与"村委会"。许多学者基于这种顾虑认为,如果将村委会虚置,则集体无法做出有效决定。

③ 谢立斌.论宪法财产权的保护范围[J].中国法学,2014(4).

的增减,而是保障个体对于资产的权利,即财产的存续、对财产的支配和使用,这意味着不能通过财产的保值而代替财产的存续,只有在法律规定的征收前提下,财产的存续才能置换为财产价值的保障。具体到土地,由土地所产生的财产权包括建筑自由①、支配权和用益权,也涉及土地使用与土地规划之间的权衡。② 至于农村土地,现有的"集体所有"制度可以衍生出由集体土地所有权和使用权产生的集体的财产利益、由农村土地承包经营权产生的农民个体的财产利益两大类财产利益。

3. 小结:农村土地"集体所有制"的三重结构

在宪法变迁的背景下,从宪法规定的"公共财产"和"私有财产权"的双重纬度中可以衍生出农村土地"集体所有制"的三重结构:①作为公共财产的"集体所有";②宪法层面的集体财产权,即国家征收所产生的补偿和集体土地使用权的利用与流转所产生的各种经济收益;③宪法层面上农民个体的财产权。

宪法层面上确立集体和农民个体土地财产权的意义在于对抗国家,比如对抗立法的侵犯。在上述三重结构下,现有的法律框架之内存在两类基本的利益冲突:国家与集体、集体与农民个体之间的利益冲突。国家与集体的利益冲突主要表现为土地征收的补偿标准和集体土地使用权流转限制这两方面。集体与农民个体的利益冲突主要表现为在农业产业化和土地承包经营权流转过程中的利益博弈。要解决上述两类冲突,就需要从宪法第10条的内在结构、"集体所有"所设定的公共义务和宪法财产权角度对现有的农村土地流转制度进行合宪性分析。

四、农村土地流转的合宪性分析

根据现行宪法第10条的安排,集体土地所有权所产生的财产利益只能来自征收,实践中应重点关注集体土地使用权所产生的财产利益,但这二者又存在关联。根据宪法规定,征收的前提之一是公共利益。目前国内学界对于"公共利益"范围的讨论很多,但需要注意的一点是,根据《土地管理法》第43条和第63条、《城市房地产管理法》第9条的规定,农村土地上的所有建设包括商业开发都不能

---

① 建筑自由被视为是土地所有权的核心内容,但在德国,建筑自由受到城市规划秩序法与建筑秩序法的严格限制,以至于到了今天附着于土地之上的建筑利用权仅剩下微小的自由空间。

② 德国对于土地开发有严格的规划,分别体现在《建筑法典》与《联邦土地使用法规》等法律法规之中,土地的开发必须获得建筑许可,在城市规划与私人土地财产权之间就需要进行平衡,并通过比例原则审查城市规划的正当性、适当性与必要性,要求立法者"在个体于财产秩序范围内的自由空间与公共性的利益之间找到适度的平衡","在规制财产内容时需平衡共同体利益与个体利益之间的关系"。

通过农村土地使用权转让的方式,而只能通过征收为国有的方式进行,这其实已经将"公共利益"扩大为所有建设①,这一点不改变,对"公共利益"宪法内涵的讨论再多也无济于事。这意味着,《土地管理法》第43条和第63条的规定扩大了征收的范围,却限制了集体土地使用权的流转。因此,问题的关键仍在于审查上述条款的合宪性,征收中有关"公共利益"的讨论因与上述问题具有直接相关性而可以合并在一起讨论。

1.《土地管理法》是否违宪

集体土地使用权所产生的集体财产利益在实践中可区分为三类:集体建设用地的流转、宅基地的流转和农转非农用地的流转。现行《土地管理法》等相关法律法规虽未明确禁止集体建设用地使用权的流转,但从《土地管理法》第43条和第63条的限定来看,集体建设用地的用途基本是固定的,宅基地、乡(镇)村企业用地、乡(镇)村公益性建设用地的流转在现行法律体系中都基本被禁止。对集体建设用地使用权的限制主要来自于现行法律体系对集体建设用地用途的规制②,而这与《土地管理法》第43条和第63条所确立的严禁在农村土地上进行商业开发建设的宗旨相一致,因此,如果对《土地管理法》的这一原则进行挑战和质疑,则集体能否利用集体建设用地进行商业开发、建设的问题就不攻自破。所以,问题仍然集中于《土地管理法》第43条和第63条所确立的对农村土地使用权用途和流转的限制上。

《土地管理法》第43条和第63条共同构成了对农民集体土地使用权的限制,前者是对集体土地用途的限制,即不能用于"建设"(除乡镇企业用地、宅基地、乡村公共设施和公益事业之外),后者是对农民集体土地使用权流转(出让、转让或出租)的限制。这二者虽存在一定的联系,但却是对集体土地使用权的不同限制,前者限制集体自行决定土地用途的权利,后者限制集体土地使用权流转的权利。

从宪法文本本身看,通过"集体土地使用权"(宪法第10条第4款)转让的方式进行"公共利益"之外的城市扩张和商业开发这一路径并未被阻断。或许可以主张,既然宪法第10条第1款规定了"城市的土地归国家所有",那么是否包含了

---

① 刘连泰.集体土地征收制度变革的宪法空间[J].法商研究,2014(3).
② 程雪阳看到从现行《土地管理法》的规定中,并不能得出"小产权房"的违法性和对宅基地使用权流转的绝对禁止。参见:程雪阳.小产权房之困境与出路[J].中国法律评论,2014(1).也有学者虽然看到了宪法中对于"集体所有权"的定性对物权法的限制,农村宅基地的管理应该服膺于宪法,但对于宪法中集体所有权的定性以及"生产资料社会主义公有制"的解释却语焉不详,也并未看到"公有制"的变迁所产生的"集体财产权"的问题,参见:桂华,贺雪峰.宅基地管理与物权法的适用限度[J].法学研究,2014(4).

城镇化过程必然将农村土地征收为国有的内在逻辑？但宪法第10条第2款同时规定了，"农村和城市郊区的土地，除由法律规定属于国家所有的以外，属于集体所有"。关于"城市郊区"的规定就为城镇化过程所产生的土地产权的混乱提供了一个过渡的桥梁，城镇化过程中所出现的大量"城中村"也暗合了宪法这一条款的规定。① 从宪法第10条的结构来看，对集体土地使用权的限制则并非是宪法本身的要求，而是来自于法律的具体化。《土地管理法》第43条和第63条的规定似乎符合宪法第10条第4款"可以依照法律规定"的要求，但涉及对基本权利的限制，"可以依照法律"不仅仅要在形式上符合要求，同时必须对法律内容本身的合宪性加以审查。上文也分析了从集体土地使用权中可以衍生出集体的财产权（宪法第13条意义上的），因此，对上述两个条款就需通过比例原则加以审查。

从《土地管理法》的立法目的来看，第43条和第63条的出发点是正当的，其目的在于保护耕地、确保土地的"合理利用"。但从手段的适当性角度观察，第43条和第63条所采用之手段对于实现上述目的而言看似适当，实践中却由于法律条款本身的结构和获取土地财政的动力而被扩大化地适用了（即征收用途的扩大化）。从必要性而言，是否仍存在对集体财产权侵害更小的手段也存在可以讨论的空间。《土地管理法》第43条和第63条实际上禁止了集体土地以非农业建设为目的的使用权转让。这也意味着集体从土地开发中实现增值的道路被彻底堵塞了。然而，如果从保护耕地的角度而言，通过立法对农业用地转为非农建设用地施加严格的条件限制和审批程序就足以实现，而不必通过禁止集体土地使用权转让为非农用地这种严格的限制方式。在实践过程中，当集体土地，尤其是耕地被征收为国有之后，其主要用途也不是用于严格的"公益"，而是被扩大化地用于非农业建设、工业建设、商业开发和城镇化发展，《土地管理法》第43条和第63条所限制的只是集体从自身土地开发与土地使用权转让中而产生的财产利益，对于保护耕地而言，并无实际意义；如果从土地的"合理利用"（宪法第10条第5款规定）这个宪法价值的角度而言，同样可以通过立法对城市规划、乡镇规划、集体土地之上的建筑自由加以一定程度的限制，而并无必要完全剥夺集体进行土地开发的权利，也就是说，存在其他对集体财产权损害更小的手段，同样可以实现保护耕地与农村土地合理利用和规划的目的。从这个角度来说，《土地管理法》第43条和第63条所采取的措施是不合比例的，侵犯了由"集体所有"制度所衍生出来的

---

① 有学者认为城镇化之后土地的归属应该将与农民城市身份的解决联系在一起，参见：黄忠.城镇化与"入城"集体土地的归属[J].法学研究,2014(4).

宪法第13条意义上的集体财产权,因而违宪。

有学者主张附着于集体土地之上的"土地开发权""土地发展权"应归国家所有[1],其目的在于保障"合理"的土地开发,保证土地的增值收益不会因经济发展的区域性差异而不公正地分配到少数农民手中,通过土地的增值收益,也就是"土地财政",地方政府也可以更好地进行市政建设和公共设施的提供,从而惠及地方民众,并且地方政府掌握土地出让权,也可以减少公共建设、工业发展和城镇化的成本,这也是中国近年来高速发展的成功经验所在。但上述理由并不能构成限制集体土地使用权自由流转的宪法理由:首先,集体从土地所有中衍生出来的集体财产利益包括附着于土地之上的一切财产利益,这同样包括因土地开发和土地发展而产生的土地增值部分,从"权利"的角度而言,该权利可以受到限制,但却不能不经任何程序而过渡至另一主体[2];其次,上文已分析可以通过其他规制措施限制集体土地的开发和使用权的转让,同样可以实现土地合理利用的目的,也就是说,不必使用完全剥夺的严格方式进行,这违反了比例原则中的"过度禁止"原则;再次,以追求某种公平和发展的目标为理由限制集体财产权也难以成立,全社会的公平与发展不能以牺牲某些群体的宪法基本权利为代价,这是改革三十年中国宪法变迁的成就,这种"为了平等的不平等"和"为了发展的牺牲"[3]并不符合规范要求,对宪法基本权利的限制必须在宪法规范框架内进行。贺雪峰教授提出要"慎提农民土地财产权",其中理由之一是这只会让全国5%的农民受益,形成庞大的土地食利者阶层[4],但宪法财产权的功能并不在于建立一个财产无差别的大同世界,而是对既有的财产利益进行保护[5],不能因为一个公平的理想否定宪法基本权利是近代宪法存在的理由之一,这也是中国宪法变迁的方向[6];最后,"土地财政"的理由也难以成立,"土地财政"归根到底是预算法和中央与地方财政分配的问题,不能将财政分配中存在的问题转嫁至农民集体,至于地方的公共设施建设也是地方所承担的公共任务,其财政来源应来自于列入公共财政的税费,而非来自于公共

---

[1] 陈柏峰. 土地发展权的理论基础与制度前景[J]. 法学研究,2012年(4).
[2] 有学者也从英国的经验对土地发展权国有的逻辑进行了反驳,参见:程雪阳. 土地发展权与土地增值收益的分配[J]. 法学研究,2014(5).
[3] 陈柏峰. 为了平等的不平等——与周其仁教授商榷农地农房入市问题[EB/OL]. [2014-09-17]. http://www.guancha.cn/ChenBaiFeng/2014_09_17_267911.shtml.
[4] 贺雪峰. 地权的逻辑Ⅱ:地权变革的真相与谬误[M]. 北京:东方出版社,2013:83.
[5] 中国改革开放的逻辑便是"让一部分和一部分地区先富起来",所以全国土地价值不一某种程度上是这一发展逻辑的后果,不能将之转嫁至农民本应享有的宪法权利之上。
[6] 李忠夏. 从制宪权角度透视新中国宪法的发展[J]. 中外法学,2014(3).

财政之外的"土地财政"。归根到底,"土地增值收入"是市场行为,而公共财政则属于公共行政,国家可以通过立法对土地使用权的流转(转为非农业用地时)收取土地出让税①,用于公共事业,但在此之前,"土地财政"的收取并用于公共事业就是法外之物,形成了对地方政府的"软预算约束",激发起地方政府在土地征收中的逐利欲望,导致土地财政的不受监督和权力的寻租以及交易成本的提高。② 对集体土地使用权所产生的集体财产权当然不是不可以加以限制,但综上所述,《土地管理法》第43条和第63条对集体财产权的限制是"不合比例的",并不合乎宪法的要求。

2. 实践中的土地流转模式与合宪性解释

在农村土地流转中,国家立场、地方政府的立场、集体的立场与农民个体的立场是不同的:国家的立场是维持农村稳定、保护耕地、加快城镇化进程;地方政府的立场则是实现最大化的土地财政,比如地方政府在工业用地和商业用地方面就存在不同的财政预期,前者是为了吸引投资,而后者则是为了增加财政收入,这也构成了地方政府在工业用地和商业用地的"差别性出让策略"③;集体的立场是使碎片化的农地整合在一起,实现规模效应,增加农民收入;农民个体的立场是尽可能实现附着于农地之上的利益。

这些立场相互之间存在着冲突,比如国家保护耕地的立场就对地方政府利用农地流转获利的立场形成了限制,为了在保护耕地与开发建设之间维持平衡④,就出现了"城乡建设用地增减挂钩"⑤的尝试,国家的初衷是为了保持耕地的总量以及有效利用农村建设用地(针对"空心村"),实践中,地方为了增加城市建设用地,于是大力进行"新农村建设""旧村改造""合村并居"等尝试,有的地方则在此基础上进一步创新,将建设用地指标商品化,产生了重庆、成都等地的地票实验。⑥

---

① 关于"土地财政"税收化的处理可参见:程雪阳.土地发展权与土地增值收益的分配[J].法学研究,2014(5);汪晖,陶然.中国土地制度改革:难点、突破与政策组合[M].北京:商务印书馆,2013:68.

② 地方政府的"土地财政"会因为一种看似良好的公共理由而演变成为地方政府的私利,并产生一系列负面效应,比如对农民土地利益的蓄意压榨、与开发商的勾结等,因此"土地财政"的问题应通过中央与地方财政分配的改革以及中国财税体制的改革才能解决。参见:周刚志.地方"土地财政"之合宪性控制[J].北方法学,2014(1).

③ 汪晖,陶然.中国土地制度改革:难点、突破与政策组合[M].北京:商务印书馆,2013:23.

④ 华生.城镇化转型与土地陷阱[M].北京:东方出版社,2013:147.

⑤ 《土地管理法》第31条规定:"国家实行占用耕地补偿制度。非农业建设经批准占用耕地的,按照'占多少,垦多少'的原则,由占用耕地的单位负责开垦与所占用耕地的数量和质量相当的耕地。"根据这一规定,国务院出台了一系列文件。

⑥ 华生.城镇化转型与土地陷阱[M].北京:东方出版社,2013:150.

这些征地行为中的新尝试都出现了难以为继的难题,譬如"合村并居"往往伴随着暴力和农民利益的受损,地方政府为了规避土地征收过程中过于严格的审批程序,而往往采取强制"合村并居"的方式进行,为城市建设用地腾出空间和指标;而地票试验是为了在"腾出指标"的运作中,通过指标价值将一定的收益交给农民,但这一政策仍然是行政组织主导,地票的供给在"失地农民身份"问题,也就是"农民工市民化"问题仍未解决前,仍然存在相当大的不确定性,因此也难以为继。①

尽管存在冲突,但这些立场相互之间也存在着交互影响,比如国家维持农村稳定和保护耕地的立场会影响到地方政府,作为地方政府官员考核的重要指标,从而使得地方政府在获取最大化的土地财政之外,还需要考虑耕地的保护和农村秩序的稳定,这就需要地方政府积极探索能够为农民带来实惠的措施,并通过村委会和集体经济组织推行这些政策上的突破。为协调农村土地流转中存在的国家与集体、集体与个体之间的矛盾,在农村土地流转的实践中出现了大量的试验性措施和"法律规避"的行为,这些行为也被冠之以各种名目的"模式"。比如在农转非农建设用地以及集体建设用地流转方面,由于乡镇企业的衰落,许多地方的农村为了寻找新的财政增长点,开始暗中将农村土地使用权租赁出去,采取"以租代征"的方式来规避《土地管理法》第63条的规定,通常的手法是"以假乱真"和"无证用地"②,导致土地、厂房的非法出租,著名的"南海模式"③、"昆山模式"④、"芜湖模式"等大多都绕开征收手段而直接进行集体建设用地的转让、出租;为了弥补国家征地的"低价格"补偿,许多地方也开始探索新的模式,比如通过留地安置⑤、社会保险安置⑥、股份安置、招工安置、农业生产安置⑦等货币安置之外的方式,其目的是为了解决农民的长远生计,弥补法定安置费的不足,间接提高被征地

---

① 华生.城镇化转型与土地陷阱[M].北京:东方出版社,2013:152.

② "以假乱真"指的是农民集体在办土地转用手续时,上报的合同是合作、合资合同,而背后的合同都是土地使用权租赁、转让合同,合同期少则5年,多达50年;"无证用地"指的是集体在出租土地和厂房店铺时,根本不到国土部门登记转用手续,完全是黑市行为。参见:蒋省三,刘守英,李青.中国土地政策改革:政策演进与地方实施[M].上海:上海三联书店,2010:202.

③ 蒋省三,刘守英,李青.中国土地政策改革:政策演进与地方实施[M].上海:上海三联书店,2010:190.

④ 昆山模式以"农村专业股份合作制"著称,参见:蒋省三,刘守英,李青.中国土地政策改革:政策演进与地方实施[M].上海:上海三联书店,2010:65.

⑤ 汪晖,陶然.中国土地制度改革:难点、突破与政策组合[M].北京:商务印书馆,2013:73.

⑥ 汪晖,陶然.中国土地制度改革:难点、突破与政策组合[M].北京:商务印书馆,2013:74.

⑦ 关于这些补偿模式的介绍可参见:茆荣华.我国农村集体土地流转制度研究[M].北京:北京大学出版社,2010:91.

二 土地权属和农民权利保障

农民的补偿。在这些模式中,遇到的最大两个问题是:法律上的障碍和集体与个体之间的利益分配,针对后者,实践中,以集体经济组织实行"股份制"为核心出现了许多变种,以此为媒介分享土地收益;在宅基地流转方面,尽管国家和地方出台了诸多的法律法规对宅基地的建设进行了限制,并明令禁止农民的宅基地转让给城市居民,但仍然无法阻挡大量"小产权房"的出现;在农民土地承包经营权的转让方面,许多集体也探索出了诸如"股份制"、"反租倒包"等方式,其目的在于解决农村出现的"空心村"情况,并保障农民通过集体谈判而使得承包经营权转让的利益实现最大化的效果,从而出现了承包经营权"再集体化"的趋势。①

从上文可以看出,地方政府在土地征收过程中的"逐利"行为成为引发国家与地方政府、地方政府与农民,甚至集体与农民之间矛盾的主要原因。地方的"逐利"动机使得地方政府在两方面都存在挤压行为:一方面千方百计规避国家的法律规制;另一方面则不断限缩农民的利益空间。在这一过程中,本应代表农民集体的"村委会"、集体经济组织成为地方政府实现目的的工具,从而造成了农民个体与村委会之间的关系紧张,形成了地方政府与开发商利益一致的格局。由于中央可以通过政绩考核的方式对地方政府施加控制,导致地方政府也采取了许多应对性的策略:一方面地方政府想方设法阻止农民上访,另一方面地方政府也采取了许多缓和性的措施提高农地流转中的农民收益。地方政府这种"分裂性格"(面向地方的逐利性与面向中央的维稳性)导致了中国农村农地流转中的"冰火两重天",有的地方不断损害农民利益,并引发农民的群体性对抗事件,有的地方则通过各种措施(同样是在现有法律体制之外)增加农民收益,导致一个土地食利阶层的出现,这两种截然不同的事实导致学者们对于失地农民的现状出现了截然不同的判断。这种反差恰恰表明通过《土地管理法》所确立的土地征收制度已经失灵:要么是过低的征地补偿标准引发农民的不满与对抗,从而引发暴力拆迁等现象;要么是通过法律规避的方式绕开现行的征收标准和制度框架,农村建设用地的流转在现实中也早已存在。

如果考察现实中农转非农用地、农村建设用地和农村土地承包经营权的流转,会发现,制度突破的空间都是在于加强农民集体在农地流转中的谈判能力,抑制地方政府的逐利性,并剥离地方政府对村集体的行政管控,使农民集体真正反映农民个体的利益,但现有的制度突破也都是在地方政府的推动之下,而不是发

---

① 蒋省三,刘守英,李青. 中国土地政策改革:政策演进与地方实施[M]. 上海:上海三联书店,2010:27.

自于集体的内生需求,所以缺乏长效性和可推广性①,也容易导致地方政府过度追求招商引资而忽视政府的安全监管等保障义务,并且不赋予农村集体土地使用权在宪法秩序框架内的自由流转,也就使农民集体的财产利益只能来自于地方政府的制度外恩赐,其利益增长的空间受到很大的制约。无论是地方政府主导的农地流转,还是农民个体主导的农地流转都存在诸多问题,前者会伴随强制和暴力、后者则会导致集体土地利用效率的低下以及私人的盲目逐利所导致的"公地悲剧"②,在这个背景下,就应加强农村集体的作用,真正还原宪法中"集体所有"的本来面貌,这就需要突破现行《土地管理法》第43条和第63条所设立的限制性框架,回归到宪法第10条的规定当中。以适度规模的集体为所有权的单位,在某种程度上比完全的国有或者完全的私有更为有效,这也与公共选择理论的研究暗中契合。③ 强调集体的作用,并不意味着强调传统作为行政组织末梢的"村委会"的作用④,而是在"政社分开"的基础上,强调自治的集体经济组织的作用,实现村委会与"集体"之间的功能剥离⑤;强调集体的作用,也不意味着集体的决定可任意侵犯农户个体的权利,在这里需要区分基于"集体使用权"和农民"承包经营权"而产生的不同的财产权利:前者必须通过集体决定才能转让,其收益分配的方式和办法也必须由集体决定;后者虽然也可通过"股份制"的办法转让,但采用何种方式,是否进行"再集体化",则基于农户个体的选择,基于农村承包经营权而产生的农民个体的宪法财产权不能因此受到侵犯,集体抉择是以个体的财产权为基础的。这意味着,集体与个体的权利边界必须界定清楚。⑥

---

① 汪晖,陶然. 中国土地制度改革:难点、突破与政策组合[M]. 北京:商务印书馆,2013:74.
② 关于"公地悲剧"理论,可参见:Garrett Hardin. The Tragedy of the Commons[J]. Science,1968(162):1243 – 1248.
③ 埃莉诺·奥斯特罗姆. 公共事物的治理之道:集体行动制度的演进[M]. 余逊达,陈旭东,译. 上海:上海译文出版社,2012:1. "无论是国家还是市场,在使个人以长期的、建设性的方式使用自然资源系统方面,都未取得成功;而许多社群的人们借助既不同于国家也不同于市场的制度安排,却在一个较长的时间内,对某些资源系统成功地实行了适度治理。"
④ 笔者并不反对贺雪峰教授提出的"村社集体是不可或缺的中介组织"这一观点,而是认为村委会的功能和任务要与集体经济组织区别开来。参见:贺雪峰. 地权的逻辑:中国农村土地制度向何处去[M]. 北京:中国政法大学出版社,2010:134.
⑤ 凌斌在探讨土地流转的中国模式时认为中国农村土地流转的成功是建立在"乡村两级基层组织的通力合作"以及"统一人格"的基础上的,但并未看到现有体制下地方政府本身的逐利性会导致地方政府、乡镇控制的村委会与集体经济组织之间的内在紧张,也未看到这种体制必然会出现的权力寻租。参见:凌斌. 土地流转的中国模式:组织基础和运行机制[J]. 法学研究,2014(6).
⑥ 埃莉诺·奥斯特罗姆. 公共事物的治理之道:集体行动制度的演进[M]. 余逊达,陈旭东,译. 上海:上海译文出版社,2012:109.

二 土地权属和农民权利保障

农地流转的某些实践在运行中已然偏离了《土地管理法》《农村土地承包经营法》等相关法律的规定,甚至许多社会学者通过某些"事实"(比如农民在征地制度中普遍获益)来论证现有土地制度的合理性,而这些"事实"恰恰来自于实践中的"违法性事实"。然而由于《土地管理法》的制度性约束,导致这些"模式"或者出现了难以为继的情况,或者出现了异化,因此需要制度上的进一步突破,认真审视《土地管理法》第43条和第63条的合宪性问题。

五、结语：规范与事实之间的农村土地制度

上述基本勾勒出附着于农村土地之上的"三重结构"：作为公共财产的集体所有、宪法层面的集体财产权和农民个体财产权,这表明了国家管控、集体财产、个体财产之间在社会变迁背景下相互交织的利益冲突,要想对这三重利益加以协调,就必须回到宪法文本本身,结合既有的现实,方能寻找到中国农村土地秩序中的"宪法共识"。有学者从中国土地制度的现实中发现了中国土地制度的"宪法秩序"①和农村土地流转的"中国模式"②,这种从事实推导出规范的做法是法社会学者的一贯做法,但也是其难以破解的难题,"过去一直是这么做的"不等于"这么做是应该的",凡是存在的不见得都是合理的,宪法规范存在的意义就在于对既有的现实加以评价,并进行指引,事实需要在规范的框架内加以确定,规范则需要通过事实得以具体化。在这个意义上,法教义学与法社会学需要相互配合,正如康特洛维奇所言,"没有社会学的教义学是空洞的,没有教义学的社会学是盲目的"。

由于《土地管理法》的内在结构导致了中国农村土地流转制度中的"两种事实",这就需要结合相关事实在宪法第10条所确定的规范框架内进行进一步的充实与具体化：

第一,抑制地方政府的逐利性,在制度层面上杜绝"土地财政",严格区分公益和商业开发,修改现有的过度限制农村土地使用权流转的立法,变预算外的"土地财政"为预算内的"土地交易税"。

第二,确权并厘清集体与个体之间的关系,对集体的所有权、使用权和个体的承包经营权进行确权,确定权利的边界以及集体与个体之间的关系,确定集体协商的方式与程序,由此确定集体决定的事务范围与边界(比如决定水利灌溉等集体协作事宜),克服"搭便车"等集体不作为现象。

---

① 贺雪峰.地权的逻辑Ⅱ:地权变革的真相与谬误[M].北京:东方出版社,2013:36.
② 凌斌.土地流转的中国模式:组织基础和运行机制[J].法学研究,2014(6).

第三,需要通过制度设计克服个体自利性和财产权利滥用带来的无序。出于对放开农村土地商业开发建设可能会导致的缺乏规划、无序开发、乱拆乱建等问题的担心,需要对农村土地开发市场加强相关的立法规制,譬如土地总体规划的设置等。①

总体来说,正如奥斯特罗姆所言,"鲜有制度要么是私有的要么是公有的——或者不是'市场的'就是'国家的'。……在现实场景中,公共的和私有的制度经常是相互啮合和相互依存的,而不是存在于相互隔绝的世界里"②。中国农村土地制度的成功取决于国家管控、集体行动与个体权利三者的相互配合。

---

① 已有学者对此问题加以了关注,关于我国土地规划的改革,可参见:党国英,吴文媛. 土地规划管理改革:权利调整与法治建构[J]. 法学研究,2014(5).
② 埃莉诺·奥斯特罗姆. 公共事物的治理之道:集体行动制度的演进[M]. 余逊达,陈旭东,译. 上海:上海译文出版社,2012:19.

二 土地权属和农民权利保障

权利贫困与权利的制度供给
——基于农民工群体的分析

孟庆涛①

内容提要：权利贫困是由社会的制度安排造成的,只有改善制度供给,才能在根本上改善社会弱势群体的权利贫困。农民工基于身份所产生的权利贫困,不过是农民基于身份所产生的权利贫困的衍生物。处于城乡二元保障制度夹缝中的农民工的权利贫困,在根本上受制于社会利益和资源分配的不平衡状态。在合作视角下,作为政府所提供的"公共物品",作为提高社会弱势群体"可行能力"措施的一部分,民生的权利意蕴显现了出来。由于农民工的权利贫困是基于身份的制度安排产生的,民生要破除基于身份的制度供给,以基本公共服务均等化为目标进行公共资源的制度分配,通过赋予资本等方式提高农民工权利的"可行能力"。

关键词：民生；权利贫困；合作视角；公共物品；制度供给

自党的十六大以来,"民生"就成了党和政府的基本工作议题。党的十八大三中全会做出的《中共中央关于全面深化改革若干重大问题的决定》更是指出："紧紧围绕更好保障和改善民生、促进社会公平正义深化社会体制改革,改革收入分配制度,促进共同富裕,推进社会领域制度创新,推进基本公共服务均等化,加快形成科学有效的社会治理体制,确保社会既充满活力又和谐有序。"民生作为当前社会体制改革的重要组成部分,被赋予了如此重要的地位,那么,从权利的角度看,民生在何种意义上是一个权利问题？特别是对于农民工群体来说,民生与其权利保障存在着什么样的关系？本文从权利的制度供给角度,以农民工群体为对象,尝试回答上述具有一定普遍性意义的问题。

一、农民工的权利贫困

通常,我们用经济"贫困"来指称一种物质上的匮乏状态。不过,当我们将贫

---

① 孟庆涛(1979—),男,法学博士、重庆大学博士后,副教授,西南政法大学人权教育与研究中心副主任,主要从事法理学、人权法学与古希腊法律研究。本文部分内容曾以《权利的制度供给与民生实践——基于农民工群体的分析》为题发表于《学术交流》2015 年第 7 期,有改动。

困问题与社会的制度安排综合起来进行考虑的时候,会发现贫困不完全是一种自然现象,而且可能是一种社会现象。在社会层面上,如果导致经济贫困的深层次原因在于社会制度安排的缺陷,并且在法律上表现为权利的缺失或权利实现机制的缺乏、运行不畅等,那么,这种贫困就属于"权利贫困"。"权利贫困是指由于制度化方面的原因,致使某些群体和个人无法充分享受到社会和法律赋予的政治、经济、社会和文化等方面权利,从而处于社会弱势地位的情况。"①这意味着,尽管个体的能力差异可能影响到其权利的享有,但在根本上,权利贫困是由社会的制度安排造成的,如制度供给的缺失、不足、不均衡等;这同时也意味着,只有改善制度供给,才能在根本上改善社会弱势群体的权利贫困。

作为一个特殊的社会群体,农民工的权利贫困有哪些现实表现形态?他们的权利贫困在多大程度上是由社会的制度安排造成的?贯穿于农民工权利贫困问题的基本逻辑线索是什么?这些是回答农民工权利的制度供给所要解决的问题。

(一)权利贫困的形态

1. 权利类型方面的形态

在权利主体上,农民工并非是基于性别、年龄、民族等区分出来的,因此,农民工的权利贫困,在权利类型上,就表现为一般公民所享有的普遍性权利方面的贫困。这主要体现在广义上的政治权利与经济、社会及文化权利上。

首先,农民工的政治权利的行使受到现实能力与状况的限制或不能获得有效的保障。受与农民身份紧密结合在一起的户籍制度的限制,农民工的许多权利处于虚置状态,如选举权与被选举权,因农民工的不在场而导致无法行使或丧失实际意义,因无户籍而无法在居住地行使;又如迁徙自由,农民工虽然可在实际上流动,但受附着于户籍的其他保障性权利的实际限制而无法真正实现自由迁徙;再如表达自由,因缺乏相关的组织媒介,缺乏畅通有效的利益表达机制与民主参与机制等而受到抑制。

其次,农民工的经济、社会及文化权利不能获得有效保障。由于城市的有效供给不足,农民工在城市中无法享受到与市民同等的经济、社会及文化权利。例如,受土地制度的制约,农村集体土地为农民工所提供的保障功能弱化;农民工本身的培训与子女的受教育权利无法得到充分的保障;农民工就业大多集中在非正规劳动力市场,无法获得同工同酬的待遇,相关的劳动、社会保障严重不足;农民

---

① 王刚.社会排斥与权利贫困:农民工权利保障问题研究——以 W 市 L 镇农民工为例[D].西北师范大学硕士学位论文,2007.

二 土地权属和农民权利保障

工无法获得城市体制内的医疗保障,等等。

2. 权利运行方面的形态

从权利运行上来看,农民工权利的制度供给与其需求之间呈现出严重的不对称状态,主要体现为权利的制度供给不足。

首先,部分权利未得到法律的认可和保障。例如,农民工的农村集体土地产权未能实现与其他权利的有效分离,土地产权流转尚未法定化,作为财产的土地融资权未得到法律的正式确认。

其次,法定权利的现实化保障不足。农民工的诸多权利本是作为公民即应享有的普遍性权利,但由于制度供给的不足,权利实现的成本过高,造成农民工享受权利的可行能力降低。例如,由于多被排斥在正式制度之外,社会上存在着大量的农民工工资拖欠现象。

(二) 基于身份的权利贫困

农民工的权利贫困是一种现实存在。需要追问的是,作为一种制度意义上的权利贫困,为何会在农民工群体中出现?换句话说,权利贫困是如何与农民工的身份勾连起来的?

无论是有心还是无意,"农民工"首先都导源于一种"身份"的区分。中国传统中有"士农工商"的"四民"分类,"四民"本是基于职业的划分。尽管国家有统计人口数量、确定税收基础和防止人口流动等不同的目的,但在传统的农业社会结构中,以职业为基础的"农"同时也是一种身份——向国家尽赋税、兵役等义务的身份根据。尽管农民向工人转化的现象一直零星的存在,但在农业社会向现代工业社会的转型发生前,大规模的现代农民工群体并未出现。

新中国成立后,在社会趋于稳定的过程中,基于城市的有限容纳力等国家现实考量,农民被排斥在城市之外,并且适时地出现了基于革命意识形态的贱农主义:"也就是说,它发端于革命意识形态对作为一个阶级的农民的否定性判断,并继之以在法律、制度和政策层面对庞大的农民群体的权利进行抑制。"①特别是1958年《中华人民共和国户口登记条例》出台后,基于职业区分的农民身份被法律化,并逐渐与政治、社会、文化等资源的分配挂钩。"身份"与"权利"的关系被制度化,在法律上就体现为城市市民与农村农民在选举权、迁徙自由、劳动就业权、受教育权、居住权、医疗救助权、社会保障权等多种权利享有与行使、救济等方面

---

① 张玉林.流动与瓦解:中国农村的演变及其动力[M].北京:中国社会科学出版社,2012:104.

的制度性差距。

改革开放后,随着经济需求的刺激与国家对农民流动限制的放松,大量农民涌入城市,逐渐形成了一个拥有农村户籍、居住地或主要生活地与户籍所在地分离、但在各方面又很难被城市完全接纳的农民工群体。相对于生活在农村的农民,他们除了保留了农民的身份之外,与农村的联系弱化并且表现出脱离的态势;相对于城市,他们在很大程度上又处于被社会排斥的边缘地带,融入困难。农民工基于身份所产生的权利贫困,不过是农民基于身份所产生的权利贫困的衍生物。由于他们的"身份"在农村,基于身份的属性,他们是农村人,但他们又生活在城市,在城市中却不具有市民的身份,从而形成了交叉性的权利贫困。这使得农民工群体基于身份所产生的权利贫困演化成处于城市与农村二元结构制度夹缝中的权利贫困。"从最低生活保障权看,以属地原则为管理基础的'低保制度'将一大批工作、居住在城市的非户籍人口排除在外,特别是数量巨大的农民工,他们没有权利在城市工作地点申请'低保',而只能回到户口所在地去申请,对于那些仍然希望生活、工作在城市的人来说,由于城乡标准的差异,他们极有可能不符合申请标准,或者申请到了仍然没有办法维持基本生活,其社会权利事实上没有得到保障。"①

(三) 处于制度夹缝的权利贫困

历史形成的城乡二元结构,并未因2亿多农民工群体的出现而打破,而是在城市中酝酿新的城乡二元结构。"三十多年来,经济发展所释放出来的劳动力需求,持续刺激着城镇化过程中农村人口向城市的流动。在原来形成的城乡二元结构的基础上,资源更多地体现为一种从农村向城市、从小城市向中大型城市的单向流动上,从而进一步拉大了城乡之间原本存在的不平衡状况。"②这在实际上就进一步扩大了城乡之间在保障农民权利能力上的差距。

在农民工这一群体形成之前,城乡居民尽管在权利的实际享有上存在着较大差距,但在城乡二元结构体制下能够各自获得相应的保障,农民可以在集体土地所有制的基础上获得相对公平的保障。随着城乡二元结构的逐渐解体,游离在农村与城市之间的农民工权利贫困问题,则因为其所处的特殊境地而凸显出来。"从我国基本公共服务保障体制的变迁可以看出,基本公共服务的供给始终贯穿着这样一种逻辑:按生产资料的所有制性质和经营权的不同,分别采取不同的供

---

① 郁建兴,楼苏萍.公民社会权利在中国:回顾、现状与政策建议[J].教学与研究,2008(12):27.
② 张永和.人权之门[M].桂林:广西师范大学出版社,2015:334.

给和保障责任模式。由于所有权和经营权都属于产权,因此可称之为基本公共服务保障的产权逻辑。"①按照这一城乡基于公共服务保障体制的产权逻辑,实行家庭联产承包责任制后,农村集体对于农民的公共服务保障功能已经基本丧失,家庭成了担负农民各项保障的最后堡垒。而在农民工进城务工后,基于户籍的身份关系,城市并不为他们提供各项保障;而原有的农村保障已几乎丧失,农民工就处在城乡二元保障体制的夹缝中。

处于城乡二元保障制度夹缝中的农民工,其权利贫困中隐藏着巨大的社会风险。"只有当作为贱农主义之轻贱对象的农民自身和农村社会接受了以农为贱的价值观,达成广泛的'合意',或者说实现了自我否定的内化,贱农主义才真正成为牢固的主导性价值观,成为决定着从国家整体的演变趋势到个体行动选择的巨大力量。"②在城乡生活的鲜明对比下,在"贱农主义"意识的主导下,有能力的农民"逃离"农村成为个体的理性选择,而这又成了造就农民工大军的重要心理机制。如果不断增加的农民工群体的权利贫困问题不能得到有效解决,国家将面临严峻的社会控制风险。农民工的权利贫困,在根本上受制于社会利益和资源分配的不平衡状态。当在这种利益不平衡结构支配下表现出来的社会结构性怨恨,通过"触发性事件"爆发出来的时候,极易引起社会冲突。

"制度这个社会游戏规则都是由政府生产和供应的。政府的制度供给比企业的产品供给更为复杂,制度供给是政府对民众要求、意愿的融合与输出,也就是制度的生产,是与制度需求相呼应的,它是为规范人们的行为而制定提供的法律,规则或者准则。"③由宪法、法律、法规与政策等为主要内容的正式规则体系及其实现机制组成的正式制度的供给不足或成本过高,会为可能破坏正式制度运转的非正式制度创造存在空间。而一旦将导致农民工权利贫困的结构制度化,就会进一步加剧农民工的权利贫困:"在以权利贫困为核心的结构性规定中,体制外贫困社群中的绝大部分劳动力人口基本丧失了进入城市主流社会的机会,并且将随着社会的进一步发展越来越边缘化。由于他们面对权利贫困所不得不采取的体制外生存方式,直接导致他们将长期陷于边缘化位置。"④

---

① 黄国平.城乡基本公共服务保障体制的产权逻辑及其困境[J].湖南财政经济学院学报,2014(4):106.
② 张玉林.流动与瓦解:中国农村的演变及其动力[M].北京:中国社会科学出版社,2012:121.
③ 段一柯.制度供给与行为选择的背离——对郑州市农民工工作维权的实证分析[D].郑州大学硕士学位论文,2010:4.
④ 徐琴.城市体制外贫困社群的生产与再生产[J].江海学刊,2006(5):122.

二、民生的权利意蕴

民生实际上是利用公共财政在社会不同群体之间进行的一次再分配。对于农民工群体来说,民生意义更为重大。那么,民生在何种意义上是一个与权利相关的问题?之所以这会被当作一个问题提出来,是因为民生的权利意义并没有获得普遍的承认。例如,美国就更倾向于将《公民权利和政治权利公约》里面规定的权利认可为人权,而对于《经济、社会及文化权利公约》中所规定的权利并不承认其为人权。而民生所涉及的内容,实际上恰恰主要是关于经济、社会及文化权利的。这种争议背后,隐藏着对于权利与权力关系的认识分歧。基于近代的自然权利(天赋权利)理念,权利与权力的关系往往从二者对立的视角看待,从而,权利保障就是防止政府为恶。这固然包含有一定的正确成分,但却忽略了一个重要问题,如果缺少了政府的积极作为,权利是没有办法成为现实的。因而,必须从合作的视角来重新认识权利与权力的关系。在合作视角下,作为政府所提供的"公共物品",作为提高社会弱势群体"可行能力"措施的一部分,民生的权利意蕴显现了出来。

(一)权利与权力的合作视角

在国际法层面,权利与权力的关系主要体现为人权与国家主权的关系。"主权"的古典概念与古希腊时期的"僭主"(*tyrannus*)有着密不可分的关系①,它意味着一种最高的、不受法律与传统限制的无限自由。但自近代以来,随着个人权利理念的迅速崛起,特别是在近代的自然权利理论中,人权与主权的关系被构造为权利与权力的关系,被吸纳进《独立宣言》和《人权宣言》当中,从而成为美国与法国的建国理念,并被作为"普适"意识形态的一部分向世界传播。尽管在理念上人权构成了主权的来源、基础与目标,但一个不可否认的事实是,近代以来作为主权拥有者的国家是与作为权利拥有者的个人(在同国家相对应的意义上则是公民)同时发展起来的。理念与现实之间的错置表明,在《独立宣言》和《人权宣言》所宣扬的理念背后,存在人权与国家主权之间的更为复杂的关系:"这些宣言确定了权利的普遍性,但它们的直接结果则是确立了民族国家及其法律的无限权力。以一种悖理的方式,这些关于普遍原则的宣言创建起地方性的主权。如果这些宣言开

---

① James F. McGlew. *Tyranny and Political Culture in Ancient Greece* [M]. Ithaca: Cornell University Press, 1993:9.

二　土地权属和农民权利保障

创了个人的纪元,它们也首创了国家的时代——国家是个人的镜像,人权和国家主权——国际法中的两个相对立的原则——一起诞生,它们的矛盾比实际上更明显。"①

在国内法层面,权利与权力的关系主要体现为宪法意义上的分配原则。在社会契约论的假设中,权利实际上被分成了两部分,一部分是个人让渡给国家从而转化成国家权力,一部分是由个人保留而形成了基本人权。体现在宪法当中,即国家主权与基本人权两大基本原则及由这两大原则派生出来的公民基本权利体系。

显然,新中国的宪法并不以社会契约论作为理论基础,但以社会契约论为基础所推出的人权原则,特别是"国家尊重和保障人权"被写入宪法之后,往往又成为人们评价中国人权社会实践的理论依据。基于这一要求,中国在各个领域所展开的维护人权的社会实践,就可以在国家对公民所承担的消极义务与积极义务这两个层面上进行观察与评价。若以为权利的实现仅依赖于国家履行消极的不干预义务,不但是从对抗的视角误解了权利与权力、人权与主权的关系,而且在根本上违背了政府的存在基础与运作逻辑。"如果权利就是对公共干涉的豁免,那么政府(只要其关注于权利的运作)的最高德行将是瘫痪或者残疾。但一个无能的政府无法保护个人自由,即使权利似乎全部是'消极的',比如反抗警察和狱警刑讯的权利。"②换句话说,基于自由主义理论导出的"权利与权力"的对抗理论模式,只具有部分意义,一旦缺少了与之相对的合作视角,公民权利也将随着政府权力的消失而陷入无保障的状态。

无论《独立宣言》《人权宣言》所宣告的自然权利是否具有普遍意义,但至少都说明,人权即便具有普遍性,也得通过"特殊的"公民权来实现。公民是一种基于国家系属所形成的政治身份,公民权则是拥有这一特殊政治身份的主体所享有的权利。从权利保障的角度来看,并非是因为一个人是普遍意义上的人,而是因为一个人是一个国家的公民,其权利才获得一个国家的承认和保障。因此,特殊的公民身份反倒成了一个人的权利得到保障的前提条件。

(二)作为权利保障的民生

民生本身不是权利,民生强调的不是法律承诺,而是其对于其他权利保障的

---

①　科斯塔斯·杜兹纳.人权与帝国:世界主义的政治哲学[M].辛亨复,译.南京:江苏人民出版社,2010:114.

②　史蒂芬·霍尔姆斯,凯斯·R.桑斯坦.权利的成本——为什么自由依赖于税(第2版)[M].毕竞悦,译.北京:北京大学出版社,2011:26.

制度实践与现实化能力。党的十八大报告"全面建成小康社会和全面深化改革开放的目标"提出了"人民生活水平全面提高"的民生要求:基本公共服务均等化总体实现,全民受教育程度和创新人才培养水平明显提高,进入人才强国和人力资源强国行列,教育现代化基本实现。就业更加充分。收入分配差距缩小,中等收入群体持续扩大,扶贫对象大幅减少。社会保障全民覆盖,人人享有基本医疗卫生服务,住房保障体系基本形成,社会和谐稳定。上述目标表明,民生与公民的受教育权、劳动权、居住权、生命健康权、基本社会保障权等多种权利有直接的关系。"政府在实现基本公共服务均等化中的角色和地位,由基本公共服务的基本特点及其内容和范围所决定。总体而言,基本公共服务所保障的是人类基本的生存权、基本尊严和基本能力以及基本健康的需要。基本公共服务作为公共服务的一部分,具有一般公共服务的基本特征。"①公民的受教育权、劳动权、居住权因得到法律保障,尤其是得到了国家的支持和保障而成为现实,公民行使相关的政治权利与公民权利也就具有了更为坚实的基础,特别是在受教育程度、固定工作和居住年限等成为公民行政政治权利的一个内在要素的时候更是如此。因此,从"三代"人权的演进来看,民生在直接保障公民的第二代人权的同时,也在间接保障公民的第一代人权。

"三代"人权,首先是基于对人权的历史发展过程的理论把握。在近代以来的西方,与民族国家相对应的个人的发现,首先是一项启蒙理论指引下的政治创新。自然权利不但赋予个体人的独立与道德意义,而且在根本上重构了公民与国家的关系,并在此过程中创造了现代民族国家。在契约论传统中,人与人之间的形式上的政治平等关系在基督教教义的基础上重新得到了确立。这就是与资本主义或自由主义相联系的第一代人权的本质,即通过法律对人予以平等的、普遍的承认,建立法律上的权利平等关系,是人权法律化的重要成就。

然而,第一代人权所创造的平等关系是抽象的,以形式上的政治平等为特征的公民权利与政治权利,忽略或掩盖了现实上的能力差异,由于权利贫困与能力贫困互为因果,普遍性的政治平等被现实中的群体之间基于能力差距过大所造成的社会分裂冲击得粉身碎骨。"被夹在法律对抽象的平等的认可和它对人们的物质不平等及其具体需要的冷漠当中,穷人是法定权利作为身份认可与构建的一种

---

① 杨弘,胡永保.实现基本公共服务均等化的民主维度——以政府角色和地位为视角[J].吉林大学社会科学学报,2012(4):13.

工具遭到失败的最好例子。"①理论与实践、理想与现实之间的沟壑,只有在第二代人权理论与实践中才能得到填补。以国家履行积极义务为前提的经济、社会及文化权利,为实现公民权利和政治权利提供了现实基础与保障,让第一代人权的承诺变得可以兑现。因此,不承认经济、社会及文化权利,既是对人权发展历史的漠视,也是对第一代人权与第二代人权关系的扭曲。

民生,实际上重在实现对公民的经济、社会及文化权利,即第二代人权的现实保障。从义务主体来看,现代民族国家承担着在社会层面积极创造条件保障民生的责任。"政府具有通过再次分配纠正初次分配产生的不公平问题的职能,基本公共服务均等化是除直接调节社会财富分配的税收政策之外的另一促进社会公平的基本手段和工具。"②

(三)公共物品与可行能力

民生是国家的一项基本公共决策,直接涉及对公共资源的再分配。自 21 世纪开启以来,民生就被纳入党和政府的基本公共决策范围,并且成为中央以及各级地方政府工作的重中之重。政府的收入主要依赖于税收,政府除了利用税收为自身这一公共组织提供基本的生存来源之外,还会借助税收杠杆,在社会中进行公共资源的再分配,以进行社会资源的再整合。"组织的实质之一就是它提供了不可分的、普遍的利益。一般说来,提供公共或集体物品是组织的基本功能。一个国家首先是一个为其成员——公民——提供公共物品的组织;其他类型的组织也类似地为其成员提供集体物品。"③在此意义上,民生工程无非就是政府将纳税人的税收作为公共物品重新投放社会。

权利的实现是需要成本的。然而,社会中拥有不同资源、具备不同能力的公民,对于各自权利的实现程度是不同的。作为国家提供的公共物品,民生所保障的对象具有全民性,但民生只能为公民提供权利的基本保障,永远无法消除公民之间存在的能力差异。能力差异可以造成权利贫困,因此,可以从"可行能力被剥夺"的视角来识别贫困:"可行能力理论有助于说明贫困的根源在于能力不足,而

---

① 科斯塔斯·杜兹纳.人权与帝国:世界主义的政治哲学[M].辛亨复,译.南京:江苏人民出版社,2010:46.
② 吴乐珍.我国基本公共服务供给中的失衡问题研究[D].浙江大学博士学位论文,2012.
③ 曼瑟尔·奥尔森.集体行动的逻辑[M].陈郁,离宇峰,李崇新,译.上海:格致出版社·上海人民出版社,2011:13.

能力不足又是权利贫困的重要原因。"①显然,民生无法解决公民之间存在的实现权利的天然能力差异,但基于其普惠性特别是提供资源分配上的倾斜,却可以增强社会中处于"可行能力"弱势的公民实现权利的现实能力,并进而通过公共资源在社会中的再分配,减少不同群体之间的社会差距,维持公共社会的稳定。

三、农民工权利的民生供给

基于民生对于公共资源的二次分配与调节功能,在国家"更好保障和改善民生"的导向下,民生对于农民工权利贫困的制度供给应该遵循什么原理呢?由于农民工的权利贫困是基于身份的制度安排产生的,民生要破除基于身份的制度供给,以基本公共服务均等化为目标进行公共资源的制度分配,通过赋予资本等方式提高农民工权利的"可行能力"。

(一)基于"公民"资格的权利供给

"从体制外贫困社群的处境中,我们看到了一个以权利贫困为起点的贫困生产链:权利贫困—体制外生存—贫困再生产—持续性贫困。这个贫困生产链使我们得以洞悉由结构与制度安排导致的权利贫困,与贫困社群的生存方式、生存状态、贫困延续之间的内在逻辑联系。"②要从根本上解决农民工的权利贫困,就必须打破体制外贫困社群的生产与再生产逻辑,将农民工群体进行制度吸收,纳入一种对公共资源进行持续合理分配的制度模式和价值系统,对其权利进行有效的制度供给。因此,现在的问题就转化成了建立一种什么样的民生供给制度。

民生是制度性调整因社会变迁所导致的资源配置和利益分配格局偏差,对于农民工的权利贫困,首先要求破除"贱农意识",建立对社会群体基于"公民"资格的权利供给。在法律意义上,农民和农民工当然是我国的公民;但在社会制度建构上,他们又没有获得作为公民所应该享有的平等对待。基于历史的或现实的、制度的或政策的诸多原因,他们陷入了权利贫困、机会贫困、能力贫困之中。一旦贫困状态被制度化的不平等分配格局强化,他们在现实生活中所能享有的权利,同法律、特别是宪法所规定的公民应享有的权利之间的背离就会更加严重。"如果农民工制度化,那么中国社会就会在传统二元的基础上成为三元社会。在现在大多数工业化国家,在从传统二元社会到工业化社会的转型过程中,经济的发展

---

① 周海明.农民权利贫困及其治理:基于阿马蒂亚·森"可行能力"视角的分析[J].甘肃理论学刊,2009(5):73.

② 徐琴.城市体制外贫困社群的生产与再生产[J].江海学刊,2006(5):123.

二　土地权属和农民权利保障

和城镇化都要求农民转变为现代公民。"①在现实中将农民转变为现代公民,就要求从公民权的角度来对待农民工,打破基于职业划分产生出来的"农民"身份以及与之相伴随的公共资源分配和保障体制,建立一种基于平等"公民"资格基础之上的权利供给制度。

(二) 以基本公共服务均等化为目标的公共资源制度配置

作为对公共资源的一种制度分配,民生同样需要遵循基本公共服务均等化的要求。民生具有制度调节作用,因此,在保障所有人的基本权利和自由优先,还是使社会中最少受惠者的福利改善优先这一问题上,不同的选择对于社会的影响和作用并不相同。"现代社会的一个典型特征是,任何一个社会个体的生存和生活都依赖于一个广泛的分工交易网,即一个良性运转的社会合作体系。"②保障一个良性运转的社会合作体系,即要求首先保障所有人的基本权利和自由。在保障和改善民生过程中,以基本公共服务均等化为目标进行公共资源制度配置,即为保障所有人的基本权利和自由提供现实的实现基础。

民生在实质上是对"公共物品"的一个再分配过程。这包含着两层含义。首先,民生所涉及的公共资源再分配,来源于纳税人的贡献。"免费的公共物品与最大多数纳税人关系紧密,代表最多数纳税人的需求,另外它们主要是由税收提供,纳税人对它们的关注程度比付费的私人物品要低,但实际上,纳税人纳税后,有权享受免费公共物品,纳税人也是免费公共物品权的核心倡导者。"③作为国家的公民,农民工同其他人一样,都是纳税人,都对国家税收做出了贡献。因此,在享受保障所有人的基本权利和自由的民生公共物品上,农民工是理所当然的主体。其次,民生所分配的是"公共物品",带有公共物品消费的一般特点。"任何物品,如果一个集团 $X_1, \cdots, X_i, \cdots, X_n$ 中的任何个人能够消费它,它就不能不被那一集团中的其他人消费。"④这就是公共物品所具有的共享性和非选择性。关于民生的公共物品属性,不能单纯地理解为物质上的分配与调节。"当前对于基本公共服务均等化问题的探讨与改革,多集中于物质上的分配与调节,却忽视了以权利保障

---

① 郑永年.中国应有规划地废除农民工制度[N].联合早报,2009-02-10.转引自:当代社科视野,2009(2):54.
② 刘业进.论正义原则关照下的基本公共服务供给[J].现代财经,2010(7):20.
③ 乔治,马丽玲.纳税人权利视域下基本公共服务均等化[J].改革与开放,2013(12)(上):70.
④ 曼瑟尔·奥尔森.集体行动的逻辑[M].陈郁,离宇峰,李崇新,译.上海:格致出版社·上海人民出版社,2011:13.

为核心的正式制度构建问题。"①民生确实涉及物质上的分配与调节,但民生关注的真正焦点在于物质所承载的普遍权利,关注的是权利保障的制度建构。民生以基本公共服务均等化为目标的公共资源制度配置,实际上是让农民工与其他社会成员共享改革成果的红利,并且形成一种合理的权利化、制度化分配与调整格局。在此意义上,"政府的使命是要让公民大致均等地享有受教育权利、居住权利、公共卫生权利与符合社会需求的就业培训权利等,并使之广泛覆盖于公民群体的基本生存、经济生活与持续发展等各个层面"②。

(三)以提高弱势群体地位为导向的民生供给

在保障和改善民生时实现基本公共服务的均等化,是在横向宽泛的层面上整体改善所有公民的权利保障水平,但并没有在根本上改善弱势群体在社会权利结构中所处的相对弱势地位,也没有提高他们的权利保障能力。基于制度正义与社会公平的要求,作为对公共资源的二次分配,民生必须得同时向社会弱势群体倾斜,重点保障和改善他们的权利贫困状况。

改善权利贫困,需要外在环境与内在能力的协调改进。授人以鱼不如授人以渔,改善农民工的权利贫困状态,除了创造外在的公平制度环境外,必须得通过民生的分配与调节作用,从根本上提高农民工自身的权利实现能力。权利实现能力是一种综合的能力,民生在此的意义就在于,通过调节作用,赋予农民工提高权利现实化能力的资本:"以公平的收入制度安排和财产资源的有效配置为手段增加农民工的物质资本,以教育和培训为途径提升农民工的人力资本,以社会关系重建和组织网络形成为基础培育农民工社会资本。"③

余 论

在我国未来若干年的国家现代化转型过程中,农民工的存在都将是一种常态。农民工的权利贫困,也将持续成为国家所要面对的一个社会问题。民生作为党和政府的基本政策与制度安排,在解决社会公平,保障弱势群体特别是农民工群体的权利贫困问题上,也将持续发挥重要的分配与调节作用。目前,民生基本

---

① 侯雷.民生与民主:基本公共服务均等化的困境与出路[J].社会科学战线,2014(3):280.
② 刘琼莲.后工业化规划治理中的社会管理创新与基本公共服务均等化研究[J].学海,2014(3):125.
③ 王竹林,吕默.农民工贫困的特征·成因及破解对策[J].安徽农业科学,2011,39(8):4938-4940、4944.

二 土地权属和农民权利保障

上以"尊重、保护义务,不分层级全面履行,给付义务,区分层级差别履行"[①]的分配方案作为解决社会群体权利贫困问题的制度供给模式。从长远来看,城镇化、城镇化的基本目标,应该是将农民工进行制度化的吸纳。"被成功地吸引或社会化到制度的核心模式和价值中去的人越多,他们对统治是一种外部强加的东西的感觉就越少,(政府)所需要的强制(措施)和外部控制也就越少,这样就降低了社会的交易成本。"[②]

[①] 董宏伟.农民工民生权利的层级保障[J].重庆社会科学,2012(2).
[②] 马克斯·H·布瓦索.信息空间:认识组织、制度和文化的一种框架[M].王寅通,译.上海:上海译文出版社,2000:192.

论农民权利发展的价值逻辑
——以我国新型城镇化为视野

刘同君 张 慧①

内容提要：新型城镇化为农民权利发展提供了全新的社会语境，也为农民权利发展的价值证成提出了崭新的要求。在新型城镇化的视野下，农民权利发展的价值根基不仅隐藏于道德道义论与效果论的融合之中，而且体现在社会现代化发展以及法治发展的内在规律之中。农民权利发展离不开以平等、公平和正义为核心的价值构造，而推进农民权利制度的优化与权利机制的更新，培育与塑造现代法治文化，并在此基础上真正促进农民的"人的尊严"的实现，则是新型城镇化视野下农民权利发展的价值目标之所在。

关键词：新型城镇化；农民权利；权利发展；价值逻辑

改革开放以来，中国农村经历了一场以城镇化为标志的社会转型过程，数以亿计的农民告别熟悉的乡村生活而进入陌生的城镇之中。②但受制于传统粗放城镇化"见物不见人"的GDP思维模式的限制，传统城镇化在对农村产生积极影响的同时，也带来了农民阶层分化严重、农民权益受损、社会矛盾激化等问题。新型城镇化的提出及其实践，正是要破除传统城镇化粗放发展的弊端，以期通过人的城镇化进而实现社会整体和谐的发展。就此而言，新型城镇化不仅意味着农村社会的加速转型，而且更意味着农民权利发展的历史契机。而在新的时代背景下，如何重塑农民权利发展的价值根基，明确农民权利发展的价值构造，确立农民权

---

① 作者单位为江苏大学。本文原刊《法学》2014年第12期。本文为国家社科基金项目"农村法律文化与农民权利发展问题研究"（12BFX013）与江苏省法学会研究课题重点项目（SFH2013A02）的阶段性成果；教育部社科基金"底层视角下农民维权与权利发展问题研究"（12YJC820076）与江苏省社科基金"江苏城乡一体化进程中农民权利发展问题研究"（13FXD016）的阶段性成果。

② 数据显示，1978—2013年间，我国城镇常住人口从1.7亿人增加到7.3亿人，城镇化率从17.9%提升到53.7%，年均提高1.02个百分点；城市数量从193个增加到658个，建制镇数量从2173个增加到20113个。农村城镇化发展成就显著。参见：国家新型城镇化规划（2014—2020）[EB/OL]. [2014-10-25]. http://www.gov.cn/zhengce/2014-03/16/content_2640075.htm.

利发展的价值目标,无疑成为新型城镇化不断推进而社会转型日渐加速背景下亟待思考和解决的重要问题,具有十分显见的理论价值和实践意义。

一、农民权利发展的价值根基

在一个权利倍受关注和尊重的时代中,人们已经越来越习惯于从权利的角度来理解法律问题,来思考和解决社会问题。为权利而呼唤,为权利而论证,为权利而斗争已经成为权利时代的理论景象。① 对于农民这样一个贫困人群而言,其权利的尊重和保护在权利时代同样具有合理性基础。然而,现实中的农民权利发展却并非一件轻松美妙的事情。城镇化进程中制度性歧视的时隐时现、房地征迁中的矛盾斗争,"上访"与"截访"的无止境循环,无不是农民权利发展实践中诸多困局的具体展现。所有这一切均说明,即使是在权利话语已经占据社会生活主导地位的时代中,"权利本身的价值证成远未完结,权利冲突的价值评判更为复杂"②,新型城镇化进程中的农民权利发展仍有待于从道德、社会乃至法律的角度进一步探寻其价值根基。

(一) 农民权利发展的道德根基

权利发展与道德之间存在着紧密的关系。"从道德的意义上讲,权利是对人自身的一种肯定,是从防恶的角度对人的尊严和价值的确认和维护。"③虽然在权利理论发展的历史过程中,实证主义法学曾尽力将权利归属于法律之下,认为"权利是法律的产物,而且只是法律的产物"④,但事实上,权利不仅存在于法律之中,而且更存在于道德之中。"道德在逻辑上优先于法律。没有法律可以有道德,但没有道德就不会有法律",法律"必须以它竭力创设的那种东西的存在为先决条件,这种东西就是服从法律的一般义务。这种义务必须,也有必要是道德性的"⑤。正是由于道德对法律具有逻辑上的优先,权利的发展自然也首先需要从道德中确立自身的价值根基。新型城镇化进程中农民权利的发展同样无法逃脱对于道德根基的探寻。

然而,这种道德根基探寻的具体展开却并非易事。道德哲学中道义论与效果

---

① 张文显,姚建宗.权利时代的理论景象[J].法制与社会发展,2005(5).
② 夏勇.法理讲义关于法律的道德与学问(上)[M].北京:北京大学出版社,2010:351.
③ 夏勇.走向权利的时代中国公民权利发展研究[M].北京:中国政法大学出版社,1999:10.
④ 边沁.道德与立法原理导论[M].时殷弘,译.北京:商务印书馆,2000:365.
⑤ 米尔恩.人的权利与人的多样性[M].夏勇,张志铭,译.北京:中国大百科全书出版社,1995:35.

论的分野,构成了新型城镇化进程中农民权利发展道德根基确立过程中首先需要面对的疑问。道义论强调行为的动机,认为对行为正当与否的判断,不取决于该行为是否带来或可能带来怎样的实质性价值或效果,而取决于该行为是否符合某一相应的普遍道德规则,是否体现了一种绝对的义务性质。① 如果行为来自于良善的动机,符合相应的普遍道德准则,那么这样的行为就具有道德上的正当性。康德提出的"自在目的公式"即"你的行动,要把你自己人身中的人性,和其他人身中的人性,在任何时候都同样看作是目的,永远不能只看作是手段"的道德律令②,就是道义论的经典表达。除此以外,罗尔斯有关社会正义的理论也主要反映了道义论的观念。与道义论不同,效果论则是一种以道德行为的目的性意义和可能产生或者已经产生的实际效果作为道德评价标准的伦理理论。③ 这种理论看重行为的实际效果,而不太注重行为的动机。边沁在《道德与立法原理导论》中对功利主义的论证即效果论的典型代表。在效果论的原理中,最大多数人的最大幸福才是最高的善和德行,道德本身则不再是目的,而仅仅是实现幸福的工具而已,行为的道德评价也只能从行为后果和功用中来加以考察。

  毫无疑问,在新型城镇化进程中选择何种道德理论,不仅意味着对农民权利问题证成的不同路径,而且提供了农民权利发展的不同可能。坚持道义论为基础的城镇化,那么农民权利的发展就需要以农民本身作为目的,而非实现城镇化和社会发展的手段;坚持以效果论为基础的城镇化,那么农民个体权利的地位就需要让位于最大多数人的利益要求,农民权利发展的价值考量就需要以其是否能够以及能够在多大程度上促进社会效用的增加为标准。这两种道德理论的考量与选择将会对农民权利发展产生至关重要的影响。这一点并非危言耸听,实践中那种"没有强拆就没有新中国"的论调④,无疑就是效果论的极端典型反映,因为它立论的基础就在于"多数人利益"或"公共利益"的主张之中。而这种言论所招致的社会批判,也恰好说明,极端的效果论抑或道义论都不是寻求农民权利发展道德根基的恰当途径。新型城镇化进程中农民权利发展的道德根基需要在这两者之间寻求一种微妙的平衡。而考虑到我国农村传统城镇化过于功利的影响,当前新型城镇化进程中农民权利发展尤其需要对道义论予以适当的侧重。《国家新型城

---

  ① 万俊人.寻求普世伦理[M].北京:北京大学出版社,2009:72.
  ② 康德.道德形而上学原理[M].苗力田,译.上海:上海人民出版社,2005:48.
  ③ 万俊人.寻求普世伦理[M].北京:北京大学出版社,2009:71.
  ④ 宜黄官员撰文谈拆迁自焚:没强拆就没新中国[EB/OL].[2014-10-28]. http://news.qq.com/a/20101012/001801.htm.

镇化规划(2014—2020)》旗帜鲜明地提出"以人的城镇化为核心",这为农民权利的发展重新确立了道义论的根基,而有关产业发展、资源配置、城乡协调等方面的规划,则为农民权利发展提出了效果论的实际要求。不难看出,道义论与效果论的融合共生,才是新型城镇化进程中农民权利发展道德根基之所在。

(二)农民权利发展的社会根基

权利以及权利的发展根植于社会之中。"从社会意义上讲,权利表示着一种社会关系,表示个人在社会中的地位……对个人权利的承认不仅意味着对个人需求和个人身份的个人性的承认,而且意味着对个人需求和个人身份的社会性的承认。因此,权利的发展,意味着社会结合方式的改进。"①对此我们只需从法律发展历史简单的一瞥之中即可得以证明。例如在梅因概括的"从身份到契约"的进步社会的运动中,基于身份的社会结合与基于契约的社会结合,正是经由权利的差异而得以表征。② 由于权利内在于社会之中,权利发展的社会根基自然也就需要从人们社会结合方式的历史变迁中去加以寻求。中国农村城镇化的历时性变迁由此也就构成了解读农民权利发展社会根基的基本语境。

众所周知,中国农村的城镇化开始于改革开放。改革开放之前的中国农村,在相当大的程度上仍属于乡民的社会,而非市民的社会。③ "差序格局""礼治秩序""长老统治"是中国乡土社会生活秩序的经典概括。④ 即使是新中国成立以后的政治动员,也仅仅是在一定程度上对以血缘和地缘为中心的社会结合方式构成了冲击。对于农村和农民而言,城镇化才是社会变化的真正开始。由城镇化的快速推进所引致的农村人口的大规模流动以及信息技术的迅速普及,促使工业文明和城市文化不断向农村渗透,一个日趋开放、流动、去身份化的新型农村已经开始呈现在我们面前,传统社会中建立在个人相同与相似基础上的"机械团结"开始被工商业社会中强调差异与分工的"有机团结"所取代。而且所有这一切都是在短短30余年之内发生的事情。"13亿人口规模的国家在如此短的时间内,其地理空间的人口流动变化如此剧烈,在人类历史上是非常罕见的。"正是在这一意义上,中国农村的城镇化真正可以称为"中华民族五千年未有之大变局"⑤,中国农民的

---

① 夏勇.走向权利的时代中国公民权利发展研究[M].北京:中国政法大学出版社,1999:10.
② 梅因.古代法[M].沈景一,译.北京:商务印书馆,1959:96-97.
③ 夏勇.走向权利的时代中国公民权利发展研究[M].北京:中国政法大学出版社,1999:616.
④ 费孝通.乡土中国[M].上海:上海人民出版社,2007:23、46、60.
⑤ 徐斌.五千年未有之大变局——城镇化进程推动中国经济转型[M].北京:中国经济出版社,2014:3.

社会生活方式在城镇化的历史进程中发生了翻天覆地的变化。

这种生活方式的变化在一定程度上构成了中国社会现代化发展的有机组成部分,并由此对农民权利的发展产生了深远的影响。从现代化的角度来看,按照吉登斯的观点,现代化意味着社会变迁步伐的加快和空间大幅度的扩展。其中,"时空分离"和"脱域"等机制构成了社会现代化发展的核心动力。吉登斯认为,在前现代社会,空间和地点总是一致的,社会生活的空间维度受"在场"的支配。然而现代性的来临却日益促使人们的社会交往摆脱空间"在场"的限制,时空开始发生分离。时空的分离进一步导致社会系统的"脱域",即社会关系从彼此互动的地域性关联中脱离出来,而在新的时空维度下进行重构。① 从吉登斯的现代化理论反观中国城镇化的进程,不难看出,城镇化实际正是社会现代化发展的组成部分,而农民社会生活方式的变化,也由此成为现代化发展自然而然的结果。对于农民而言,社会生活的现代化变迁,必然对其权利观念、权利体系乃至于权利实践行动产生深远的影响。伦理观念向契约观念的变迁、个体权利观对群体权利观的超越、规则意识对人情面子的替代,正是农民权利观念发展的重要体现,而在城镇化时空变迁中对土地、住宅等利益的追求与保护,则促使农民权利体系在原有基础上不断发展。我国户籍制度的逐步改革直至最近取消农业户口与非农业户口的区别,建立城乡统一的户口登记制度②,无疑就是适应新型城镇化发展要求,推进农民权利发展的重要举措。而这一事例也足以证明,新型城镇化进程中农民权利发展的社会根基正根植于社会发展变迁的历史过程之中,以新型城镇化为核心的社会发展及其所蕴含的内在冲突,为新时期农民权利发展提供了无穷的动力。

(三)农民权利发展的法治根基

农民权利发展的价值根基既隐含于道德之中,也蕴含于社会之中。然而从道德之中衍生的不仅仅有道德权利,还有法律权利;从社会中发育的不仅仅是诸多社会规范,更重要的是法律规范体系。农民权利发展作为一种制度化的有意识建构过程,仍旧需要在道德和社会之外,进一步从法律之中探寻其现实根基。

农民权利发展的这种法治根基可以从两个方面加以说明:一方面,农民权利的发展离不开法律的保障,"对于权利的发展来讲,最为关键的或必备的前提,是

---

① 安东尼·吉登斯. 现代性的后果[M]. 田禾,译. 南京:译林出版社,2011:15-32.
② 国务院关于进一步推进户籍制度改革的意见[EB/OL]. [2014-10-25]. http://www.chinanews.com/gn/2014/07-30/6439778.shtml.

二 土地权属和农民权利保障

一种可靠的法律制度的存在。"[①]因为,唯有通过切实的制度建构,道德的权利才能转化为法律的权利,权利才可能在其正当性的基础上,增添其强制性内涵。权利才能具备霍贝尔所说的"法律的牙齿"[②],才能成为耶林心目中"点燃的火"和"发出亮的光"[③]。同样的,唯有通过具体的法律制度的建构,社会层面的利益才能被注入合法性的内涵,利益的要求也才能从纯粹的物质经济状态,转化为一种权利上的要求和主张。新型城镇化进程中农民权利的发展也需要遵循同样的发展路径。例如:在农民土地权利的发展方面,诸多与土地相关的利益,正是通过包括《物权法》《土地承包法》等相关法律法规,才真正成为农民可以主张的权利,而相关权利的享有也才使农民能够在道德性地宣示自己利益正当性的同时,采用合法的手段来对抗他人的非法侵害;另一方面,法律的发展反过来也彰显了农民权利的发展与进步。新型城镇化进程中诸多与农民相关的法律法规的制定与颁行,无疑就是农民权利在新的时代背景之下阔步前进的事实的反映。由此我们也不难看出,农民权利的发展与法律的发展相伴而行,二者之间存在着辩证统一的关系。这就像有学者指出的那样,"在现实的层面上,现代社会的法制发展、人权制度的不断进步、人权理念的不断更新,种种事实已经表明,权利发展不但回应了法治的时代需要,也体现了法律制度对于权利发展的时代承诺,同时,权利的发展也日益成为这个时代法律发展的精神路径和价值指标"[④]。这一关于权利发展与法律发展之间有机关联的判断,无疑同样适用于新型城镇化进程中农民权利发展问题的理论分析。

如此一来,新型城镇化进程中农民权利发展的法治根基也就昭然若揭。在这里,法治不仅意味着法律是社会生活秩序调整的基本规范,而且还意味着法律的价值追求在农民权利发展的过程中占据了主导性地位。法律的价值追求是对法律体系终极关怀的评价与追问。然而,做出价值评价的前提是确定恰当的评价主体,而"对法的价值的评价,其主体只能是人","当我们将人作为法律价值的评价主体时,必须以人的主体,也就是以人的大多数为准"[⑤]。这只有在现代法治社会

[①] 夏勇.走向权利的时代中国公民权利发展研究[M].北京:中国政法大学出版社,1999:28.
[②] 霍贝尔.原始人的法[M].严存生,等,译.北京:法律出版社,2006:27.
[③] 耶林将没有强制力的法律比作"一把不燃烧的火,一缕不发亮的光"。参见:Rudolf von Jhering, Albert Kocourek, John J. Lalor. *The Struggle for Law*[M]. Chicago: Bibliolife, 1915:241.
[④] 尹奎杰.权利发展与法律发展的关系论略[J].河北法学,2010(10).
[⑤] 徐国栋.自由·权利·法治——法哲学视域中的权利本位说[C]//上海大学法学院,上海市政法管理干部学院.法苑文汇[M].上海:上海社会科学院出版社,2003:348.

中才成为可能,人的主体性也唯有在现代法治社会中才得到前所未有的张扬。而一旦法治成为新型城镇化进程中农民权利发展的根基之一,人的主体地位也就必然成为农民权利发展的过程首先需要考虑的因素,人的自由、人的尊严、人的价值对农民权利发展就具有无与伦比的重要意义。而新型城镇化关于"人为核心"的强调,也恰好与法治根基之上的农民权利发展有着内在的亲和性,并且与农民权利发展的道德根基遥相呼应。新型城镇化进程中社会法治实践的具体展开,也必将为农民权利发展和社会法治发展的价值融合奠定坚实的基础。正是在这一意义上,现代法治构成了新型城镇化进程中农民权利发展的又一价值根基。

二、农民权利发展的价值构造

价值根基的探寻为新型城镇化进程中农民权利发展确立了正当性基础,然而,在价值根基之外,价值构造同样重要。价值构造的实质,是要在相互冲突的价值之间加以协调,理顺不同价值之间的逻辑顺序,建构适合特定主体发展需要的价值体系,从而为价值分析以至人们的权利实践奠定坚实的基础。① 农民权利发展的价值构造同样需要立足于新型城镇化这一现实社会背景,特别是从平等、公平以及正义之间寻求其恰当的体系建构。

(一)平等是农民权利发展的基础性价值

"平等"是人类对自身文明的追求,尤其是在现代社会中。皮埃尔·勒鲁在他的著作中曾毫不含糊地讲道:"现在的社会,无论从哪一方面看,除了平等的信条以外,再没有别的基础。"②在他看来,法国革命所提出的"自由、博爱、平等",分别对应了人的知觉、情感和认知。平等与人的智慧的认知能力相关,并且是"自由"与"博爱"之所以能够存在的基础。皮埃尔·勒鲁对此进行了论证,他说:"只要智慧不介入,不表态,那么权利就只不过是一个不引人注目的萌芽,它只是潜伏地存在着。只有智慧才能把它表达出来,并公开宣布它的存在。因此,如果你们问我为什么要获得自由,我会回答你们说:因为我有这个权利;而我之所以有这种权利,乃是因为人与人之间是平等的。同样,如果我承认仁慈和博爱都是人在社会

---

① 川岛武宜指出,任何社会都存在着赋予人们的行动以动机的特定价值。人们的行为依赖于社会中占支配地位的价值,并由此获得行为的动机。参见:川岛武宜.现代化与法[M].申政武,等,译.北京:中国政法大学出版社,1994:246.
② 皮埃尔·勒鲁.论平等[M].王允道,译.北京:商务印书馆,1988:5.

二 土地权属和农民权利保障

上的天职,那是因为我思想上考虑到人的本性原是平等的。"①这些充满激情而雄辩的语言,向我们论证了平等之所以成为人类社会基础性价值的缘由,展示了平等在人类社会中所具有的重要意义。

将皮埃尔·勒鲁关于平等的论述用来观察中国农民权利发展的问题,那么我们将得出同样的结论,那就是,平等理应成为当代中国农民权利发展的基础性价值。之所以如此,不仅仅是因为近代以来人类社会朝向平等方向发展的一般规律②,而且更因为农民权利的发展深刻地受制于中国社会城乡二元的整体不均衡结构这一基本现实。城乡二元结构固然有其客观的历史原因,然而这种结构的存在,本身就为城乡居民权利的不平等提供了可能,而权利享有程度的差异,又进一步为其他的不平等提供了诱因。有学者利用阿马蒂亚·森创造的权利方法,对权利不平等与城乡差距的累积之间的关系进行了研究,其结论指出,城市偏向事实上是城乡之间不平等的无限重复博弈的结果,但更根本的原因实际在于双方权利占有量的不平等,以及按权利加权的社会决策规则。城乡差距的扩大和贫困表面上是分配的问题,进一步是制度安排问题,但更深层次的原因则是因为城乡居民在权利占有上的不平等性决定了随后的不平等和差距的不断拉大。③

然而这里仍需进一步指出的是,"平等乃是一个具有不同含义的多形概念"④。理想的平等应当是社会财富或社会资源能够为社会成员均衡地享有的状态。然而,理性却又告诉我们,理想的平等在实践中是难以完全实现的。社会物质条件的状态、社会生活机遇的差异、个人能力的差别等,都是理想的平等实现过程中难以逾越的障碍。而就新型城镇化进程中农民权利发展的平等价值而言,其首要的内涵应侧重于农民法律地位、法律身份的平等。"这是一种最基本的平等。有了这种平等,社会正义的平等价值才能得到初步体现,而任何一种对基本义务和基本权利作不平等分配的法律制度,都不可能宣称自身是正义的制度。"⑤除此以外,农民权利发展的平等价值,还应成为社会资源与实际利益分配的价值原则。这就要求我们必须消除制度性的歧视,"彻底打破城乡'中心—外围'关系,基于统一创

---

① 皮埃尔·勒鲁.论平等[M].王允道,译.北京:商务印书馆,1988:14.
② 这里不妨再次提及前文论及的梅因"从身份到契约"的经典概括。这一经典概括同样可以视为是人类社会从不平等朝向平等发展的另一佐证。
③ 任太增,王现林.权利不平等与城乡差距的累积[J].财经科学,2008(2).张英洪认为,根据中国农民面临的实际情况,解决农民权利问题,关键是要使农民在职业上获得完整的土地产权,在身份上获得平等的公民权利。参见:张英洪.给农民以宪法关怀[M].北京:九州出版社,2012:绪论.
④ 博登海默.法理学:法律哲学与法律方法[M].邓正来,译.北京:中国政法大学出版社,1999:285.
⑤ 张恒山.法理要论[M].北京:北京大学出版社,2004:250.

新制度构架,在公平赋权和平等机会的社会权益结构中推动现代化"①。唯有如此,才能实现实质意义上的平等。

(二) 公平是农民权利发展的主体性价值

"公平"是与"平等"有关联但又存在区别的概念。公平包含着平等的意蕴,它们均内在地要求着利益分配的合理与公正。二者之间的区别在于:平等是一个相对客观的、能够用某种尺度加以衡量的概念,它可以从静态观察;公平则是一个相对主观、需要以动态的历史眼光来加以描述的概念。"如果说公平是指人们对人与人之间的地位及相互关系的一种评价,它主要表达的是人们对人与人之间经济利益关系的合理性的认同,那么,平等则侧重于对人们的地位及其相互关系的一种事实描述,它主要表达的是人们的地位和利益获得的等同性。""公平以及公平程度如何解决的是利益的分配问题,关注的焦点主要是利益的分配,以及对这种分配的评价和认同;平等则不仅意味着利益分配的合理化,而且更多地关注的是人的社会地位和人的尊严。"②这样来看,平等与公平相比较,处于更为基础的地位,而公平则是一种特殊的平等,是社会资源的分配上"能够被普遍接受的平等和效率的某种组合"③,它包含着人们对社会资源分配的主观预期。公平价值既然包含着人的主观预期,那么公平价值也具有了鲜明的主体性特色。

新型城镇化是以人为本的城镇化。公平作为一种凸显主体要求的价值,自然和新型城镇化的人本要求有着内在的亲和性,公平由此成为新型城镇化进程中农民权利发展的主体性价值。将公平作为农民权利发展的主体性价值,要求我们将农民真正视为具有自由意志的独立个体,从满足其自我价值实现的要求出发,将农民权利发展与社会公平价值的实现紧密地结合起来。然而,如同平等的多义性一样,社会公平同样是一个复杂的多层次系统。社会公平包括权利公平、效率公平、机会公平、分配公平以及人道主义公平等不同层次。权利公平承认并保证社会中所有人都享有平等的生存权、发展权;效率公平则是以经济的发展和效率的提高为前提的公平,它是竞争的公平和发展的公平;机会公平意味着要袪除身份与特权的限制,保障社会成员享有基本平等的发展机会,以便充分展现和实现其才能;分配公平是社会财富占有与支配上的公平;人道主义公平则是建立在针对

---

① 吕昭河. 二元中国解构与建构的几点认识——基于城市"中心"与乡村"外围"关系的解释[J]. 吉林大学社会科学学报,2007(2).

② 洋龙. 平等与公平、正义、公正之比较[J]. 文史哲,2004(4).

③ 王振中. 中国转型经济的政治经济学分析[M]. 北京:中国物价出版社,2002:309.

社会弱者帮助、照顾基础之上的社会公平。① 社会公平的上述层次相互联系,互为一体,构成完整的公平价值体系。

从公平价值的内在体系出发,不难发现,在传统城镇化进程中,中国农民的利益要求长期处于被忽视甚至被剥夺的境地,权利公平、效率公平、机会公平、分配公平以及人道主义公平等在农民身上尚未得到完全体现。以土地利益分配为例。根据农业部和国务院发展研究中心统计,1987—2001 年,全国用于非农建设的耕地达 3394.6 万亩,其中,1990—1996 年平均每年建设占用耕地 440 多万亩,1997—2002 年共占用耕地 1646 万亩,国家通过低价征用农民土地的做法至少使农民蒙受了 20000 亿元的损失。在江苏,"九五"期间江苏共出让土地 25.68 万亩,合同出让金 300 亿元。2001—2003 年,江苏全省土地出让年收入分别达 200 亿、400 亿、956 亿元。② 然而在高额的土地出让金分配的过程中,农民却处于整个利益链条的最末端。而且由于劳动就业与社会保障制度的缺乏,被征地农民在进入城市以后,进一步面临失业的窘境。失地农民的这种生存窘境,在一定程度上折射出社会整体资源配置上的失衡。面对利益分配失衡的状态,新型城镇化进程中农民权利的发展必然需要将公平作为自身重要的价值选择,而公平价值的引入,也必然意味着农民权利的发展与提升。

(三) 正义是农民权利发展的本体性价值

平等是农民权利发展的基础性价值,而公平则凸显了农民权利发展过程中对农民主体地位的尊重,然而在平等与公平之上,尚有更高的价值存在,这就是正义。"正义是人类灵魂中最纯朴之物,社会中最根本之物,观念中最神圣之物,民众中最热烈要求之物。它是宗教的实质,同时又是理性的形式,是信仰的神秘客体,又是知识的始端、中间和末端。人类不可能想象得到比正义更普遍、更强大和更完善的东西。"③对农民权利发展而言,正义同样具有重要意义,它是农民权利发展价值构造中处于本体地位的价值。

正义之所以是农民权利发展的本体性价值,首先根源于正义的本性以及正义与权利之间的紧密关联。一方面,从正义的本性来看,"正义显然是一个关涉人的价值、尊严以及人的发展的根本问题的范畴。它历来就有神圣、崇高与尊严的意

---

① 张有亮,贾军,刘尚洪.社会公平与制度选择[M].兰州:甘肃文化出版社,2004:112 – 116.
② 谷荣.中国城镇化公共政策研究[M].南京:东南大学出版社,2007:176.
③ C. PereIman. *Justice, Law and Argument*[M]. D. Reidel Publishing Company, 1980:1. 转引自:张文显.二十世纪西方法哲学思潮研究[M].北京:法律出版社,1996:580.

思,体现着真、善、美的全部内涵"①。正义不仅是对人的本质的确认,而且是对人的未来发展的积极承诺。因此,将正义视为农民权利发展的本体性价值,就是要将农民的权利发展融入"人的自由与发展"这样一个宏观社会发展的框架之中,从而使权利发展所带来的社会善德的增加不仅惠及农民自身,而且惠及社会整体。另一方面,从正义与权利之间的关联来看,正义是权利的逻辑基础,而权利则是正义观念的现实体现。权利总是意味着正当性,因而,对个人而言,"享有一项权利,就意味着享有一种正当的诉求,意味着可以有资格提出某种要求。履行一项义务,也就意味着按照正义的要求,提供某种作为或不作为"②。对社会而言,"权利的发展本身恰恰是政治解放和社会和谐得以增进的标志"③,因而是否能够依据正义的原则对社会关系进行公道、公平的安排,则成为衡量与评价该社会发展进步状态的重要标尺。正义与权利的关联是如此紧密,以至于在一定程度上我们几乎可以将它们视为对同一种社会现象的不同陈述,"当我们从宏观上考察社会权利划分的原则、尺度或权利界限时,就是正义,当我们站在个人或特定团体角度考察这个界限规定的内容时,就是权利"④。而且,由于正义总是伴随着对"正当""公道"等问题的反思,正义又进一步成为社会批判的武器,而权利则在这种批判的过程中不断得到发展。正义与权利之间的这种紧密关联,为我们提供了观察农民权利发展状态、分析农民权利问题的基本标尺和途径,正义由此在农民权利发展的价值构造中占据本体性地位。

  正义之所以是农民权利发展的本体性价值,还和农民在我国社会结构中的现实地位有关。正如前文指出的,农民权利发展问题根植于社会发展所形成的独特结构之中。农民权利的贫困在很大程度上和农民的底层社会结构地位有关。即使是城镇化的推进,在一定程度上仍旧没有真正改变农民的社会地位。而社会结构地位正是社会正义所需要考虑的主要问题。就像罗尔斯指出那样,正义是社会制度的首要价值。在一个由多人组成的社会联合体中,社会正义原则"提供了一种在社会的基本制度中分配权利和义务的办法,确定了社会合作的利益和负担的适当分配"⑤。正义指向的是社会的基本结构。社会正义原则通过调节主要的社会制度的方式,从社会整体的角度来处理那些基于经济、社会条件的影响和限制

---

① 洋龙.平等与公平、正义、公正之比较[J].文史哲,2004(4).
② 夏勇.人权概念起源:权利的历史哲学[M].北京:中国政法大学出版社,2001:28.
③ 夏勇.走向权利的时代中国公民权利发展研究[M].北京:中国政法大学出版社,1999:11.
④ 丛日云.西方政治文化传统[M].长春:吉林出版集团有限责任公司,2007:175-176.
⑤ 约翰·罗尔斯.正义论[M].何怀宏,等,译.北京:中国社会科学出版社,1988:2-3.

以及由于社会地位与自然禀赋差异而形成的不平等,尽量排除社会历史和自然方面的偶然任意因素对人们生活前景的影响,从而在整体意义上建构一个正义的社会。这一点对新型城镇化进程中的农民权利发展问题尤其具有启发意义。而罗尔斯从"无知之幕"出发,提出了其"作为公平的正义"的原则。其第一个正义原则要求"每个人对与其他人所拥有的最广泛的基本自由体系相容的类似自由体系都应有一种平等的权利",第二个正义原则要求"社会的和经济的不平等应这样安排,使它们(1)被合理地期望适合于每一个人的利益,并且(2)依系于地位和职务向所有人开放"①。这两个原则不仅反映了其"一种对于最少受惠者的偏爱,一种尽力想通过某种补偿或分配使一个社会中的所有成员都处于一种平等地位的愿望"②,而且对当下中国农民权利的发展也具有现实的指导性意义。如此一来,正义价值开始脱离其抽象性外表,成为新型城镇化进程中建构和谐而自由的社会关系的根本性价值标准。

平等、公平和正义构成了新型城镇化进程中农民权利发展的价值要素。以平等为基础,新型城镇化进程中农民权利发展才能获得现实的根基;以公平为核心,农民权利发展才能和新型城镇化的人本主义相互契合;以正义为本体,农民权利发展才能超越传统城镇化的桎梏而在新的时代背景下阔步前行。而由这三者之间的逻辑整合,正是新型城镇化进程中农民权利发展的逻辑构造之所在。

三、农民权利发展的价值目标

以平等、公平和正义为要素的价值构造揭示了新型城镇化进程中农民权利发展诸价值之间的内在关联,提供了新的时代条件下农民权利发展的价值预设和理想信念。然而,"权利的发展远不止是信念,毋宁说它是一种社会事实"③。有关农民权利发展的价值预设也必须在实践中转换为社会现实才真正具有意义。而要实现这一点,除了来自于价值构造的支撑之外,尚需要价值目标的引领。价值目标由此也就构成了农民权利发展价值逻辑不可或缺的组成部分。

(一)农民权利发展的制度性目标

所谓制度性目标,指的是农民权利发展在制度层面所要达到的价值预期。制度性目标之所以成为农民权利发展的首要目标,一方面是因为权利的发展和法律

---

① 约翰·罗尔斯.正义论[M].何怀宏,等,译.北京:中国社会科学出版社,1988:56.
② 约翰·罗尔斯.正义论[M].何怀宏,等,译.北京:中国社会科学出版社,1988:译者序言.
③ 夏勇.走向权利的时代中国公民权利发展研究[M].北京:中国政法大学出版社,1999:1.

制度的变革之间有着紧密而易于观察的关联;另一方面则是因为新型城镇化进程中农民权利的现实困境与权利发展要求之间的内在张力。就前者而言,前文已经指出,农民权利发展和法律发展二者之间相辅相成,"权利是有赖于制度进行维护和实现的,而且仅仅是由制度进行维护和实现的"①。这样一来,农民权利的进步必然在法律制度上留下深刻的印记。而且由于制度变革在实践中是最容易被观察、被感受到的,制度的变革也就成为农民权利发展最为明显的外在表征,成为农民维护自身权利的最为重要的手段。这一点中外皆然。例如,在中世纪时期,英国自由农民的主体权利即获得了法律的确认和保护,农民对于土地的使用收益权、转让继承权以及政治性权利等均在法律上获得承认,自由农民的权利若遭不法侵害,可以向王室法院提出控告,王室法院可以通过新近强占诉讼令状、收回继承地令状、地产性质诉讼令状和最终圣职推荐权令状等对之提供快速救济。正是依赖于有效的制度设计,中世纪英国农民的合法权利才能在普通法的保护下,获得相对的安全。② 而在我国,近年来《农业法》《土地承包法》等法律的修订,《农村土地承包法》《农民专业合作社法》《农村土地承包经营纠纷调解仲裁法》等法律的颁行,对于农民权利发展所发挥的积极促进作用也极为明显。而就后者而言,新型城镇化为农民权利发展提供了新的空间,但现实中农民权利发展的状态并不能令人满意。从制度建构层面来看,虽然近些年来有关农民权益的法律制度已经较为丰富,但社会资源公正适当分配的权利、工作权、财产权、住房权、医疗权、教育权等权利在农民身上仍呈现相对不足的状态,农民"碎片化""原子化"的生存状态在城镇化进程中不仅没有被消解,反而在某种程度上被强化了③,农民权利体系的制度突破仍势在必行;从制度实践的层面来看,虽然农民权利的保护已经获得社会的广泛重视,但农民维权机制和渠道的匮乏却仍旧是不争的事实,实践中层出不穷的极端维权案例即这方面的例证。因而,在新型城镇化进程中,按照"以人为本"的权利发展要求重塑农民权利发展的价值目标无疑也就有了现实的必要性。

新型城镇化进程中农民权利发展的制度性目标的具体内容,主要应包括两个基本层面。一是应将农民权利体系的优化作为新型城镇化背景下农民权利发展

---

① 何志. 权利基本理论反思与构建[M]. 北京:北京大学出版社,2012:146.
② 刘吉涛. 农民权利法律保护的英国历史经验——略论中世纪普通法下自由农民的主体权利[J]. 南京大学法律评论,2013(2).
③ 近年来富士康企业多次发生的跳楼事件,在一定程度上折射出农民工权利制度供给的不足。参见:破解富士康员工的自杀魔咒[N]. 南方周末,2010-05-13.

二 土地权属和农民权利保障

制度性目标的基础性内容。农民权利体系是农民不同权利类型的有机结合。"农民权利的保护与实现,固然离不开农民权利意识的发育生长与权利行动的具体实践,但一个逻辑周全的权利体系的支撑对于农民权利发展同样不可或缺。因为,唯有建立起周全而完整的权利体系,法律的内在矛盾和漏洞才能降到合理范围之内,法律的内在价值才能得到整体性呈现,而不同权利类型的相互支持也才能使权利整体处于一种有机的、生动的发展状态之中,权利由应然到实然的转变才成为可能。"①而在新型城镇化背景下,以平等、公平、正义为要素的价值构造,更是对农民权利体系的优化提出了迫切要求。考虑到新型城镇化的现代化意蕴,在农民权利体系优化的过程中,强化农民的个体性权利,突出农民经济性权利的主导地位,完善农民程序性权利的制度性构建,以改变长久以来重集体而轻个人、重政治而轻经济、重实体而轻程序的权利体系构建习惯,应成为新型城镇化进程中农民权利体系优化的重要方向。二是应将农民权利保护机制的完善作为新型城镇化背景下农民权利发展制度性目标的重要内容。权利能不能通过有效的渠道得以实现,是衡量制度效果的重要标准。而在新型城镇化不断推进的过程中,农村传统权力结构的变更、政府权力作用的变化、司法权力的引入,构成了农村社会生活多种权威并存的"多中心主义"的特殊格局,农民权利保护的机制亟待在新的时代背景下发展创新。积极利用新型城镇化的多中心格局,充分利用不同社会主体在农民权利保护方面的优势,搭建农民个体、政府机关、社会组织等多元主体介入的农民权利保护的制度与机制,对新型城镇化进程中农民权利发展具有重要意义,理应成为农民权利发展制度性目标的重要内容。

(二) 农民权利发展的文化性目标

农民权利发展不仅是一个制度性的命题,而且是一个文化性命题。梁治平先生指出:"个人、权利一类观念绝不是普遍的社会学意义上的事实,它们实际是价值,是某种基本的文化立场或者态度。"②在文化与制度之间,文化是制度的内化,制度则是文化的凝固形态③,经由制度而产生的权利态度、信仰和情感,只有内化为权利主体的内在观念,才能真正对权利主体的行为产生影响;而得到文化支撑的制度,也才能在社会实践过程中展现其现实效用。文化与制度之间这种纠缠勾

---

① 牛玉兵,杨力.农民权利体系的逻辑构造与制度创新——以城镇化空间转型为视角[J].学习与探索,2014(2).
② 梁治平.法律的文化解释[M].北京:生活·读书·新知三联书店,1998:394.
③ 许和隆.冲突与互动转型社会政治发展中的制度与文化[M].广州:中山大学出版社,2007:97-100.

连的关系充分说明,新型城镇化进程中农民权利发展的价值目标不应仅仅从制度层面展开,而更应从文化层面展开。

然而,一旦我们将目光凝聚到新型城镇化进程的文化层面,我们就不得不面对城镇化进程中传统文化与现代文化"冲突与断裂"所带来的压力。因为正如人们已经注意到的那样,我国城镇化的推进使数以亿计的农民、小城镇居民和他们的后裔在短时间内扎堆至小城镇、大城市居住,这种人口空间布局的骤然变化,已然引发社会组织结构和人们心理的巨大变化。"传统农耕文明的'长老社会'治理模式和格局,已经完全不适应现有城镇化进程带来的变化。中国社会人群因为城镇化进程加速,其思潮目前已经出现明显的分层,难以在短期内看到相应的统一。社会转型带来的巨大冲击,让旧有伦理体系与价值观逐步瓦解,整个中国社会出现明显的集体心理不适应。中国城镇社会,无论是在社会组织结构上,还是在文化心理上,都需要一次历史性重建。"① 这种文化心理上的冲突与断裂是城镇化进程中社会现代转型的必然结果,然而文化的更新却正在这样的阵痛中完成。而从农民权利发展的法治根基以及价值构造角度来看,新型城镇化现实背景下的农民权利发展必须跨越传统法治文化的桎梏,而朝向现代法治文化方向发展。

传统法治文化是生成于中国传统社会,充满工具色彩,同时又富于一定伦理意蕴的"刑"文化或"伦理法"文化。② 传统法治文化有三个典型的特点:一是漠视权利。这突出表现在传统法治极端的君主专制主义、重刑主义以及文化专制主义方面,而社会个体的生存权、自由权、平等权等权利由此也就被否定、被忽视。二是伦理内核。宗法等级性、礼的规范性和伦理教化性是传统法治文化在伦理层面的典型反映。三是工具色彩。这主要表现在传统法治文化将法与刑紧密联系在一起,尤其是法家"法""术""势"相结合的统治观念等方面。传统法治文化在中国有着悠久的历史,对中国社会尤其是中国农村社会有着深远的惯性影响。然而,城镇化尤其是新型城镇化的发展,促使农村社会的文化结构发生变化,与工商业文明相对应的现代法治文化开始逐渐深入农村社会之中。与传统法治文化不同,现代法治文化不是漠视权利,而是高扬起个人权利的旗帜,鼓励人们为权利而斗争;它不排斥伦理内核,但更强调契约精神;它不否认法律与权利的工具性,但更肯认法律与权利本身的价值意蕴。不难看出,现代法治文化才真正反映了人类

---

① 徐斌.五千年未有之大变局——城镇化进程推动中国经济转型[M].北京:中国经济出版社,2014:2-3.

② 刘同君,夏民.伦理文化与法治文化同构[M].南京:东南大学出版社,2001:104;刘同君,魏小强.法伦理文化视野中的和谐社会[M].镇江:江苏大学出版社,2007:143.

二 土地权属和农民权利保障

社会文明化发展的基本方向,现代法治文化从而成为农民权利发展的文化性目标,其内在地包含着以下基本的内容:一是以主体际为前提。"文化的结构是主体际的结构,文化的交流是主体际交流的关系"①,现代法治文化离不开对主体地位的承认,而农民权利的发展也必须立足于对农民主体地位的承认、对农民"他者"身份的祛除以及对主体际的法治文化的交流传播才成为可能。二是以权利文化为核心。"权利文化是法治社会的表征,是权利意识和观念的总和;同时,权利本位在法律制度中得到确认,成为现代法律文化的主流并构成现代法律文化的核心。"②创建与发展适应农民权利发展的权利文化由此成为农民权利发展文化性目标的重要内容之一。三是以现代法治为指向。现代法治是法治观念的现代性延伸,它不仅注重规则之治,更重视通过权力的配置来实现对权利的维护和保障。"'现代法治'形态和具体地缘的社会政治力量的对比,存在重要关联,其和某些社会阶层集团的利益驱使,存在重要互动。"③这意味着,在权利文化的塑造之外,新型城镇化进程中农民权利的发展还需要重构权力观念与权力关系,以期通过社会力量的均衡,进一步引领农民权利发展。

(三) 农民权利发展的终极性目标

如果说制度性目标是农民权利发展的外在目标,文化性目标是农民权利发展的内在目标,那么在制度与文化之上,农民权利发展尚有更为综合性的终极性目标,这就是农民的"人的尊严"的获得与实现。"人的尊严"来自于人的本能,来自于个体的人作为人类之一员而获得同类真诚对待从而有尊严地生活的希冀与渴望。"人的尊严是由于每个个人的内在价值所获致的高贵与庄严,它也是社会上每一个人都具有的一种光荣或荣耀。人的尊严理论指出,生存于世间的每个自然人都是独特的存在,都是具有价值的理性主体,他(她)不可能被他人所替代,也不能因为成就有限、能力较弱而被忽略。"④正是由于上述原因,"人的尊严"在人类社会发展的历史过程中向来具有强大的道德感召力。而在现代民主社会,"人的尊严"更是进入各国宪法和国际条约之中,得到法律上的普遍承认。例如,德国《基本法》第1条即明确宣称:"人的尊严不可侵犯。尊重和保护人的尊严是一切国家权力的义务。"德国学者对此解释道:"《基本法》第1条第1款第1句不是一

---

① 张庆熊.自我、主体际性与文化交流[M].上海:上海人民出版社,1999:前言.
② 季金华.论司法权威的权利文化基础[J].河北法学,2008(11).
③ 刘星.法学知识如何实践[M].北京:北京大学出版社,2011:163.
④ 胡玉鸿.人的尊严与弱者权利保护[J].江海学刊,2014(2).

句简单的套话,而是一项实实在在的基本权利,它为依普遍信念而使人在人身、经济、社会与文化各方面得以存在的各项权利提供了基本法律保障。联邦宪法法院形成了所谓的客体公式。依据该公式,不得将人简单地视为国家的客体,对待所有人都不能从原则上否认其主体地位。"①《世界人权宣言》开篇则明确宣布:"对人类家庭所有成员的固有尊严及其平等的和不移的权利的承认,乃是世界自由、平等与和平的基础。"《经济、社会和文化权利国际公约》等国际法律文件同样也强调指出:"所有人的不可剥夺的权利都来源于人的内在尊严。""人的尊严"由此不仅具有了伦理性意义,更成为法律进化发展的重要目标。对于新型城镇化进程中的农民而言,"人的尊严"同样具有极为重要的意义。《国家新型城镇化规划(2014—2020)》指出,新型城镇化是以人为核心的城镇化。在这里,所谓的"以人为核心"的命题,最终只有落实到"人的尊严"才能获得最为圆满的解释。由此来看,新型城镇化的"以人为核心",实质上就是以"人的尊严"为核心。由于"人的一切权利都是为了维护和促进人的尊严"②,"人的尊严"也就超越制度与文化而成为新型城镇化进程中农民权利发展的终极性目标。

  对农民而言,作为农民权利发展的终极性目标的"人的尊严"主要包含以下内容:其一,"人的尊严"意味着农民与其他社会主体一样,均是具有尊严的法律主体。这种尊严是均质的,超验的,它并不因农民所具有的身份、能力等方面的差异而有所区别。其二,在个人与社会、国家三者之间,农民个体因为享有尊严而具有优先地位。这种优先地位,反过来赋予了社会和国家以义务。国家负有对农民权利做出合理安排的使命,同时也应通过具体的国家行为,对农民权利的实现提供有效保障。其三,作为农民权利发展的终极性目标的"人的尊严"还意味着农民自由而全面的发展。因而,必须承认农民作为理性而独立的主体地位,充分尊重农民的创造性、自主性,尊重他们的自治与自决,权利的自由和全面的发展必将对农民"人的尊严"的实现发挥积极作用。其四,从农民在社会结构中的弱势地位的角度出发,农民对"人的尊严"的享有,意味着作为弱者的农民在现代法律中应得到特殊的照应。新型城镇化进程中农民的权利发展需要建构倾斜性的法律来加强对农民的社会救助,需要通过公共服务的均等化来实现社会福利的共享,需要消除制度性的歧视以提供农民公平发展的社会条件。只有从这些具体的角度入手,作为权利发展终极目标的"人的尊严"才能在农民这一特殊群体身上得到真正的

---

  ① 伯阳.德国公法导论[M].北京:北京大学出版社,2008:97.
  ② 龚向和.人的尊严:中国农民人权的兴起[J].河南省政法管理干部学院学报,2008(1).

实现。

四、结语

权利的价值理论是权利理论"最光彩夺目的篇章"[①],它提供了权利分析理论的价值基础,建构起权利社会理论的价值基石。而就新型城镇化进程中的农民权利发展而言,权利的价值理论同样不可或缺。以新型城镇化为视野,农民权利发展的价值根基存在于转型时期的道德观念、社会变迁以及法治发展之中,而平等、公平与正义则是这一背景下农民权利发展的价值构造。积极推进农民权利制度的优化与权利机制的更新,培育与塑造农民现代法治文化,并在此基础上真正促进农民的"人的尊严"的实现,进而也就成为新型城镇化进程中农民权利发展的价值目标。在新型城镇化不断深入推进而社会转型日渐加速的背景下,遵循农民权利发展的价值逻辑,积极推进农民权利的现实发展,无论是对农民问题本身还是对社会发展均具有现实意义,值得认真对待。

---

① 夏勇.法理讲义关于法律的道德与学问(上)[M].北京:北京大学出版社,2010:340.

法治国家与公共领域

当下中国的公共领域重建与治理法治化变革

马长山[①]

内容提要：伴随着中国所取得的重大经济成就和政治发展，公共领域也开始蓬勃兴起。它促进了从"革命性"向"正当性"的合法化路径转换、多元均衡与协商互动的治理机制形成、公民性品格的塑造和司法民主与司法改革，因而成为当下中国治理法治化的重要动力和支撑。然而，由于诸多复杂因素的影响，它也存在着"两个舆论场"的结构性张力、宏大政治指向与"体制性连带"诉求、理性公民精神明显阙如等"中国式"问题和困境。因此，需要进行公共领域的重建，构建基于"重叠共识"的动态耦合机制、体制内外之间的对流循环机制、司法过程与公共舆论的互动平衡机制等，从而推进治理法治化变革和多元治理秩序的形成。

关键词：公共领域；治理法治化；法治变革；多元治理秩序

改革开放30多年来，中国取得了巨大的经济成就，已跃升为世界第二大经济体。但与此同时，中国也步入了全面改革的"深水区"，特别是政治改革、司法改革和社会改革的滞后问题相对突出，压力与风险也较大。这主要来自三个方面：一是全球化带来的"普世性"和"地方性"的矛盾与冲突，二是从"统治"走向"治理"的深度变革与权利释放；三是网络时代的话语表达"广场化"趋向和公共领域（publicsphere）的兴起。这三个方面彼此渗透交织，并在一定程度上经由公共领域而即时展现出多元化民意诉求，进而在当下中国民主转型和治理法治化进程中发挥着至关重要的作用。不过，正在兴起的公共领域也存在着一定的"中国"问题，如何克服其内在张力与困境、促进其正功能的发挥，也就成为"法治中国"建设中一个重要而紧迫的时代课题。

一、公共领域兴起：治理法治化的重要动力和支撑

众所周知，公共领域是多元社会参与国家生活的重要桥梁，是介于私人领域

[①] 马长山，华东政法大学教授、博士生导师。

和公共权威之间的公共空间。其轴心是以公共场所、民间组织、新闻媒体等为凭借和载体的,是广大公众平等而自由地发表意见、交流看法和对话沟通,进而对公共事务进行多元自主的商谈讨论、检视反思、理性批判、价值认同的重要平台,它所形成的理性共识和公众舆论,构成了公共政策的合法性源泉和基础。然而,传统中国则是一个具有浓重"东方专制主义"色彩的国家,在大部分时间里,它呈现着国家兼并和统摄社会的"一体化"状态,实行高度"一元化"的思想意识形态灌输和控制,因而,具有理性批判精神的"公共领域"无疑不大可能存在。然而,这一状态从晚清开始发生了重大变化,尘封已久的"一元化"社会结构在"西洋"因素的冲击下发生了松动,尤其是在洋务运动和戊戌变法之后,具有近代属性与特征的市民社会和公共领域也才开始逐渐孕育并浮现,各类报纸和期刊十分活跃,并在"救国兴邦"的时代主题下,形成了反思批判性的公共空间和社会舆论。① 这就是说,近代中国的公共领域由此日渐发端和成长,承载着科学知识传播和思想文化启蒙等重大作用,推动着当时的民主革命和社会变迁。

新中国成立后,社会主义革命与建设取得突飞猛进的发展和成就。然而,新中国成立不久"极左"思潮便开始抬头,政治运动也随之泛起,刚刚孕育的市民社会和私人空间也被无所不在的国家主义和集体主义所兼并。与此相应,新闻媒体则完全成为政治话语的"一言堂",成为实现"无产阶级专政"的必要工具。而在"文革"的十年浩劫中,甚至不经意之间的一句言词,就可能不知不觉地被打入"反革命"阵营而"祸从天降"。在这种高度政治化、运动化的肃杀环境下,公共领域也就几近泯灭,最多也只是风声鹤唳的"专政"角斗场,从而造成了严重的经济困顿、政治危机、思想僵固和社会停滞,其后果是众所周知的。

肇始于20世纪70年代末的改革开放和市场经济发展,与以往任何一场社会改革相比的一个重大不同,就是它开启了中国从延续几千年的农业文明走向现代商业文明的重大转型,因而,也就使得政治、经济、文化、社会等各领域都发生了前所未有但影响深远的深刻变革,特别是在信息技术飞速发展和Web 2.0新时代的助推下,传统中国曾经明显阙如的公共领域则在短短30年中开始异军突起,并呈

---

① 参见:许纪霖.近代中国公共领域的原初形态及其演变[C]//唐力行.国家、地方、民众的互动与社会变迁[M].北京:商务印书馆,2004:198页;杜赞奇.从民族国家拯救历史:民族主义话语与中国现代史研究[M].王宪明,译.北京:社会科学文献出版社,2003:142.需要说明的是,即使有学者认为国家与社会的二元划分并不适合于中国,也仍借助哈贝马斯的"公共领域"理论,来对中国的"第三域"进行研究,这就意味着当时中国公共领域浮现的事实是不容否认的。参见:黄宗智.中国的"公共领域"与"市民社会"[C]//黄宗智.中国研究的范式问题讨论[M].北京:社会科学文献出版社,2003:268.

现着独特的样态:一是"一言堂"的权威发布被"广场化"的杂言评说所取代。传统"官媒天下"的垄断格局逐渐被打破,进而形成了所谓的"民意10年"(2000—2010年)。对此,有评论就这样写道:"以前的表达空间只能通过权威的传统媒体,进入2003年之后,更多的中国民众将网络作为获得社会关注的低成本快捷渠道,到今天,人人手中都有个小喇叭。意见百花齐放,力量整合凝聚。话语权的下移让精英走下殿堂,官员放下身段,让以往的不可能变成可能。无数的我和你,共同谱写了这部民意成长的编年史。"二是民意表达呈现了勃发的态势。即进入21世纪的第一个10年里,政府、民众、媒体、网络以及平等开放的观念成为推动民意表达的主力军。这也意味着,"一个国家的进化史,亦是一部民意的成长史"①。三是"新公共领域"异军突起。2015年2月3日中国互联网络信息中心(CNNIC)发布的第35次《中国互联网络发展状况统计报告》显示,截至2014年12月,我国网民规模已达6.49亿,互联网普及率为47.9%。在这个"去中心化"的网络空间上,"给广大网民提供了平等表达自己意见的'新公共领域'",它"已经成为人们发表言论的重要场所"②,此外还有580万新兴的微信公号③。这样,就形成了传统官媒、市场化媒体、自媒体等的多足鼎立格局,从而彻底瓦解了一元化、体制型、权力支配型的新闻场域和话语体系,构造了多元化、市场型、受众消费型的信息生产和再生产机制,真正的公共领域也才在中国大地上勃兴壮大,涌动并传递着浓重的法治诉求,并形成了体制内与体制外的双向互动,进而成为当下民主转型和治理法治化变革的重要动力和根本支撑。

(一)促进从"革命性"向"正当性"的合法化路径转换

众所周知,理论上的"合法性"包括两层含义,一是政治意义上的合法性(正当性),二是法律意义上的合法律性。政治意义上的合法性无疑是一个政权得以存在和运行的重要前提,如果将它"定义为一个共同体对共同规则的接受和认可"④,

---

① 衡洁,等.民意十年——2000—2010,民意成长十年史[J].廉政瞭望,2010(1).
② 该《报告》还显示,截至2014年年底,中国互联网的网站数量为335万个,网页数量为1899亿个,搜索引擎用户规模达5.22亿,微博用户规模为2.49亿;此外,有43.8%的网民表示喜欢在互联网上发表评论,其中非常喜欢的占6.7%,比较喜欢的占37.1%。参见:中国互联网络信息中心.第35次《中国互联网络发展状况统计报告》[EB/OL].[2015-02-04]. http://cnnic.cn/hlwfzyj/hlwxzbg/hlwtjbg/201502/P020150203548852631921.pdf.
③ 石岩.2014年的中国网络舆情:"拉一拉就是朋友,推一推就是敌人"[N].南方周末,2015-01-22(21).
④ 斯蒂文·伯恩斯坦,威廉·科尔曼.不确定的合法性——全球化时代的政治共同体、权力和权威[M].丁开杰,等,译.北京:社会科学文献出版社,2011:5.

那么就可以看到,从古到今,任何公共权力都要向全社会来证明其存在和运行的(政治)合法性(或正当性),才能获得社会成员的普遍认同和自觉服从,也才能构筑起必要的合法性基础和秩序根基。即便是在前资本主义的专制时代,王权(皇权)也需要通过麻醉性的宗教神谕来为其武力强制施加掩饰和提供辩护,否则,纯粹的、赤裸裸的暴力统治无疑是很难得以为继的,曾经不可一世的秦王朝却迅速地走向灭亡就是其中的一个例证。在当今社会,近代以来的启蒙思想和民主契约精神已经深入人心,公共权力就不再具有神秘的宗教神谕色彩和"君权神授"性质,而是时刻展现出其世俗的、有限的、让渡性和公共性的本来面目,因此,其合法性(或正当性)也就自然回归到了作为"人民"的大众手中,需要满足人们的整体诉求、符合人们的价值期待。此时,政治家"必须达到那些奠定社会基础的价值所具有的高度",而"统治者的合法性"无疑也就"取决于他们应尽责任的能力"。① 在这样的时代背景下,公共领域恰恰形成了奠定社会基础的价值平台和世道民心的"晴雨表",它是各种社会心声的表达场域和诉求主张的博弈空间,因而也就构成了公共权力和制度体系的合法性根基。因此,国家权力和法律制度就必须竭力摒弃个人意志与专权臆断倾向,认真地去面对多元化、自由化、世俗化的公众诉求,遵从公众心中的价值尺度和规范认同需求,从而做出符合公共理性、民主精神和法治方式的公共政策与制度构架,展现着民主法治机制基础上的正当性的合法化路径。如果做不到这一点,就很可能导致公权力的信任危机,甚至诱发公民抵抗运动,进而出现合法性困境和秩序危机。

因诸多错综复杂因素所致,我国具有较为浓重的家国一体、皇权至上的传统,其统治合法性也就更多地源于"天道"和儒法思想,而不大可能存在近代以来在西方所兴起的那种"公共领域",因而历代专制政权便往往都采取"儒法+神谕"的合法化路径,以获取民众的认同和服从。新中国成立后,国家政权高扬"马克思主义旗帜"而获得了新的合法性,它固然有其时代的先进性、合理性,但它也难免带有某种"革命时代"的烙印,而从"大革命"时期传承下来的"枪杆子里面出政权"论断,则在一定程度上隐喻着"打江山、坐江山"的传统逻辑,特别是随后泛起的极左"阶级斗争"思潮和不断的政治运动,使得"革命"色彩不断得到强化并在"文革"时期发展到了极致,从而形成了"专政性""革命性"的合法化路径,以至于在"动乱"中滑向了秩序崩溃的边缘。党的十一届三中全会实现了"拨乱反正"和"文革"清算,也才使得"革命"运动让位于"变革"战略、"斗争"逻辑让位于"发

---

① 让-马克·夸克.合法性与政治[M].佟心平,等,译.北京:中央编译出版社,2002:60.

展"目标,并取得了令世界瞩目的辉煌成就。同时,它也带来了重大的利益分化和社会解组,我们很难再沿用过去条块化、政治性、整体性的"阶级标准"来进行划分、定性和处理层出不穷的社会问题,而"人民"则越来越转变为分散化、自由化、世俗化的"公众",公共领域也快速地应运兴起。于是,就必然形成多元权利、利益主张和自由民主诉求,并通过日益高涨的民间表达和公共舆论展现出来,与传统意识形态的构建策略发生互动和博弈。

如今,中国已经进入改革"深水区"和转型关键期,实施"全面推进依法治国"战略和实现从"统治"向"治理"的转向已刻不容缓,为此,党的十八届四中全会审议通过的《中共中央关于全面推进依法治国若干重大问题的决定》(以下简称《决定》)做出了我们党在新时期"三统一、四善于"的治国理政原则,以"坚决维护宪法法律权威,依法维护人民权益、维护社会公平正义、维护国家安全稳定"的决定。这样,公权力部门就难以再沿袭传统的管理方式和方法,更不能固守"革命性"逻辑和空洞的"人民"之名而行集权专断之实,而必须在三个"清单"框架和法治机制下,积极回应多元化的社会诉求、有效推进民主治理和展开对话协商,从而推进国家治理体系和治理能力的现代化。这就在一定意义上意味着从"革命性"向"正当性"的合法化路径的时代转换。也就是说,首先,公权力(包括公共政策)不能建立单纯的政治性、暴力性的国家机器基础上,更不可以"革命"化的暴力威慑来谋取表面化的一时安宁和"外在化"的公众服从,而应按照党的十八届四中全会"保证人民依法享有广泛的权利和自由、承担应尽的义务,维护社会公平正义","使每一项立法都符合宪法精神、反映人民意志、得到人民拥护"的要求,进而基于民众的公平正义价值判断和权利诉求来推进"良法善治",以获取自觉性的民众认同和"内在化"的"正当性";其次,公权力不应再扮演预设"真理"的判断者和发布者,而应在协商民主体系与多领域多层次治理机制构架中扮演掌舵者,从政治性地预设"真理"转向实践性地"凝聚共识",也即从要求民众单向服从的"符合真理观",转向体现多元协商的"共识真理观"[①],进而把民众权益和正义诉求作为公共决策的"真理"之本、把社会共识作为公共决策的"正当性"之基;再次,公权力(尤其是地方公权力)要摒弃"大棒"维稳的野蛮套路和人治策略,转向法治思维、法治方式并尊崇宪法法律权威,恪守"法无授权不可为、法定职责必须为"的原则,尊重社会自主和自生自发秩序,特别是应包容多元文化精神与价值诉求,允许民众做出世俗化、个性化甚至是不违背法律秩序条件下的"离经叛道"的生活选择和价值判

---

① 马长山.公共政策合法性供给机制与走向——以医改进程为中心的考察[J].法学研究,2012(2).

断,从而为适应市场经济发展的多元自由价值观的形成奠定坚实基础,为公共决策和制度建构的"正当性"共识提供深厚支撑。在这一从"革命性"向"正当性"的合法化路径转换过程中,迅速崛起的公共领域不仅是至关重要的驱动力,也承载着主要的舆论生成机制和互动博弈平台,它蕴含并传递着社情民意、呼声表达、司法诉求、权力监督等,使得多元诉求进入公共决策体制和制度框架之中,进而为公共权力提供必要的"正当性"评价和合法性确证。如近年来发生的"医改"开门决策议程、网络反腐的民间"亮剑"、唐慧案和吴英案中的制度反思与变革要求、"舆情公案"中的民众质疑与司法期待等[①],无疑都形成了一定的公共空间和公共舆论,使其上升为备受关注的"公众议题"并接受公众的质疑争辩与价值评判。此时,宏大的"革命性"言说或者"政治正确"的话语都已失去曾经的信服力,而反映民众诉求、凝聚社会共识、进而给出"正当性"的理据和合理的解决方案,则成为公权力迫在眉睫的任务。这样,就迫使公权力不得不对公共舆情和多元诉求进行必要的回应和处理,从奠定了公权力(公共政策与制度构建)的"正当性"基础和合法性根基。可见,当代中国公共领域的兴起,无疑会对中国的民主转型和治理法治化提供了重要动力。

(二) 促进多元均衡与协商互动的治理机制形成

限权分权、保障权利和规则至上是近代法治的核心取向。然而,近代以来的法治却一直呈现"未完成"的状态,也即处于"流动性"变革和"地方性"发展的状态。如果说近代以来的法治曾经历了从自由主义法治—福利国家法治—程序主义法治的演变[②],那么在当今全球化时代,法治则似乎进入了"治理主义"法治样态。

在"良法善治"的理念和原则下,体制内的横向分权(公权之间的分立制衡)、体制外的纵向分权(私权对公权的分解)也就会变得更为精细,并形成了多元参与、互控平衡、协商治理的运行机制。特别是体制外的社会分权,则展现出三个体

---

① 马长山.公共政策合法性的民主化重建——公共领域视域下的"医改"进程审视[J].浙江社会科学,2011(11);法外"政治合法性"对司法过程的影响及其消除——以"李国和案"为例[J].法商研究,2013(5);媒体介入司法之"危险"与"忠诚"争议的背后——重拾张金柱案[J].社会科学研究,2014(3);公共议题下的权力"抵抗"逻辑——彭水诗案中舆论监督与公权力之间的博弈分析[J].法律科学,2014(1);网络反腐的"体制外"建构及其风险控制[J].法商研究,2014(6).

② 尤尔根·哈贝马斯.包容他者[M].曹卫东,译.上海:上海人民出版社,2002:302-303;图依布纳.现代法中的实质要素和反思要素[M].矫波,译.北京:法律出版社,2000:596、616;Gordon Wood. The Radicalism of the American Revolution[M]. New York: Knopf Publishing Group, 1993:162-166.

系化的重要向度。首先,是自由向度的分权,也即个人自由平等权利对国家权力的限制和分解——按照负面清单制度下的"法无授权不可为"与"法无禁止即自由"原则,以自由和权利来框定国家行动的基础与边界。其次,是组织向度的分权,也即在负面清单和治理机制下,传统的国家的规划管制秩序逐渐让位于民间的自主自律秩序,民间组织恰恰是横亘在国家与社会中间的堤坝,既能够抵御公权力的扩张,又能抑制私权利的滥用,进而构筑民主参与、多元互动、自律管理的自生自发秩序,促进民主化、法治化治理机制的生成。再次,是话语向度的分权,也即在以新闻传媒和网络为主要载体,以公共舆论为主要形式的公共领域中,构筑了诉求表达、质疑回应、对话沟通、论辩共识的话语平台,进而形成对公权力(公共政策)的监督、质疑和反思,同时也促进了不同群体和阶层之间的沟通理解与自主协调。这就意味着,网络时代的公共领域已不再是传统媒体意义上的"第四权力",而是辐射到了所有领域、延伸到了每个角落,并且时刻涌动变化,呈现出一种"广场化"的民主表达、公共参与和舆论监督。这样,它就使得公共决策不再是单纯体制内议事机构的"厅堂议事",而是时刻面临着公共领域中这种体制外"广场杂言"的评判、压力和检验。于是,传统社会那种公权力话语"独霸"天下的状态便不复存在,而是要受到来自公共领域话语权的互动均衡、民主控制与监督制约,进而为民主和法治机制的正常运行提供了重要条件与根本保障。而恰是这种话语向度的分权,使得"公共领域承担着平衡利益的重任,而这是传统的议会通过达成共识和协议的方式所无法做到的"①,从而有效地促进开放包容、民主参与、多元协商、理性规制的治理机制的形成,"确保政府的构成与决策能够灵活地应对其成年公民的意愿"②。

改革开放30多年来,我国的媒体格局发生了重大变革,公共领域也获得了迅速发展,发挥着民主参与、多元均衡、协商互动、监督制约等重要功能。如1997—2003年,中央电视台"新闻30分"和"经济半小时"以及《中国日报》《经济参考报》《南方周末》《北京青年报》《经济观察报》等媒体,纷纷关注和质疑中国电信价格垄断,为消费者权利"呐喊",从而促动了电信价格听证制度的建立;而"医改"决策进程、网络反腐、"舆情公案"中的舆论监督等,则更为明显地推动着政治改革、司法改革和法治建设。尽管这种民主监督和多元均衡还不是很成熟,但其发展前景却十分广阔。如今,党的十八届四中全会推动了"法治中国"建设的重大战略转

---

① 哈贝马斯.公共领域的结构转型[M].曹卫东,等,译.上海:学林出版社,1999:233.
② 约瑟夫·拉兹.公共领域中的伦理学[M].葛四友,译.南京:江苏人民出版社,2012:427.

向,使得法治成为"国家治理领域一场广泛而深刻的革命",因此,在"全面推进依法治国"和从"统治"走向"治理"的重大转型进程中,公共领域必将在民主决策、协商治理、价值共识、互动合作等方面发挥越来越重要的促进和支撑作用,从而按照人民民主的真谛来"找到全社会意愿和要求的最大公约数"①,推进国家治理体系和治理能力现代化,实现"良法善治"和"法治中国"建设的宏伟目标。

(三)促进公民性品格的塑造

从一定意义上说,近代法治进程也是一个从礼俗社会进入法理社会的演变过程。在这个以利益、权利和规则为纽带的社会生活中,就需要立足在公民身份及其价值诉求基础上的公民性品格,来对个人化、多元化、破碎化的"陌生人"关系进行必要的构建、整合和修复,正是它对伦理秩序和法治秩序的有力支撑,才使社会生活才得以正常运转。②

无疑,这个公民性品格根源于宪政框架、法治原则和公民共同体生活,也即社会成员以其公民身份和品性而参与公共生活,特别是在公共领域中,通过各种媒体和网络平台来对国家重大决策与公共话题进行民主讨论和理性批判,它所形成的公众舆论就成为民主选举、政府决策和公共事务的重要合法性源泉。这无疑有效地强化了公民知情权、表达自由权、公共参与水平和对话协商能力,促进了国家治理体系和治理能力的现代化、民主化与法治化。然而进入垄断资本主义以来,西方在化解了自由竞争、两极分化所带来的负面后果的同时,也使社会自由和个人权利受到了"家父主义"的侵蚀,特别是"政治殖民化"和"经济殖民化"倾向加剧,因而致使其公共领域开始在"非政治化"的情结中走向式微,致使冷漠的个人感到软弱无力和异化。③ 也就是说,其公民性品格正在遭遇迷失和衰落,民主参与和法治秩序也随之出现了困境和危机。④ 因此,需要复兴公共领域,"从而使普通公民可以作为力量参与讨论"⑤,实现对公民性品格的重塑与法治秩序的重建。

在我国,几千年的封建历史中孕育了浓厚的儒法文化传统,因而,草民意识、

---

① 习近平总书记指出:"在中国社会主义制度下,有事好商量,众人的事情由众人商量,找到全社会意愿和要求的最大公约数,是人民民主的真谛。"参见:习近平在庆祝中国人民政治协商会议成立 65 周年大会上发表重要讲话,强调推进人民政协理论创新制度创新工作创新,推进社会主义协商民主广泛多层制度化发展[EB/OL].[2015-02-08].人民网,http://politics.people.com.cn/n/2014/0922/c1024-25703754.html.
② 马长山.社会资本、民间社会组织与法治秩序[J].环球法律评论,2004(3).
③ 卡尔·博格斯.政治的终结[M].陈家刚,译.北京:社会科学文献出版社,2001:16.
④ 罗伯特·D.帕特南.使民主运转起来[M].王列,等,译.南昌:江西人民出版社,2001:214.
⑤ 约翰·R.扎勒.公共舆论[M].陈心思,等,译.北京:中国人民大学出版社,2013:375.

三 法治国家与公共领域

臣民意识较重,而现代的公民性品格则明显阙如,严重制约着近代以来的中国民主法治进程。改革开放30多年来,伴随着市场经济发展和民主化、法治化进程的加快,以革命理想和阶级等差为基础的传统"主人意识"开始消解,而以利益、权利和法律为基础的公民意识日趋觉醒,并在当下兴起的公共领域中进行一定的议题设置、公共讨论、反思质疑和价值认同。特别是互联网上,网络公众可以隐藏其现实的等差身份与背景,而以公民的身份讨论公共事务,体现出强烈的公民参与意识,"冲击着现有社会场的结构,缔造网络公共空间中的公民性"[1]。在这里,"民众更加勇于和敢于发出自己的声音和评判,这些声音汇聚到一起构成为强大的民意洪流。权利意识、平等精神和社会责任感越来越深入公民心中,并成为公民精神的重要体现"[2]。如网络反腐的强烈诉求与体制外监督,"医改"方案的民主征询和决策过程,以及"天价过路费"案、吴英案、唐慧案等案件的媒体披露与政府回应,等等,都展现了包含民主参与、诉求表达、公共论辩、反思回应、价值共识在内的公民精神与品格。这样,就强化了政府与民众的沟通对话,扩大了民主参与网络,也能够改善和增进相互理解、信任与合作。而彭水诗案、张某夫妻"黄碟案"等的媒体追踪报道和公共舆论关注,则在社会各界达成了一定的共识合作和舆论压力,遏制了野蛮司法行为和错案的发生,捍卫了公民的人身权、财产权和名誉权。在一定意义上讲,这不仅增强了全社会的公民参与意识和法治观念,也促进了司法公信力的提高,从而塑造公民性品格和增强公民参与治理机制的能力与水平,推动传统管制秩序向当代治理秩序的转型。当然,在公共领域的议题设置、公共辩论和民主参与中,也存在很多非理性的因素和复杂问题,需要通过公共领域的规范建设来予以克服。

(四)促进司法民主与司法改革

众所周知,近代以来的西方一直践行三权分立的宪政体制,司法机关虽然属于政治机构的分支,但在司法独立、法律至上的法治观念下,它并不受政治因素或者舆论诉求的直接影响。比如在美国,国会对于其认为能够挑动民意的东西就会迅速做出反应,但过一阵子又会变了说法;而最高法院的变化却十分缓慢,这"并不是它天然如此,也不是这个机构顽固地拒绝变革,而是因为它理解保持连续性、

---

[1] 师曾志,杨柏淑.近年来我国网络媒介事件中公民性的体现与意义[C]//高丙中,袁瑞军.中国公民社会发展蓝皮书[M].北京:北京大学出版社,2008:371-372.

[2] 衡洁,宗和,等.民意十年——2000—2010,民意成长十年史[J].廉政瞭望,2010(1).

恒定性的价值,而这是其他两个政府分支无法做到的"①。同样,对于其门前来来往往的抗议人群,除了极少例外,也没对最高法院的决策起到太多的作用。而为了维护司法权威,英国等西方国家甚至还曾设立"藐视法庭罪"来防止舆论干扰。

尽管如此,这些国家毕竟仍秉持着启蒙时期以来的民主信念和法治精神,而其司法独立也不可能处于纯粹的理想状态,即便是他们坚守自己的职业判断和司法权威,但"最高法院内的主流政策立场从不会长久偏离美国立法多数派的主流政策立场"②。因为公众对司法的尊重无疑"源自最高法院适应美国政治和舆论环境变化的能力",这就"迫使大法官向新闻界和公众更加开放,迫使大法官发展对外关系,只有这样才能适应媒体影响下的政治和社会环境"③。其实,不但是美国,早在19世纪的英国就在立法和司法领域中出现过更明显的类似情况,以至于戴雪惊呼,"没有任何地方能像19世纪尤其是19世纪下半叶的英国一样,只要民众的意见或愿望一有变化,就迅速而直接地体现在法律的变革中"④。而在当代,曾经力图捍卫司法权威的"藐视法庭罪"也逐渐式微,并经由"封口令""司法沉默"而走向了言论自由保障。⑤ 这就意味着,在任何国家,司法过程都不可能是完全封闭的、自足的,而都难免会面临着公共舆论的审视和评判,它们也需要在适当情境下对民意做出可能的、策略性的互动回应。当然,这并不影响它们的司法机关所具有的稳定性、自主性和权威性。

在我国,由于错综复杂因素,长期以来形成了一种受政治较大影响甚至政治干预的司法体制,司法制度、司法机关、司法过程的稳定性、独立性和权威性都难免会受到这种体制的制约和影响,而人们对司法机关的态度、公共舆论对司法制度和司法案件的关注,也必然同样带有这种司法体制反射出来的印记。因而,就带有很多政治、行政、文化、经济、社会等远超司法自身范围的要素,这无疑更容易使司法受到公众舆论的瞩目、讨论、质疑和评判,特别是存在着一些与推进国家治理体系和治理能力现代化目标不相适应、不相符合的问题,而这些恰恰很容易通过公共舆论对司法个案的议题设置、公共讨论和质疑批判中反映出来。近年来发生的"天价过路费"案、吴英案、唐慧案中公众舆论对制度合理性与正义性(即"良

---

① 布莱恩·拉姆,苏珊·斯温,马克·法卡斯.谁来守护公正——美国最高法院大法官访谈录[M].何帆,译.北京:北京大学出版社,2013:291-292.
② 琳达·格林豪斯.美国最高法院通识读本[M].何帆,译.南京:译林出版社,2013:92.
③ 理查德·戴维斯.最高法院与媒体[M].于宵,译.上海:上海三联书店,2014:20-34.
④ 戴雪.公共舆论的力量[M].戴鹏飞,译.上海:世纪出版集团·上海人民出版社,2014:47.
⑤ 马长山.藐视法庭罪的历史嬗变与当代司法的民主化走向[J].社会科学研究,2013(1).

法"与"恶法")的追问,许霆案、邓玉娇案、药家鑫案中公众舆论的道德叙事与"阶级对抗"情结(即官商与平民、酷吏与烈女、富二代与村妇的舆论"建构"),彭水诗案、张金柱案与李国和案中的权力监督和"法外政治合法性"路径(即质疑司法权滥用、司法个案的政治干预)[①],等等,虽然其中存在着公共舆论对司法过程的不正常介入和影响,但确实也给改革"深水区"的制度建设、司法民主、司法改革带来了重大压力和起到了促进作用,发挥了新兴公共领域对治理法治化进程的重要推动功能。

二、当下公共领域的"中国式"问题及其后果

公共领域兴起中所高涨涌动的公共舆论及其法治诉求无疑对当下中国的民主法治进程具有重要的推动和支撑作用,然而受体制框架、文化传统、社会转型、国民素养诸多因素的影响,它也带有一定的"中国式"问题与困境的特点,并对其功能发挥产生了一定的制约或限制。

(一)"两个舆论场"的结构性张力

按照哈贝马斯的观点,封建时代只有"公共性",但却没有近代意义上的公共领域。直到市场经济形成和代议政府的确立,才真正出现了国家与社会、公共管理和私人自主的二元结构,对公权力进行合理性审视与批判并为民主法治提供合法性源泉的公共领域也才得以兴起。[②] 然而,垄断资本主义时代的到来,则导致了国家与社会、公域与私域相互渗透的"混合"倾向加重,发生了公共领域的"重新封建化"和结构转型,从而丧失了公共领域的批判精神和证明统治合法性的功能,因此,公共领域重建就成为西方民主法治建设的时代任务。

诸多历史与现实的因素和新政权的理想蓝图导致新中国成立后一直由官媒主导着舆论话语权,以确保公共领域的国家性质和正确的政治方向,进而在"阶级斗争"的政治运动中承担着高举"革命"旗帜、传播"革命"真理、实施对敌"专政"的意识形态建设使命,因此,它造就的是一种单元的、政治正确的、不可争辩的公共舆论场。改革开放后,随着国家简政放权、市场经济发展和民主法治化进程的不断深入,

---

① 马长山.法外"政治合法性"对司法过程的影响及其消除——以"李国和案"为例[J].法商研究,2013(5);公共议题下的权力"抵抗"逻辑——彭水诗案中舆论监督与公权力之间的博弈分析[J].法律科学,2014(1);媒体介入司法之"危险"与"忠诚"争议的背后——重拾张金柱案[J].社会科学研究,2014(3);"舆情公案"的制度指向与民意捆绑——以"唐慧案"为例[J].江海学刊,2015(2).

② 哈贝马斯.公共领域的结构转型[M].曹卫东,等,译.上海:学林出版社,1999:23.

社会舆论和公共领域才出现了重大结构分化。一方面,体制内的官媒仍然是公共领域的主导力量,控制着公共舆论的话语权、重大信息发布和主流价值观建设方向;另一方面,在当今全球化、信息化、网络化时代,市场化媒体和自媒体迅速崛起并呈上升趋势,呈现出一定的私人化、平民化、普泛化、自主化的时代症候,从而形成了体制外的公共空间和舆论话语权。于是,这就形成了"两个舆论场"——即由党报、国家通讯社、国家电视台组成的官方舆论场,以及由都市报特别是互联网构成的民间舆论场。事实上,互联网已成为"思想文化信息的集散地和社会舆论的放大器",从而改写了"舆论引导新格局"①。

应当说,大多数国家的公权力都因其治国理政的政策纲领、外交内政、变革举措、应急处理、司法裁断、问题回应等而处于公共领域关注的轴心,但它最多是公共舆论的议题设置者、方向导引者和公共论辩者,它时刻影响着媒体,但并不直接掌控媒体,甚至媒体舆论作为"第四权力"还会不断给公权力制造"麻烦"。这样,在这些国家的多元交互的公共舆论场上,就存在着公权力话语与民间话语的二元结构,它们常常会达成"重叠性"共识,但也会不断产生背离、分歧甚至对抗,从而展现着民间舆论对公权力话语的民主监督与制约。相比之下,在当下的转型中国则明显不同。改革开放前我们曾经是官媒一统天下、"革命"舆论统率一切,改革开放后也曾在"真理标准大讨论"、小平同志"南方谈话"等阶段形成了广泛而一致的认同与回应。然而,随着改革进入"深水区"和转型关键期,官商勾结的特殊利益集团盘踞国民经济,并得心应手地借"维稳"打压民众最基本的公正诉求,官方话语与民间话语、体制内与体制外就开始渐行渐远。② 然而,我国与大多数西方国家的重要不同之一就是,我国不仅形成了官方话语权和民间话语权分离与隔阂,而且形成了特征明显、构成清晰、力量庞大的"两个舆论场"——"以党报、国家电视台、国家通讯社为代表的主流媒体舆论场,和以互联网'自媒体'为代表的民间舆论场"③。由于西方国家很少有官媒或体制内媒体,因此,它们的公共领域就主要依托市场化媒体和互联网空间,并构成了公权力及其运行的重要平衡力量和监督平台。这样看来,它们的官方话语与民间话语之间的分离甚至对抗,并不能算

---

① 邓瑜.解析2012年新媒体热词:两个舆论场[EB/OL].[2015 - 01 - 28]. http://www.gmw.cn/media/2013 - 02/05/content_6630186. htm.

② 祝新华."两个舆论场"的由来和融通之道[C]//南方传媒学院.南方传媒研究(第38辑)[M].广州:南方日报出版社,2012.

③ 石岩. 2014年的中国网络舆情:"拉一拉就是朋友,推一推就是敌人"[N].南方周末,2015 - 01 - 22(21).

严格意义上的"两个舆论场",而更多地表现为公共舆论场上的两种话语权,尽管官方话语权有时候还很强势。但中国就大不相同了,我们拥有直接掌控、数量庞大的体制内媒体及其运营团队,形成了以体制为平台与核心的媒体阵营和官方舆论场域,并与民间舆论场产生分离、交集与隔阂,前者"可以说是一片繁荣和谐景象,经济社会快速发展,人民生活非常幸福;一个是由网站、论坛、博客等构成的民间舆论场,恰恰又是另一番景象,官员腐败、道德滑坡、群体性事件频发,人民仿佛生活在水深火热之中,可谓完全是'冰火两重天'"①。特别是 2009 年网络舆情对政府的认同度最低(如邓玉娇案、躲猫猫事件等),"两个舆论场各说各话,撕裂严重"②。这种公共领域的结构性张力与逆向运行,不仅反映出我们社会管理体制的僵滞,特别是文宣制度缺少自我反省和纠错能力,也是中国社会陷入治理危机的一个严重信号。但自 2013 年,特别是党的十八大召开之后,"两个舆论场"开始发生重大变化,两者"相互渗透、彼此占领、犬牙交错",成为"中国传媒界引人注目的一道风景,也是一道待解的方程式"③。如果这个问题长期得不到解决,不仅会严重消解公权力权威及其合法性基础,而且不利于形成共识价值观、社会认同和公民性品格,甚至还可能会造成某些地方政府大棒"维稳"与民间诉求反弹之间的恶性循环,释放暴力—暴戾的极端情绪和加剧社会撕裂,从而严重违背当下"全面推进依法治国"的战略部署,对法治秩序建构带来严重冲击,因此必须认真对待。

(二)宏大政治指向与"体制性连带"诉求

在大多数国家,公共舆论关注的问题都是异常多元的,既有国家大政方针,也有民权民生、文化娱乐、名人轶事,还包括大量很无聊的日常琐事。但当下中国正处于改革"深水区"和转型关键期,各种问题困境、利益博弈和民众诉求均呈集中凸显、交互作用的态势,它反映或投射到刚刚崛起的公共领域中,就难免使公共舆论常常聚焦于行政和司法领域,赋有比其他国家更为浓重的宏大叙事、政治指向和体制性连带等取向,并带来了复杂的社会影响。

其一,与政治系统的互动博弈。如前所述,自垄断资本主义兴起以来,西方国家的公共领域就出现了"重新封建化"的趋势,也即其批判反思、对话商谈、民主监

---

① 飞翔.让"两个舆论场"不再"冰火两重天"[EB/OL].[2015-01-29]. http://cpc.people.com.cn/GB/64093/64103/16042094.html.
② 石岩.2014 年的中国网络舆情:"拉一拉就是朋友,推一推就是敌人"[N].南方周末,2015-01-22(21).
③ 祝新华."两个舆论场"的由来和融通之道[C]//南方传媒学院.南方传媒研究(第 38 辑)[M].广州:南方日报出版社,2012.

督和政治合法性供给功能开始式微,甚至出现崩溃的迹象。① 直到大众传播时代的到来才使公共领域得到拯救和复兴,呈现出"电子民主"的空间与可能,并伴有与政治系统互渗与共振的趋向。然而,更多的是公共领域与政治经济系统之间的关系调整,以及公共领域结构与功能的转型。而中国则不同,公共领域的发育成长较晚,也不很成熟,且当下正处于改革"深水区",因而,公共领域与政治系统之间的相互影响和作用较大。我们透过"医改"合法性供给机制变革、网络反腐的体制外运行以及司法过程中的法外"政治合法性"等就可看到②,中国的公共领域承载着远比其他国家浓重的政治指向与变革期待,一方面,它输入体制并形成全面深化改革的巨大压力,从而促进体制做出回应,最终转化为推进民主法治建设的时代动力;另一方面,公共领域的空间、平台、机制,以及它所承载的法治诉求输入体制的途径、方式、效果,都要受到政治系统的某种界定、引导与规制,特别是政治系统的民主开放度、对公共领域诉求的吸纳度以及公共领域与政治系统对接循环的渠道与机制等,都直接影响乃至框定着公共领域的运行生态与发展方向。这就是说,当下中国的公共领域兴起是在与政治系统的互动博弈中前行的,是在与政治系统相互塑造、变革、适应与磨合的进程中来展现其对民主法治建设的动力功能的。

其二,"司法为民"定位下的政治指向与"群众"期待。改革开放以来,我国一直在坚持走"中国特色社会主义道路",因而,"司法为民""公正司法"也就成为对司法机关、司法体制和司法工作的"属性"定位与"方向"指引。这就意味着,政法工作"直接关系广大人民群众切身利益",而司法机关和广大干警也要"从让人民群众满意的事情做起,从人民群众不满意的问题改起,为人民群众安居乐业提供有力法律保障"③。应当说,这固然是社会主义本质属性所决定的,也是我们不能丢弃的"群众路线"传统,但在新的历史条件下,它也容易受到地方政府和官员的某种过度政治化、平民化、庸俗化的误读,特别是可能会受到封建"父母官"情结、运动化司法,甚至公器私用的御用意识等因素的影响,因而,也就会在司法过程中

---

① 哈贝马斯.公共领域的结构转型[M].曹卫东,等,译.上海:学林出版社,1999:202.
② 在很多"舆情公案"中,其实公共舆论并未直接影响司法,而是带给了政治决策层一定的压力,然后通过"领导批示"等"法外政治合法性"的方式来干预司法,最终导致司法结果的改变,因而,呈现一种"政治性策略"的路径。参见:马长山.法外"政治合法性"对司法过程的影响及其消除——以"李国和案"为例[J].法商研究,2013(5).
③ 周强.坚持司法为民公正司法 努力维护社会公平正义——学习贯彻习近平总书记在中央政法工作会议上重要讲话精神[J].求是,2014(5).

三 法治国家与公共领域

确立起超越法律、干预司法的宏大政治性指向(如张金柱案、李国和案);与此同时,对于广大社会成员而言,也常常会以"人民群众"来进行自我角色认知和利益主张,并基此放大对司法机关和司法案件的关注与质疑,进而形成超出法律边界的政治性诉求与"为民"期待。这一方面很容易把具体的个案公平放大到抽象的社会正义(如"天价过路费"案、许霆案等),另一方面也很容易把单一问题转变为类型化问题(如吴英案、唐慧案等),这样,加剧了司法过程中本不该有的政治化互动和法外干预,这不仅会妨碍司法权的独立行使与运行,也会助长公权腐败、司法不公和法治乌托邦情绪,酿造"薄王案"这样的悲剧。因此,正确理解"司法为民"、构建公共舆论与司法过程之间的法治化互动关系,就显得十分重要而紧迫。

其三,直指制度变革的"体制性连带"诉求。当下中国已经进入了变革与发展的"攻坚"期,各种陈旧的制度痼疾日益暴露,而新兴的利益关系、权利主张和社会机制亟待合法化确认和保护,进而使得滞后的制度变革与高涨的民众呼声之间形成了很大落差和张力。正是基于这种时代背景,公共领域兴起中所涌动和承载的法治诉求自然带有太多对制度变革的激情和热盼,这不仅表现在公共舆论对一些司法案件寄予了超过中国司法机关承载能力与范围的制度变革愿望(如"天价过路费"案、吴英案、唐慧案),也往往把一些错综复杂的问题统统归结为体制和制度问题,进而将个案放大为制度变革的典型、契机甚至支点。这样,公共舆论就不再是"就事论事"的微观向度,而是宏观的、深层的、直指制度变革的"体制性连带"诉求。它不仅对司法过程产生了"超负荷"的影响,也对国家的制度变革进程产生了一定压力。因而,就需要通过深度的政治体制、行政体制和司法体制改革,建立正常的制度变革和司法监督机制来予以解决。

(三)理性公民精神的明显阙如

事实上,公共领域是现代社会运行机制的心脏,"公共舆论不仅包含着现实世界的真正需要和正确趋向,而且包含着永恒的实体性的正义原则,以及整个国家制度、立法和国家普遍情况的真实内容和结果。这一切都采取常识的形式,这种常识是以成见形态而贯穿在一切人思想中的伦理基础。"[①]然而,在当下中国,由于公共领域才刚刚兴起,公共舆论也不成熟,加之我们正处于改革"深水区",各种矛盾和问题较为集中,因此,激进、保守、温和派等各种思潮涌动跌宕,其中就难免有一些非理性的因素存在。

---

① 黑格尔.法哲学原理[M].范扬,等,译.北京:商务印书馆,1996:332.

一方面,公共领域常常赋有情绪化的激进情怀。当中国进入改革"深水区",制度变革滞后于社会转型要求的情况越来越突出,社会问题也不断淤积加重,进而引发了很多上访甚至群体性事件。而针对这一态势,一些地方政府和官员出于政绩、官位或者贪腐利益的考虑,则采取了压制摆平式的"大棒"维稳策略,这不仅导致了矛盾升级,也使得不满情绪和怨恨心理在大众传播的时代环境中被不断放大和快速传播。为此,近年来中国公共领域所承载的法治诉求,在关照世界民主法治进程的主流精神的同时,也常常伴随着群情激昂的情绪化言辞和激进情怀,其中夹杂着非理性的直观判断,甚至还有"民粹"主义倾向,缺少应有的理性公民精神。这就难免使得公共领域的兴起发展,以及它对中国民主法治进程的动力和支撑功能受到某种程度的影响。

另一方面,公共领域常常承载着道德化的理想诉求。改革开放30多年来,中国的法制建设步伐不断加快,2011年初,时任全国人大常委会委员长吴邦国宣布"中国特色社会主义法律体系已经形成",这无疑是一项重大成就,也对中国的法治进程具有重大意义。然而,我们也要看到,由于改革发展的速度与节奏很快,这很容易导致法律稳定性与社会变革之间产生矛盾或者冲突,甚至使得某些刚刚出台不久的法律规范就显得"不合时宜"了。更重要的是,由于时代的局限,使得我国法治建设中的"法条主义""工具主义"倾向明显,对法律价值和法治精神的体现与弘扬还不够充分,治国理政中的法治思维、法治方式也难以有效确立。为此,党的十八届四中全会《决定》明确指出:"必须清醒看到,同党和国家事业发展要求相比,同人民群众期待相比,同推进国家治理体系和治理能力现代化目标相比,法治建设还存在许多不适应、不符合的问题",特别是"有的法律法规未能全面反映客观规律和人民意愿","有法不依、执法不严、违法不究现象比较严重","群众对执法司法不公和腐败问题反映强烈","知法犯法、以言代法、以权压法、徇私枉法现象依然存在",这就难免导致法律体系运行与不断发展变革的利益关系及民众诉求之间,产生某种程度与范围的游离或阻隔,也难以充分适应和满足"深水区"改革的时代需要。这就意味着法治建设进程中存在着某种"价值不足"的状况,而传统文化中的道德理想主义和阶级情感则趁机重新泛起。于是,公共领域所涌动出来的法治诉求,便承载着太多的"价值判断性"的道德理想和改革期盼,这在许霆案、邓玉娇案、药家鑫案的公共舆论中表现得十分明显。无疑,这种道德化的理想诉求,固然是对当下中国的贫富差距、社会不公、强权暴力、民权微弱等问题的自然回应与反思质疑,是推进法律体系完善和法治建设的重要动力,但在司法个案中浸染过多的道德化理想,也暴露出理性公民精神不足的问题,这不仅不利于个

三 法治国家与公共领域

案的司法处理,也不利于法治观念、法治思维和法治方式在全社会的普遍确立,需要下大力气予以克服和解决。

三、公共领域重建与多元治理秩序生成

当下中国公共领域中的上述局限与问题无疑并不能成为抑制公共领域发展的某种借口,而应是对公共领域进行良性重建的重要动因、机遇与空间。因此,就需要加大深度改革和法治体系建设,积极促进公共领域的常规性、机制性运行,从而更稳定、更充分、更有效地发挥其推动治理法治化的重要功能。也只有这样,才能更好地"全面推进依法治国"、推进国家治理体系和治理能力现代化,进而促进多元治理秩序的生成。

（一）构建基于"重叠共识"的动态耦合机制

众所周知,在罗尔斯看来,当代社会在价值观念与学说上具备"合理多元主义"的特征,但这些不同的政治观念却有可能产生相似的价值判断或原则共识,从而形成一定的"重叠共识"。就是说,"在这样一个社会里,不仅有一种公共的观点,全体公民都能从这一公共观点出发来裁决他们的各种正义主张,而且这一公共观点也能在全体公民的充分反思平衡中得到他们的相互认可。这一平衡是充分交互主体性的。这就是说,每一个公民都会考虑所有其他公民的理性推理和论证"①。尽管罗尔斯的"重叠共识"命题中有不少理想的成分,但也确实有助于破解当代公共领域中不可避免的多元与和谐、分歧与共识、自主与团结、自由与秩序、权利与正义等现实难题。

就当下中国公共领域中"两个舆论场"的结构性张力而言,由于体制性因素所致,既不可能采取媒体非体制化、缩减弱化"官方舆论场"的解决进路,也不宜采取传统"政治正确"统摄、管控限制"民间舆论场"的解决进路。早在2008年,《人民日报》在建立舆情观察室的时候,就提出要"打通"体制内和民间这"两个舆论场"的思路,2012年《南方传媒研究》第38期也专门聚焦"两个舆论场"进行分析研

---

① 约翰·罗尔斯.政治自由主义[M].万俊人,译.南京:译林出版社,2000:408. 对"重叠共识",有学者认为可区分出几个不同层次:持不同观点的人们都以合理的态度彼此相待;基于不同价值的人们从各自角度出发或通过采纳彼此视角而支持共同的规范;以及目前持有不同观点和立场的人们,努力寻求未来的彼此理解乃至"视域融合"。参见:童世骏.关于"重叠共识"的"重叠共识"[J].中国社会科学,2008(6).

究。① 无论如何,在面对"两个舆论场"的现实时不可有"零和"思维而相互否定,而应采取兼容"贯通"的平衡策略,建立以"重叠共识"为核心的动态耦合机制,促进"两个舆论场"的方向协调与整合,进而为多元治理秩序提供尊重"合理分歧"基础上的价值共识和认同支撑。

首先,发掘和弘扬"民间舆论场"的"公共理性"。在当今治理时代,具有日益明显的多元化、自主化特征,因而,承认"合理分歧"的现实,探寻"公共理性"就成为务实的选择。毋庸置疑,"公共理性是一个民主国家的基本特征。它是公民的理性,是那些共享平等公民身份的人的理性。他们的理性目标是公共善,此乃政治正义观念对社会之基本制度结构的要求所在,也是这些制度所服务的目标和目的所在。"②而当下中国公共领域的兴起就在一定程度上传递着社会心声、孕育着"公共理性",特别是"网络空间'新公共领域'的特征有助于成为社会冲突的'安全阀',良好、通畅的对话空间有助于缓解社会矛盾,促进社会和谐。近年来,我国政府积极倡导、引导网络参政议政,广大网民通过互联网通道评论时事、反映民生、建言献策,网络已经成为推进社会主义民主政治的重要力量"③。因此,对表面纷乱复杂、但实际却内含"公共理性"的"民间舆论场",要多做倾听引导、提炼升华并吸纳为主流价值观,作为话语民主之基、社会精神之源、公共决策之根。

其次,发现和谋求"重叠共识",促进"两个舆论场"的良性互动和动态耦合。客观地说,之所出现"两个舆论场"的逆向撕裂,一个很重要原因就是"官方舆论场"并没有真正反映民意和社会矛盾的焦点,因此,才会有"民间舆论场"那些激烈的、不理性的声音。④ 事实也表明,"能否有效引导民间舆论场,使之与官方舆论场最大程度吻合,是处置各级各类舆情的重要评判标准和关键所在"⑤。因此,就应以尊重和反映民情民意为出发点,寻求"两个舆论场"的"最大公约数"和"重叠共识",推动两个舆论场的"同频共振"。就是说,"只有把社会舆论特别是网络舆情作为现实民意的风向标和参照系,站在立党为公、执政为民的高度,勇于正视、敢

---

① 石岩.2014 年的中国网络舆情:"拉一拉就是朋友,推一推就是敌人"[N]. 南方周末,2015 - 01 - 22(21);邓瑜. 解析 2012 年新媒体热词:两个舆论场[EB/OL]. [2015 - 01 - 28]. http://www.gmw.cn/media/2013 - 02/05/content_6630186.htm.

② 约翰·罗尔斯. 政治自由主义[M]. 万俊人,译. 南京:译林出版社,2000:225 - 226.

③ 中国互联网络信息中心. 第 35 次《中国互联网络发展状况统计报告》[EB/OL]. [2015 - 02 - 04]. http://cnnic.cn/hlwfzyj/hlwxzbg/hlwtjbg/201502/P020150203548852631921.pdf.

④ 凤凰网. 邱震海:中国存在两个舆论场主流舆论未真正反映民意[EB/OL]. [2015 - 02 - 09]. http://news.ifeng.com/mainland/detail_2013_07/20/27718855_0.shtml.

⑤ 邢彦辉. 两个"舆论场"的张力与融合[J]. 中国记者,2012(12).

于担当、及时回应、积极作为,才能赢得民心、赢回信任"①。也只有这样,才能建立"两个舆论场"的良性互动、包容吸纳、理性对话机制,从而促进二者舆论方向的平衡反思与动态耦合,为公共决策提供更可靠的合法性和促进多领域、多层次治理机制的建立。

再次,立足民主协商,应对变革"风险"。随着"人人都有麦克风"的网络时代的到来,各国政府都面临着难以掌控的社情民意,出现了可能危及社会稳定与秩序的"新媒体风险",但它正是新媒体的力量所在,并且这也并非新媒体本身的风险,"而是社会、政治体制需要变革的风险"②。对中国而言,"互联网是上帝送给中国人最好的礼物,从技术形态上保障了人民群众的知情权、表达权、参与权、监督权";但另一方面,"它有很多缺陷,包括信息真伪难辨、情绪剑走偏锋、信口开河、好勇斗狠"③。因此,自从公共领域中出现"两个舆论场"后,在如何应对上就一直有顺应民情民意、打压网络舆论和"夺回麦克风"等不同声音,针对"新媒体风险"也有不同的策略设计。但在"全面推进依法治国"、促进治理法治化的新时期,对公共舆论只能"疏"不能"堵"。从近年的发展情势看,2013 年下半年起,微博的活跃度下降,用户流失严重。一是由于新媒体用户选择了微信;二是由于政府加大了微博治理力度,舆论场的"国家队"活跃;三是舆论热度、强度下降、趋于冷静,"对热传中的事实和观点诘问多了,多元观点形成对冲",从而走出 2009 年的共识度最低值。④ 在这种情况下,就更应把握公共领域的有利发展趋势,确立"包容异质思维"和促进价值认同⑤,建立民主协商机制和多领域、多层次的基层治理法治化平台,进而将这种"新媒体风险"及其传递的变革风险,转化为"深水区"变革的动力,推进多元治理秩序的建立。

(二)构建体制内外之间的互动对流机制

按照哈贝马斯的理论,公共意见或舆论是公共领域的外围"边缘",而议会、法院和行政机构等"决策性建制"则是公共领域的建制"中心"。一方面,只有外围

---

① 任贤良. 统筹两个舆论场凝聚社会正能量[J]. 红旗文稿,2013(7).
② 李成贤. 中韩两个舆论场比较[C]//载南方传媒学院. 南方传媒研究(第 38 期)[M]. 广州:南方日报出版社,2012.
③ 石岩. 2014 年的中国网络舆情:"拉一拉就是朋友,推一推就是敌人"[N]. 南方周末,2015-01-22(21).
④ 2013 年提出互联网"七条底线"为拐点,大 V 们累计发帖数下降 10.2%。参见:石岩. 2014 年的中国网络舆情:"拉一拉就是朋友,推一推就是敌人"[N]. 南方周末,2015-01-22(21).
⑤ 祝新华. "两个舆论场"的由来和融通之道[C]//南方传媒学院. 南方传媒研究(第 38 期)[M]. 广州:南方日报出版社,2012.

"边缘"的公共舆论输入和支持,建制"中心"的公共决策才能获得足够的合法性;另一方面,外围"边缘"的舆论力量本身并不能成为权力,它只能为公权力提供方向和导引。① 在当今时代,协商民主和治理主义日渐成为主题,这就要求建立"中心"与"边缘"、体制内与体制外的良性互动关系,进而实现公众诉求与公共政策偏好之间输入输出的反复博弈、对流循环、互动协商,推动治理法治化和"法治中国"建设。

1. 推动公权力的理性施政与民主协商决策

党的十八届三中全会、十八届四中全会提出的"全面深化改革"和"全面推进依法治国"战略,无疑开启了以治理法治化为核心的公共管理时代。这不仅要求在权力清单、责任清单和负面清单制度下,贯彻(对社会)"法不禁止即自由"、(对政府)"法无授权及禁止"的原则,也要求立足公共领域兴起和话语表达"广场化"的现实,构建体制内与体制外的对流循环机制,推进理性施政、协商决策和多元治理。

其一,推进公权力的理性施政,避免"暴力—暴戾"的恶性循环。事实表明,伴随着社会转型和社会分化,上层阶级"往往把下层阶级的政治权利,特别是分享权力的权利,看作本质上是荒谬的和不道德的。上层阶级不仅本身反民主,而且他们时常表现出的傲慢政治行为,还足以强化下层阶级方面的极端主义反应"②。而拉美转型经验则告诉人们"权贵越猥琐,民粹越暴烈"③。在当下中国,一些地方似乎也出现了某种"暴力—暴戾"的征兆。④ 一方面,一些地方政府(首长)未能解决滥权贪腐和矛盾问题,漠视公共舆论表达出来各种社会诉求,甚至通过打压"异见"而谋求与公权力偏好一致的"和谐"与认同,因而遇事就通过"大棒"维稳的方式来摆平;另一方面,一些民众也未能理性地维权和表达诉求,而是通过群体性事件进行肆意宣泄,甚至报复社会。⑤ 这些不仅导致了体制内外的冲突升级和暴戾反抗,也对治国理政的深度变革提出了挑战。为此,十八届四中全会《决定》明确提出要"把公众参与、专家论证、风险评估、合法性审查、集体讨论决定确定为重

---

① 哈贝马斯.在事实与规范之间——关于法律和民主法治国的商谈理论[M].童世骏,译.北京:生活·读书·新知三联书店,2003:373-459.
② 西摩·马丁·李普塞特.政治人——政治的社会基础[M].张绍宗,译.上海:上海人民出版社,1997:38.
③ 商灏.石小敏:"南方谈话"的历史价值超越对市场力量的强调[N].华夏日报,2012-02-13(31).
④ 南方朔.狠,是社会致命之根[J].南风窗,2013(16):95.
⑤ 新华网.当"报复社会"成为一种流行病[EB/OL].[2015-02-17].http://news.xinhuanet.com/herald/2010-04/08/content_13319142.htm.

大行政决策法定程序,确保决策制度科学、程序正当、过程公开、责任明确"。这就要求认真对待公众诉求、扩大公众参与、推进理性施政,并把公共舆论作为公权力决策的重要依据和参照系,从而走出"暴力—暴戾"的非理性怪圈,建立良性互动的官民合作机制。

其二,建立公共舆论对公共决策的输入转化机制。尽管公共舆论所反映的公众诉求具有整体上、根本上的"合法性"力量,但它并不是完美的,甚至是粗糙的,因而"公共舆论中有一切种类错误和真理,找出其中的真理乃是伟大人物的事","他所做的是时代的内心东西和本质,他使时代现实化"①。这就意味着,一方面要通过诉求表达和信息沟通机制建设,让公共舆论能够直达决策中心并为公共决策提供依据和导向;另一方面也需要对公共舆论进行甄别、筛选、提炼和升华,剔除公共舆论的非理性成分,发现公共舆论的核心诉求和价值共识并将其转化为公共政策。

其三,建立公共舆论与公共决策的互动协商机制。公共舆论往往是基于公众的平民化、个性化、功利化、直观化立场而形成的,因而难免会带有一定的激情成分和短期效应,而且诉求与决策之间也存在着很多产生隔阂的复杂环节和因素,因此,对某些领域、某个时期、某个方面的较为浓烈但不合时宜的公共舆论诉求,也需要决策精英进行导引、对话和修正,并通过"对流"反馈、互动协商机制,来达成价值共识和社会认同。如2014年中央和地方政府先后组织了"网络名人故宫行""丝绸之路万里行""粤来粤好——2014网络名人看广东"等活动,起到了密切关系、消弭分歧的作用,也加强了对"意见领袖"的政治引领、吸纳和对话。而这些民间"大V"下基层、接地气,既有利于他们客观地把握国情和主流民意,理解政府公共治理的复杂性,又有利于营造互联网上客观理性讨论问题的氛围。② 这无疑是体制内与体制外"对流"循环的有益探索与实践。

2. 促进公民的理性参与和包容妥协

公民的广泛参与是体制内与体制外的互动对流的重要动力和保障。然而,受某些地方"暴力—暴戾"气氛的浸染,公共舆论(尤其网络上)的一些极端情绪和戾气也在放大。为此,有媒体指出,"从失控的质疑、无底线的人身攻击到网上'约架',网络暴力猛于虎"。而这些"网络暴力绝非孤立现象,它是我们这个竞相追逐

---

① 黑格尔.法哲学原理[M].范扬,等,译.北京:商务印书馆,1996:334.
② 祝新华.网上舆论形势发生积极深刻变化"两个舆论场"趋于交集[EB/OL].[2015 – 02 – 10]. http://yuqing.people.com.cn/n/2014/1225/c209043 – 26276306. html.

的、狂躁的、缺乏安全感的现实社会的折射"①。但"从个人角度来讲,我们没有宽容平等理性平和的说理对话的心态和素养,从制度规范层面来看,我们之前在大众教育和社会公共层面,缺乏相关的逻辑和说理训练,没有一个受到广泛认可,内化为基本社会共识的文明理性议事规则"②。

事实上,当今网络时代富有鲜明的多元化、自由化、扁平化、个性化、破碎化特征,因而,社会"分歧"无疑是普遍的,而"共识"则是难得的。这些"分歧"并不仅仅是由于偏见、无知、自私、盲目等因素所导致的,它也与罗尔斯所说的那种涉及目的与手段、对主张的评价、理论能力运用、论说证据,以及概念模糊性、规范多样性、社会空间有限性等困难的"判断的负担"相关。因此,即便是强调"合理分歧""合理多元主义",强调"他们在与平等者相处时准备提出一些原则和标准作为合作的公平条件,并准备自愿地遵守这些原则和标准,如果别人将同样遵守这些原则和标准的话"③,人们仍很可能会对同一问题做出不同判断和结论,而与非理性人的分歧和讨论就更难达成共识了。然而无论如何,日常生活也好、政治秩序也好,最终都是在妥协、团结和一致的底线上得以存续和运行的,因此,"理性的政治行动者必须学会与合理的分歧共同生活"④。这就需要确立公民品格与精神,进行理性参与、包容妥协、对话合作。

具体而言,一是营造良性的"民间舆论场"。即培育社会成员的公民身份、角色认知和价值信念,并立足于"双重生活"(公共生活与私人生活)来理解和定位国家(社会)与个人、群体与群体、自我与他人的利益关系和权利诉求,遵循公共生活的底线伦理、人性立场和协商逻辑,使喧嚣谩骂、极端暴戾、非理性发泄的"派别"之争,转向开放包容、商谈妥协、理性互动的"分歧"之辩,从而更好地维护"合理多元主义",并最大限度地达成共识,最终营造具有丰富"公共理性"的"民间舆论场",为公共舆论有效地转化为公共政策提供基础和保障。二是塑造公民化的诉求表达与维权行动能力。民主与法治机制之所以能够正常运转的关键主体无疑就是公民,以至于美国人宣称,"美国在探索自治政府的过程中最主要依靠的并不

---

① 王梦婕,徐霄桐.谁在为网络戾气"添油加柴"[N].中国青年报,2012-07-24(8).该文还指出,中国青年报记者梳理了一些"标题党"新闻后的跟帖发现,各色谩骂声,均占到约九成以上,其中不乏大量带脏字的内容。

② 李晓亮.我们如何向"网络暴戾"说不[EB/OL].[2015-02-17]. http://gb.cri.cn/27824/2012/08/02/2165s3794290.htm.

③ 约翰·罗尔斯.政治自由主义[M].万俊人,译.南京:译林出版社,2000:51.

④ 哈罗德·格里门.合理的退让和认知的退让[C]//G.希尔贝克.跨越边界的哲学——挪威哲学文集[M].童世骏,等,译.杭州:浙江人民出版社,1999:368.

三 法治国家与公共领域

是总统、国会议员或是大法官,而是每一位公民"①。其主导精神就是坚定的公民权利追求、积极的公共参与、合法化行动和自治能力。在当下中国"两个舆论场"并存、公共舆论的理性程度尚待提高、社会变革复杂艰巨的情况下,尤其必须摒弃极端暴戾情绪、民粹心理和乌合之众的"乌托邦"意识,在国家治理、社会治理与公共决策过程中进行公民化的诉求表达、理性维权、积极参与和合法行动,为体制内与体制外的互动对流注入持久的、稳定的常规动力。三是塑造公民伦理、构筑法治底线。自近代法治生成以来,就一直处于变革发展之中,特别是"通讯革命创造了比以前更为积极和更具反思性的公民。同时也正是这些沟通手段的发展导致了民主体制下的不满情绪"②。然而不管怎样,一方面"公民自身既是统治者,也是被统治者",需要"依据尊重他人权利和履行共同制度(权利赖以存在的基础)维持所必须承担的义务的原则,来管理社会"③。因而,在社会层面上塑造着社会成员所共有的,包括尊崇法律、恪守原则、捍卫权利、承担责任和公共精神在内的公民价值观。另一方面,也需要在国家层面构筑应有的法治底线,也就是说,法治固然没有一个确定的、统一的模式,但它们无疑会有一个共同的尺度和底线,那就是权力制约、权利保障和法律至上。因此,公权力必须照章行事、符合正当程序、不得僭越法律;同时又必须对自由和权利提供足够的保护,尤其是一些对"麻烦制造者",应该将其置于整个法治生态构建的平衡机制中予以宽容对待。④ 这样,对于公共舆论中的某些"偏激"情绪或激进"异见",就只能视为"一种社会现象,不能算作一个问题"⑤,更不应该使其因言获罪或对其进行震慑打击。只有这样,才能恪守法治底线,塑造公民伦理,为公民的广泛参与和自由表达、公共舆论与公共政策的良性互动、体制内外之间的对流循环创造必要的规范性条件和法治框架保障。

(三)构建司法过程与公共舆论的互动平衡机制

无疑,公共管理涉及国计民生,而司法则是社会的良心与公正尺度。特别是当各种社会矛盾、制度弊害、观念变革等引发的问题日益突出时,公共决策与司法

---

① 纪念美国宪法颁布200周年委员.美国公民与宪法[M].北京:清华大学出版社,2006:221.
② 安东尼·吉登斯.失控的世界[M].周红云,译.南昌:江西人民出版社,2001:68-69.
③ 基恩·福克斯.公民身份[M].郭忠华,译.长春:吉林出版集团有限公司,2009:132,136.
④ 张璁.凭什么把律师赶出法庭[EB/OL].[2015-02-17].http://opinion.people.com.cn/n/2015/0128/c1003-26461215.html.
⑤ 陈芳.再谈"两个舆论场"——访外事委员会副主任委员、全国人大常委会委员、新华社原总编辑南振中[J].中国记者,2013(1).

过程成为公众所关注聚焦、议题设置和反思质疑的两个"中心"地带。从近年全国人大对最高法院工作报告审议投票通过率一直在80%以下的状况①,就可从一个侧面看出民众对司法的某种态度和评价。目前,"全面推进依法治国"战略下的司法改革不断深入推进,党的十八届四中全会《决定》也提出了"司法机关要及时回应社会关切"、"规范媒体对案件的报道,防止舆论影响司法公正"等要求,这就需要在重建公共领域的进程中,探索构建立足国情的司法过程与公共舆论的平衡机制和良性互动关系,进而为多元治理秩序建立提供重要条件和保障。

其一,从"统治工具"走向"良法善治"。法治发展较为成熟的国家具备完善的法律体系、发达的法律文化和健全的司法机制,法律设定基本反映和体现了民众的利益主张和价值追求,因此,司法裁判主要是"基于法律规定和历史传统,来源于那些有助于实现公正的远见卓识"②,其裁判结果也多为民众所信服和接受。而中国的司法过程与公共舆论似乎有着超出二者之间的更复杂的关系。也就是说,过去我们曾形成了"统治阶级意志论"的法制建设传统和实践路线,乃至形成了公权优于私权、震慑优于保护、秩序优于自由的潜在逻辑。而回首30多年来的法治建设,其成就固然卓著,但也存在着国家主义、法条主义、工具主义等遗传基因的影响。③ 因此,立法中的这种"国家偏好"就往往会与社会变革需要和民众诉求发生游离甚至冲突(如"天价过路费"案、吴英案、唐慧案中的制度追问),在进入改革"深水区"时尤为明显。这样,在一些"舆情公案"中,司法机关需要在承认"规则有效性"的既定框架内做出符合司法逻辑的裁判结果,而公共舆论则期盼着脱离"不良规则"并获得符合其心中"正义"尺度的司法"交代"。于是,就很容易出现司法过程与公共舆论的错位和对峙,这样,司法机关因"规则"问题而"背黑锅"的尴尬处境也就在所难免了。事实上,党的十八届四中全会《决定》已清醒地认识到,尽管有中国特色的社会主义法律体系已经建成,但"立法工作中部门化倾向、争权诿责现象较为突出","有的法律法规未能全面反映客观规律和人民意愿"。因此,在"全面推进依法治国"和实现"国家治理体系和治理能现代化"的新时期,就要求摒弃传统的"统治工具"观念和立法中的国家主义、工具主义倾向,以民众的权利主张、正义诉求和"良法善治"标准来对现有法律体系进行修订、完善和重建,从而减少因规则"正当性"不足而导致的司法裁判与公共舆论的错位和对峙状

---

① 左卫民. 十字路口的中国司法改革:反思与前瞻[J]. 现代法学,2008(6).
② 布莱恩·拉姆,苏珊·斯温,马克·法卡斯. 谁来守护公正——美国最高法院大法官访谈录[M]. 何帆,译. 北京:北京大学出版社,2013:292.
③ 马长山. "法治中国"建设的转向与策略[J]. 环球法律评论,2014(1).

况,为司法过程与公共舆论的良性互动机制建立奠定基础。

其二,消解政治性指向和"体制性捆绑"。尽管中国并不能照搬西方的"三权分立"制度模式,但司法权在本质上则要求其必须能够独立运行,否则,司法公正、司法公信和法律权威就很难得到保证。为此,美国"最高法院不会追逐最新的政治潮流,不会参加喧哗和狂欢",有时还会"滞后于政治风向"①。而当下中国则不同,公共领域表现出了较强的政治指向和"体制性连带"要求,它对司法的影响尤甚,其深层根源乃在于司法的"体制性捆绑"。我们知道,自新中国成立后,就确立了"人民司法"的主导方向和基本原则,形成了带有"政治正确"色彩的司法体制,以致时至今日其都是司法改革必须面对的一个重要难题。我们从最高法院"一五"到"三五"《改革纲要》中就可看到,一直贯彻"党的领导"和"人民代表大会制度的政体"等政治性原则,这固然是社会主义司法的属性要求和当然选择,但也确实需要防止对这些政治性原则的"误读"和"泛化"。正是基于这一传统和国情,常常使得"作为'政法干部'的法官是当作无产阶级专政的'工具'形象和保驾护航的形象出现的",故此"就很难有自己独立的价值追求"②;而司法机关也常常承担着司法之外的政治或行政角色与功能(如科技扶贫、法制宣传、拆迁工程、群体性事件处置、新农村建设等),这就使司法机关深钳于体制之中而形成了"体制性捆绑"。这样,一方面,除了制度规则的"正当性"不足因素外,司法就难免因这种"体制性捆绑"的状态,受到可能是出于切实的政治(行政)需要,也可能是出于政治话语掩盖下的权钱交易的某些领导干预和指挥,进而做出超出司法逻辑、满足政治需要的裁判结果,与民众权益和公众诉求发生背离,甚至引起公共舆论质疑和批判;另一方面,民众也常常因为司法这种"体制性捆绑"和"司法为民"期待,习惯于对司法机关提出超过司法逻辑的政治指向、"体制性连带"要求和抽象性愿景,而决策者则很少按照正常的司法逻辑或程序来对待和处理司法与"民意",反而会出于化解公共舆论所带来的过高政治压力的需要,以"法外政治合法性"的"批示"方式来指令司法机关回应"民意"、做出"维稳"性的裁判,"其结果是司法机关不是依法办案,而是围着领导的指挥棒转"③。于是,就形成了双重诱因下的政治干预和恶性循环,造成政治指向与"体制性连带"要求的"自我强化"。在"全面推进依

---

① 布莱恩·拉姆,苏珊·斯温,马克·法卡斯.谁来守护公正——美国最高法院大法官访谈录[M].何帆,译.北京:北京大学出版社,2013:293.
② 田成有.法律社会学的学理与运用[M].北京:中国检察出版社,2002:171.
③ 新华网.司法公正要求领导批示少些再少些![EB/OL].http://news.xinhuanet.com/misc/2002-03/12/content_965886.htm.

法治国"和深化司法改革的新时期,我们必须拿出政治勇气并下大力气解决这一难题。首先,应努力将司法机关从"体制性捆绑"中解脱出来,赋予司法机关足够的独立运行权能、条件和空间,强化其通过司法途径对行政权力的分权制约机制(如行政诉讼,并适时考虑增加其合宪性审查的司法职能),为民众对司法诉求与对行政权力诉求的分离以及两种互动机制与途径的分离提供客观基础和现实条件。其次,应通过对话协商机制和法治精神培养,促进社会成员从"人民群众"到"公民"的角色认知转化,减少"体制性连带"要求的放大聚焦和质疑惯性,并最大限度地按照司法逻辑来表达司法诉求,做出法治化期待,形成与司法过程的良性互动。与此同时,决策者也不应再以政治方式处理司法与"民意"问题,更不应以"法外政治合法性"的方式来强力干预和指挥司法,进而维护司法独立和法律权威。再次,应按照新一轮司法改革的指导思想和原则,走出对司法价值定位上的争论和误区①,恢复其公平司法、维护正义、捍卫法律权威的正常司法功能,实现司法从"工具性"到"正义性"的转向。这样,才能确立解除"体制性捆绑"后的新角色,消除公众对司法的怀疑和"连带"想象,进而重建司法公信力和司法权威,并在治理法治化中发挥其应有的重要作用。

其三,避免道德叙事与司法幻象。由于中国已进入改革"深水区"和转型关键期,各种社会矛盾凸显聚积,贫富分化和阶层断裂加大,导致社会上出现了某种焦虑迷茫、怀疑积怨甚至报复发泄等不良情绪。为此,在许霆案、邓玉娇案、药家鑫案等一些"舆情公案"中,公众往往基于日常生活中的敏感情绪、不满感受,来借机进行集体想象、添附、演绎、宣泄甚至狂欢,从而主观性地构建着远远超出案情本身且远远超出法律范畴的"身份识别"和道德化叙事——分别抽象出强势"官商"与弱势"平民"、淫官"酷吏"与侠胆"烈女"、城里"官二代"与乡下"村妇"的"阶层对立"和"抗争故事",以此向司法过程增加巨大压力,进而谋求符合人们心中公正道义和心理发泄需要的裁判结果。而这一旦放大,就会助推并强化公共舆论的政治性指向和体制性连带,其后果就可想而知了。事实上,这一现象之所以较为突

---

① 近年来,在法院的功能与价值定位上存在着很大分歧:一是解纷论,即法院的工作价值主要在于解决当事人的纠纷,这很容易导致片面追求"定纷止争"的调解率,最终动摇了司法公信、社会成员的法律信仰和道德底线;二是稳定论,即法院的工作价值主要在于当事人服判息诉和"维稳",这就容易以牺牲公正、权利、程序来换取局部的、暂时的、功利性的稳定;三是正义论,即法院的工作价值主要在于按照法律的公平正义处理案件。本轮司法改革已将"让人民群众在每一个司法案件中都感受到公平正义"确定为核心价值和终极目标,适当吸收前两者的合理成分,为国家治理体系与治理能力现代化创造和输送程序价值、秩序价值、信用价值及正义价值。参见:贺小荣.人民法院"四五"改革纲要的理论基点、逻辑结构和实现路径[N].人民法院报,2014-07-16(05).

出,很重要的原因就在于中国传统的儒法文化底蕴中,贵族精神较为缺乏,平民主义情结却较重。这一方面导致了"圣君贤相"之下的"等贵贱、均贫富"诉求,司法对权利构造也几乎"等同于传统的道德理念"①;另一方面则使得民粹主义和乌托邦精神总会或隐或现地再现,"文革"中就仍有这种影子。而在当下中国,"左"与"右"两股思潮的对峙争锋、相互撕裂甚至极端情绪化,其背后都是某种程度的"民粹主义"在作祟。② 在这种文化心理和情绪基础上的道德叙事与集体化的司法幻象,无疑大大扭曲了"舆情公案"中的议题设置、质疑批判和价值诉求,从而对司法过程与公共舆论的良性互动带来严重阻碍,也不利于实现司法公正和确立司法权威。因此,首先需要通过全面深化改革,来抑制贫富分化、促进社会公平和弥合阶层断裂,消解不良情绪滋生放大的社会基础、营造良好的社会氛围;其次,应适应国家治理体系和治理能力现代化的需要,把全国"普法规划"任务与目标从功利性的宣传法律知识和进行守法教育,转变为公民意识和法治精神培养,从而抑制民众的"民粹主义"心理,维护其理性的司法诉求;再次,应通过深度的司法改革,促进司法公开化、民主化,并按照法治原则与司法规律来构建司法影响和回应公共舆论的良性机制,从而促进司法公信和司法权威,为治理秩序建构提供法治保障。

其四,促进司法与舆论的平衡互动。其实,不论是过去还是现在,不论是西方还是中国,一直都面临着司法过程与公共舆论的复杂博弈过程。从法治建设较为成熟的国家来看,它们经历了从"藐视法庭罪""封口令",到"司法沉默"、言论自由,从注重维护法官的尊严走向注重保障当事人的权利,从试图对媒体进行"封口"到约束自身的谨言慎行,从拒斥报道评论到接受监督批评,从司法权威主义到宽容平衡精神的发展变革进程。③ 这意味着,二者之间绝不是"东风压倒西风"或者零和博弈,无论是美国的"新闻自由"模式或英国的"司法权威"模式,还是欧陆国家的"人格权保护"模式或欧洲人权法院的"中间路线"模式,都很难说它们有优劣之分、高低之别,而更多的则是"各国在面临'法益冲突'时之价值抉择差异所致,在深层次上,此又与国家政制安排、诉讼结构密切关联"④。这诚如美国学者所言:"随着时间推移,最高法院与公众之间,似乎保持着某种平衡。"⑤

---

① 黄宗智.经验与理论:中国社会、经济与法律的实践历史研究[M].北京:中国人民大学出版社,2007:407.
② 俞可平.民主还是民粹——中国的民意政治[J].南国学术,2014(1).
③ 马长山.藐视法庭罪的历史嬗变与当代司法的民主化走向[J].社会科学研究,2013(1).
④ 谢小瑶."媒体审判"规制模式的比较及选择[M].北京:法律出版社,2014:250.
⑤ 琳达·格林豪斯.美国最高法院通识读本[M].何帆,译.南京:译林出版社,2013:91.

首先，司法应尊重和考量"民意"，但不应简单服从"民意"。从根本上讲，"法官也是政府官员，即便他们只是代表人民行使职责的特殊官方群体。他们依照民主原则的要求工作。"①同时，历史经验表明，只有把权力运作暴露在阳光之下，存活于舆论之间，其正当性才能永久保持。② 为此，即便是高度强调司法独立的西方国家，也不能漠视公众的质疑和诉求。而大法官们也充分认识到，"我们没有执行判决的常备军，对于这些判决的正确性，我们仰仗公众的信心。所以，我们必须留意民意和公众对司法制度的态度，我们也必须尽力建构和维系这种信任。"③但司法过程毕竟不是日常生活，它无疑是一个精密、严谨、理性的维护正义和规则秩序的专业活动，有着自己独特的甚至与某些日常生活判断相悖的知识、判断和逻辑，因而，自然会与公众舆论存在一定的间距与隔阂，不可能随"民意"风头而动。美国现任约翰·罗伯茨首席大法官就此指出，"我当然理解，他们对我们正处理的事务有强烈意见。但是，我们的判决不能随着大家的喜好走，更不能为一时的民意所主导"，"大家总不能让我们根据民意喜好去判定宪法的含义吧"④。然而即便如此，"从长远来看，最高法院还是会回归正轨，避免判决偏离主流民意太远"⑤。在我国，2009 年 12 月 8 日最高法院公布实施了《关于人民法院接受新闻媒体舆论监督的若干规定》，人民法院应当主动接受新闻媒体的舆论监督，应当向媒体和公众公布相关信息，应当建立与新闻媒体的固定沟通联络机制等，但该规定第九条则对严重失实或恶意进行倾向性报道、歪曲报道或恶意炒作、损害名誉或司法权威等行为要追究责任，其前后似乎存在着严重的张力。⑥ 我们需要按照尊重"民意"但不服从"民意"的原则，重构司法过程与公共舆论的互动平衡关系。

其次，民众需要监督司法，但不应该"要求"司法。从历史上看，"舆论监督一开始就是作为一种社会控制手段而出现的。在人类创造法律制度之前，舆论就是调控社会的'司法行为'"⑦。然而，由于中国历史文化与现实"政法化体制"的特

---

① 迈克尔·K. 阿都. 法官经得起批评吗？——欧洲法官面临的批评[C]//怀效锋. 法院与媒体[M]. 北京：法律出版社，2006：22.
② 汉密尔顿，等. 联邦党人文集[M]. 程逢如，等，译. 北京：商务印书馆，2006：262.
③ 琳达·格林豪斯. 美国最高法院通识读本[M]. 何帆，译. 南京：译林出版社，2013：88.
④ 布莱恩·拉姆，苏珊·斯温，马克·法卡斯. 谁来守护公正——美国最高法院大法官访谈录[M]. 何帆，译. 北京：北京大学出版社，2013：12 – 13.
⑤ 琳达·格林豪斯. 美国最高法院通识读本[M]. 何帆，译. 南京：译林出版社，2013：92.
⑥ 有学者对这一规定的合法性、合理性、功能性、合目的性等，进行了法理质疑。参见：谢小瑶."媒体审判"规制模式的比较及选择[M]. 北京：法律出版社，2014：217 – 229.
⑦ 周甲禄. 舆论监督权论[M]. 济南：山东人民出版社，2006：2.

三 法治国家与公共领域

殊性,形成了容易突破立法、重实质正义而程序正义,乃至积极参与社会的司法传统。这就使得"我国历来提倡法律机构的活动直接地为社会的中心任务服务",它要"满足社会的需要,包括通过社会舆论反映出的'民心'"①。这样,公共舆论就不再仅仅是表达着民众对司法的监督,而很多时候则是基于"司法为民"或"体制性捆绑"生发的对司法活动的"要求",以获得人们内心所急切期待的裁判结果,实现舆论监督的"胜利"。于是,舆论监督压力就转化成"连带性"政治压力,迫使司法体制按照政治要求做出某种反应,司法过程与公共舆论的关系就发生了变形。因此,化解这一问题的重要方面,就是通过解除司法的"体制性捆绑"、重塑司法公信、培养社会成员的公民意识和法治观念,从而减少民众把监督转化成"要求"的动力和途径,以使司法监督恢复其常态,促进司法过程与公共舆论的互动平衡。

再次,积极推进司法民主化,为司法过程与公共舆论的互动平衡提供动力和保障。在西方,司法程序的基点是政府值得信任,而媒体机制的基点则是政府不值得信任。"从平衡的意义上来说,这两个强有力机制之间的基本不信任也许是健康的",这样才能实现彼此监督的作用。② 历史经验也表明,过度偏重哪一方都是不恰当的,也容易出问题。因此,"在平衡言论自由和司法独立性的利益时,人权法庭可能更倾向于前者,并确认现代的民主是经得起批评的"③。正是基于这样一种司法民主化趋势,西方国家逐渐放弃了封闭保守的传统做法,开始强化对媒体舆论和公众意见的开放与接纳。一是增进司法与媒体舆论的互动理解。如美国"最高法院十分注重民意,但它无法解读公众的内心。与我们大多数人一样,大法官们只知道他们了解的事物或者别人告诉他们的事物"④。为了弥合这一"鸿沟","大法官们就开始执行塑造新闻报道及由此产生的舆论的相关策略",特别是通过精心制作、解释、公布和捍卫判决来"影响新闻报道和公众的理解"⑤。二是通过陪审团制度、"法院之友"制度等来拓展公民的司法参与。如美国随便一起案件至少也会收到十多份"法庭之友"意见书,重要案件则会收到几十份⑥,这就使得民

---

① 苏力.法治及其本土资源[M].北京:中国政法大学出版社,1996:147、150.
② 大卫·G.克拉克,厄尔·R.哈特奇森.大众媒体和法律:自由与约束[C]//怀效锋.法院与媒体[M].北京:法律出版社,2006:1.
③ 迈克尔·K.阿都.法官经得起批评吗?——欧洲法官面临的批评[C]//载怀效锋.法院与媒体[M].北京:法律出版社,2006:33-34.
④ 琳达·格林豪斯.美国最高法院通识读本[M].何帆,译.南京:译林出版社,2013:99.
⑤ 理查德·戴维斯.最高法院与媒体[M].于霄,译.上海:上海三联书店,2014:190.
⑥ 琳达·格林豪斯.美国最高法院通识读本[M].何帆,译.南京:译林出版社,2013:98.

情民意能够通过规范的制度渠道进入司法场域,同时又遏制了盲动民意来左右司法①;三是打造抑制非理性舆论的"防火墙"。对一些可能影响公正审判的非理性言论,法院一般并不是"打压"和"封口",而是保持了足够的宽容,它们往往通过变更审判地点、延期审理、对陪审员采取回避和隔离措施、重组陪审团等方式来处理。正是这种宽容平衡精神,不仅推动了当代的司法民主化进程,增强了社会信任基础,因而也就在更根本的意义上强化了法律权威和司法公信力。同样,面对当下中国公共领域中的复杂问题以及司法过程与公共舆论的交错状况,绝不能逆司法民主化的世界潮流而动,不能通过控制舆论监督的方式来维护司法权威,但也不能放纵公众舆论的"盲动"和"宣泄",更不应该由非理性的"民意"来左右司法过程,而是需要借鉴国外经验,按照党的十八届四中全会精神来推进司法改革,确保司法权独立行使,促进民众的司法参与,构建阳光司法机制,加强对司法活动的监督,清除司法腐败,增进司法与公众之间的理解信任,进而探索新形势下司法过程与公共舆论的互动平衡机制。当然,这个互动平衡机制并不是一成不变和严格程式化的,而只应是一个弹性的制度框架,是一种立足于时势发展和社会生活需要的动态的、经验的、回应性的关系状态,并维护着司法公信、司法权威和法治秩序。

  最后,党政部门应秉持法治精神,为司法过程与公共舆论的互动平衡创造条件。诸多复杂原因导致我们形成了党的领导、"党政联手"决策和司法政治化的传统。应当说,"党的领导"是中国特色社会主义的核心,应该也必须坚持,但"党的领导"也常常被一些地方党委和政府所"误读",变成了越俎代庖式的强力干预、指挥甚至是公器私用的借口。与此同时,行政首长是党委的"二把手",而司法机关首长则连"常委"都进不去,这样,政府也就在"党政联手"决策的机制下具有了"强势"地位,何况司法机关又在其行政区划管辖下! 因此,政府干预司法的能力也并不比党委差多少。前述的很多事实表明,恰是司法的"体制性捆绑"和超常的党政干预,加剧了司法过程与公共舆论的错位和失衡。党的十八届四中全会《决定》明确指出,"维护宪法法律权威就是维护党和人民共同意志的权威",因此,要敬畏法律、不越法律红线、不触法律底线,带头守法。这样,在当下"全面推进依法治国"的新时期,就应以法治精神、法治思维,并以法治方式来践行"党的领导"。也就是说,党政首长不应在司法个案上"批示"司法机关应该如何回应"民意",也不应该在个案上指令相关部门应该如何去"封口"和"打压"舆论,而是应该把工作

---

① 姜鑫.美国司法制度拒绝盲动民意[EB/OL].[2015-01-06]. http://news.163.com/11/0416/16/71PA0SF000014AED.html.

重点放在为司法过程与公共舆论的互动平衡创造良好环境和条件上,包括推进司法改革、促进社会公平、保障民权民生、培育法治精神等重大施政方针与战略,进而克服那些影响、制约司法过程与公共舆论互动平衡的社会因素和深层问题。这样,才能更好地促进司法公信、司法权威和民众法律信仰,使司法机关能够有效地"为国家治理体系与治理能力现代化创造和输送程序价值、秩序价值、信用价值和正义价值"①,从而推进治理法治化变革和多元治理秩序的形成。

---

① 贺小荣.人民法院"四五"改革纲要的理论基点、逻辑结构和实现路径[N].人民法院报,2014-07-16(05).

网络公共领域的功能、异化与规制
——基于对西方传统公共领域理论的反思

陆宇峰①

内容提要：西方传统的公共领域理论局限于公共领域的政治属性，不适合描述以 Web 2.0 互联网为主要媒介的当代中国公共领域。网络公共领域的运作超出政治范畴，冲击着社会各领域的既有规则和秩序，承担着促进诸社会子系统自我反思的功能，全面推动了社会结构的转型升级。网络公共领域的异化现象并非源于外部权力干预，而是源于网络企业主导的架构设计，后者塑造了网络公众的行为模式。当前的网络规制模式聚焦行为而非架构，忽视线上/线下空间的高度分化，面临合理性和合法性双重困境。应当探索"公—私"合作的新型规制模式，避免侵犯公众在 Web 2.0 环境下得以实际行使的基本权利。

关键词：网络公共领域；网络架构；网络规制

一、问题的提出

我国公共领域的发展一直较为缓慢。新中国成立后的前三十年，虽然历次运动都注重"发动群众"，并且创造了"大鸣、大放、大辩论、大字报"和"批斗会"等民间对话模式，但由于公民基本权利缺乏保障以及民间社会主要被理解为"改造"对象，连接国家与社会的公共意见形成过程并未真正出现；经由动员的汹涌舆论局限于对革命领袖的"三忠于、四无限"，匿名的"群众"实际充当着路线斗争和权力斗争的工具。② 后三十五年，党的核心任务由领导革命向建构国家转型，党的自身属性亦由革命党向执政党转型。在此宏观背景下，作为市场经济和法治国家建设

---

① 作者为华东政法大学助理研究员、博士后研究人员。本文获 2013 年司法部国家法治与法学理论研究项目"Web 2.0 网络公共领域规制模式研究"（项目批准号：13SFB3004）资助。本文是发表于《现代法学》2014 年第 4 期的同名论文的修改版。

② 马长山.公共舆论与和谐社会的法治秩序[J].浙江社会科学,2006(5).

三 法治国家与公共领域

的副产品,公共领域才获得了可能的成长空间。①

尽管如此,在 1978 年以后的整个前互联网时期,以及门户网站占据主导地位的 Web 1.0 时期,由于传媒领域的市场准入限制和内容审查机制始终高效运转,公共领域仍然受到宣传部门以及贯彻其意图的官方媒体支配,被国家纳入自上而下的意识形态整合轨道。唯有随着近年来 Web 2.0 的技术进步,尤其是随着 SNS 在线社交网站、网络"自媒体"、WiFi 社区的日益繁荣,国家的准入限制和内容审查才被实质性地突破。这样,公众就从信息接收者变成信息的传播、共享、协作生产者,公共舆论也几乎在一夜之间自下而上地形成。②

不单独是中国,在西方国家乃至全球范围内,Web 2.0 技术同样促成了公共领域的跨越式发展。按照"Web 2.0 之父"蒂姆·奥莱利的理解,"Web 2.0 没有一个明确的界限,而是一个重力核心","不妨将 Web2.0 视作一组原则和实践"。在他看来,Web 2.0 理念主要包含迥异于 Web 1.0(当然更迥异于前互联网时代的传统媒体)的七项原则:以网络为平台、利用集体智慧、以数据为核心、软件发布周期终结、轻量级编程模式、软件超越单一设备、更丰富的用户体验。③ 对应于上述七项原则,结合大量的经验观察,互联网政治学家安德鲁·查德威克论述了 Web 2.0 技术给西方国家公共领域的民主政治生活带来的七项新特征:以互联网作为政治讨论平台、源于政治性网络使用的集体智慧、数据相对于特定软件和硬件的重要性、公共空间持续不断的实验主义、基于消费主义的小规模政治参与的创造、通过众多应用进行的政治内容传播、政治性网站的丰富用户体验。④

简单的历史考察和比较分析已经暗示,中国公共领域迅速崛起的当下图景,主要不是政治国家导控松动的结果或社区形态转变、社会组织发展、公民品格发育、社会运动展开的结果,而是互联网技术升级的产物。从语言的使用、文字的发明,到印刷术、报纸、电报、电话、广播、电视的出现,历史已经不止一次地证实:"媒

---

① 闫健.中国共产党转型与中国的变迁——海外学者视角评析[M].北京:中央编译出版社,2013:194.

② 有论者将互联网的演化分为三个时代,认为前 Web 时代,互联网是由机器联结构成的"终端网络";Web 1.0 时代,互联网是由超链接构成的"内容网络";而在 Web 2.0 时代,互联网是由个体联结构成的"关系网络"。参见:彭兰."联结"的演进——互联网进化的基本逻辑[J].国际新闻界,2013(12).

③ See Tim O'Reilly. *What Is Web 2.0?——Design Patterns and Business Models for the Next Generation of Software*[EB/OL].[2014-05-26]. http://Oreilly.com/pub/a/oreilly/tim/news/2005/09/30/what-is-web-20.html.

④ Chadwick, Andrew. *Web 2.0: New Challenges for the Study of E-Democracy in an Era of Informational Exuberance*[J]. A Journal of Law and Policy for the Information Society, 2009(1):19.

介即信息",新的媒介带来新的信息;媒介是"人的延伸",新的媒介塑造新的人乃至新的公民。① 归根结底,互联网的技术升级,深刻地改变了社会沟通的数量、性质和后果,进而推动了整个社会结构的转型以及分散的社会力量在公共领域的汇聚。一个早已广受瞩目的现象是:在 Web 2.0 环境下,由于在线存储和在线发布的成本趋近于零,多元的内容市场得以蓬勃发展,"长尾效应"随之呈现,"内容生产的政治经济学"被彻底改变②;相应地,"精英"与"公众"的意见重要性突破"帕累托法则"("二八定律"),以至于"草根"阶层真正取得公共领域的主体资格,"参与式民主"进入崭新的发展阶段。③

仅此一点就足以令人怀疑,从汉娜·阿伦特到于尔根·哈贝马斯的传统公共领域理论,强调奠基于"公民美德"或者"充满活力的市民社会"的公共领域的缓慢成长,并不适合描述以互联网为主要媒介而突然兴起的当代中国公共领域。网络公共领域向政治范畴以外的运作扩张、其极为特殊的异化现象以及 2013 年遭遇挫折的全国互联网整治运动更清楚地表明,网络公共领域的功能定位、结构风险、规制模式都需要重新予以理论审视。④

---

① 其原话为"对人的组合与行为的尺度和形态,媒介正是发挥着塑造和控制的作用。"参见:马歇尔·麦克卢汉. 理解媒介——论人的延伸[M]. 何道宽,译. 凤凰出版传媒集团、译林出版社,2011:19.

② Chadwick, Andrew. *Web 2.0: New Challenges for the Study of E-Democracy in an Era of Informational Exuberance*, [J]. A Journal of Law and Policy for the Information Society, 2009(1):20.

③ 准确地说,参与式民主在西方已经走过了兴起—衰落—复兴的一个周期;所谓"崭新发展阶段",可以视为网络公共领域崛起之后,全球参与式民主的一个新周期的开始,而中国的相关实践直接从这个新周期起步。大致上,20 世纪 60、70 年代,考夫曼、佩特尔曼、麦克弗森阐述的参与式民主理论兴起,相关实践也在许多西方国家进入全盛时期,核心观念在于反对由政治精英和利益集团主导的代议制民主,强调将民主扩展至工作场所和传统上的非政治部门;20 世纪 80 年代中,巴伯的《强势民主》——参与式民主理论的集大成之作出版,全面清算了包含无政府主义、现实主义、最小政府论三大倾向的自由主义民主,但很快其"乌托邦"色彩受到批评,并被哈贝马斯等学者倡导的、政治公共领域的审议民主所取代;20 世纪 90 年代之后,参与式民主理论继续衰落,相关制度和实践却在世界各地复兴,结合合作性所有、共同审议、共同决策、共同管理等多种形式的参与式民主较之单纯审议民主的优势不断展现。随着 21 世纪 Web 2.0 时代的到来,参与式民主在线上空间开辟新局面,一方面坚持了民主的广泛性和直接性,另一方面在技术层面降低了参与的成本、增加了参与的现实性。参见:杰弗里·希尔墨. 参与式民主理论的现状(上、下)[J]. 毛兴贵,译. 国外理论动态,2011(3/4);梁军峰. 从"弱势民主"到"强势民主"——本杰明·巴伯的参与式民主理论评析[J]. 国家行政学院学报,2011(6).

④ 有学者也认识到在网络公共领域兴起之后,"哈贝马斯的概念需要重造",但其目的仅仅在于"使其符合大规模社会中的交往关系的条件——这种条件不可避免的是超越时空的"。参见:胡泳. 众声喧哗:网络时代的个人表达与公共讨论[M]. 桂林:广西师范大学出版社,2008:183.

三 法治国家与公共领域

二、网络公共领域的功能——促进社会各领域自我反思

西方传统的公共领域理论聚焦政治性的公共领域。阿伦特以亚里士多德的分析为基础,指出在三种具有根本性质的人类活动中,"劳动"服务于"必需"的事物,"工作"生产"有用"的事物,只有公共领域的政治参与——"行动",才是"完整意义上的生活,一种自主的和真正属于人的生活方式"①。她追溯古希腊、古罗马的历史,强调"行动"帮助人们走出私人领域,通过公共领域的政治讨论展现卓越、追求不朽,进而摆脱必然的束缚、获得自由的可能。她惋惜古希腊哲学家陷入面向彼岸之"永恒"的"沉思",更批判现代以来过度发展的"社会"将财产等私人事务带进公共领域,因为二者都从根本上消解了追求尘世之"不朽"的自由"行动",模糊了公共领域的政治属性。作为阿伦特的理论后继者,哈贝马斯尽管曾经谈及非政治形式的公共领域——"文学公共领域",却仅仅将之视为具有政治功能的资产阶级公共领域的"前身",其意义在于为公开的政治批判提供"练习场所"。②

今天,国内外众多关于网络公共领域的研究,仍然高度依赖西方传统的公共领域理论,尤其是经由哈贝马斯进一步发展的公共领域理论。自 Web 1.0 时代起,后者所提出的交往理性概念,所倡导的审议民主模式,以及所设定的"理想言谈情境",都被研究者用于分析、评估、预测网络公共领域"电子民主"的现状与前景。③ "电子民主"被赋予审慎、理性的商谈品格,西方学者希望借以弥补代议制民主下正式政策制定过程的固有缺陷,中国学者则希望借以弥补普通公众政治参与的制度化渠道的不足。然而,在 Web 2.0 时代,至少在西方的实践中,作为政治公共领域的网络公共领域远远没有实现"电子民主"论者的美好愿景——不论是真诚的对话、基于合理理由的相互说服,还是由此带来的偏好改变和共识达成,都没有令人满意地展开;尤其在强调用户自身内容生产的各种新兴在线社交网络中,情绪性的意见表达和五花八门的自我表现充斥其间,商谈和审议并未如期而至。④

更重要的是,正当学者们还在为网络公共领域的政治民主潜能争论不休之

---

① 汉娜·阿伦特.人的境况[M].王寅丽,译.上海:上海世纪出版集团,2009:6.
② 哈贝马斯.公共领域的结构转型[M].曹卫东,等,译.上海:学林出版社,1999:34.
③ 安德鲁·查德威克.互联网政治学:国家、公民与新传播技术[M].任孟山,译.北京:华夏出版社,2010:142;杨吉,张解放.互联网革命:网络空间的权利表达与正义实现[M].北京:清华大学出版社,2013:77.
④ See Stuart Shulman. *Whither Deliberation? Mass E-Mail Campaigns and U. S. Regulatory Rulemaking*[J]. Journal of E-Government, 2006(3):41–64.

时,Web 2.0 时代已经在社会各领域全方位降临。其结果是,由于技术门槛的降低以及由此带来的利益和意见表达的便利,各行各业的公众参与飞速增长,公共领域的运作向政治范畴之外革命性扩张。在当代中国,网络公共领域的崛起也是全方位的,互联网以其固有模式"再制"了社会生活的方方面面,受信息共享优势和"人气"效应的吸引,线下世界迅速地全盘网络化。除了以电子政务为代表的互联网政治之外,以电子商务和互联网金融为代表的"互联网新经济"已经引发热议①,互联网传媒、互联网教育、互联网艺术、互联网科学、互联网体育也蓬勃发展。它们建立在以互联网为媒介、经由代码转换的社会沟通基础上,却并非线下社会系统的单纯"复制",而是 Web 2.0 技术环境下"茁生"(emergence)②的新型社会系统,因此极大地改变了诸社会系统原有的组织结构、运作过程和行为准则:信息可存储性的提升,导致移动学习的兴起,以及课堂教育垄断地位的丧失;信息可分析性的提升,导致面向点击率的新闻制造,以及新闻选题的非人工化;信息共享度的提升,导致艺术再创作的繁荣,新的艺术形式层出不穷;信息聚合度的提升,导致资料收集、分类、整理的智能化,知识生产方式乃至思维模式发生变革③;信息可交换性的提升,导致更多资金涌向虚拟经济,独立于中央银行、无法操纵币值的电子货币投入流通;信息技术环境模拟能力的提升,导致网络游戏的兴盛,电子竞技运动成为新的体育项目……

与此同时,在各种全新的互联网社会系统内部,业余、自发的"边缘"正日益壮大,并与专业化、组织化的"中心"进一步分离,逐渐形成互补关系和互动态势。④

---

① 这场热议的焦点,最近进一步集中到互联网金融问题,尤其是 2013 年 6 月上线的"余额宝"是否冲击传统金融系统、提高社会融资成本、危及经济安全的问题。在 2014 年 4 月 10 日的博鳌亚洲论坛上,国务院总理李克强做了题为《共同开创亚洲发展新未来》的主旨演讲,指出"各国要顺应全球新技术革命大趋势……推动以绿色能源环保、互联网等为重要内容的'新经济'发展,占领未来发展制高点,提升产业和经济竞争"。参见:人民网[EB/OL].[2014-04-10]. http://politics.people.com.cn/n/2014/0410/c1001-24870401.html.

② "茁生"是系统理论和社会系统理论的术语,指"在质上出现了新的秩序层次,这个秩序层次的特色是无法由物质性及能量性的下层建筑的特色来解释的"。参见:Georg Kneer, Armin Nassehi. 卢曼社会系统理论导引[M]. 鲁贵显,译. 台北:巨流图书公司,1998:83.

③ 比如"大数据"带来了从因果关系分析向相关关系分析的转变,"建立在相关关系分析法基础上的预测是大数据的核心"。参见:维克托·迈尔-舍恩伯格,肯尼思·库克耶. 大数据时代:生活、工作与思维的大变革[M]. 盛杨燕,周涛,译. 杭州:浙江人民出版社,2013:75.

④ 卢曼曾经论及法律系统、经济系统、政治系统的"中心—边缘"内部分化. 参见:尼可拉斯·卢曼. 法院在法律系统中的地位[J]. 陆宇峰,译. 清华法治论衡,2009(12). 托依布纳进一步指出,每个社会功能系统都存在"职业—组织核心"与"自发边缘"的内部分化. 参见:Gunther Teubner. *Constitutional Fragments: Societal Constitutionalism in Globalization*[M]. Oxford:Oxford University Press, 2012:23.

Web 2.0 的技术发展加速、拓展了在线互动的频繁度和网络化,并与网络用户对于自主性、荣誉感、参与意识、共同体观念的社会心理体验耦合在一起,使这些业余、自发的系统"边缘"得以吸引扮演不同网络社会角色的大量公众参与,迅速形成不同类型的网络公共领域。不那么准确地说,"博客"和"微博"构造了网络政治和网络法律公共领域,"维基百科"和"百度百科"构造了网络科学公共领域,"视频网站"构造了网络艺术公共领域,"大众点评网"构造了网络经济公共领域,"哈佛公开课"构造了网络教育公共领域,"虚拟教堂"(cyberchurch)构造了网络宗教公共领域①,"在线电子竞技平台"构造了网络体育公共领域,各式各样的"自媒体"构造了网络传媒公共领域……这些不同类型的网络公共领域通过不依赖于正式组织化模式的分享、合作、集体行动,业余者随时进行着"简单得可笑"的群体构建。②

　　问题在于,根据哈贝马斯的观点,公共领域的核心功能是通过民主的商谈和理性的审议凝聚公众共识,从而将根植于"生活世界"的"交往权力"转化为政治权力,为政治系统输入合法性,亦即合法化政治决策和立法决定。③ 然而,经验观察已经表明,对于网络公共领域及其电子民主实践来说,这样的要求不仅过度浪漫主义,而且根源于对"民主"的狭隘理解。网络论坛中那些专业化程度较高的严肃"商谈"固然正在衰落,但它们毕竟并非网络公共领域政治参与的唯一合理模式;在 Web 2.0 环境下,亿万普通公众夹杂着娱乐姿态,使用着日常话语的诉求表达,尽管无法满足达成"共识"的目标和开展"商谈"的理想,却同样可能对政策和法律的制定过程造成重要影响。此处需要强调的是,无论采取怎样广义的理解,面对超越政治范畴运作的网络公共领域,哈贝马斯的上述功能界定都不已再合适:在经济领域,企业并不利用网络民主机制进行商业决策;在法律领域,法院并不将网络公众舆论作为裁判依据;在科学领域,网友的共同意见无法决定命题的真伪;在传媒和艺术领域,恰恰是制造差异而不是寻求共识才能成功吸引浏览和点击。

　　归根结底,西方传统的公共领域理论立足一项过时的预设,亦即侵犯整个社会的自治,并主张全体人类人权的力量主要来自政治国家。因此,以"民主"方式集合个人的意见和意志,营造社会团结,以抗衡公权力的恣意行使,是公共领域的

---

　　① 秦州.虚拟教堂:对"传播的仪式观"的另类解读[J].中国地质大学学报(社会科学版),2009(6).
　　② 克莱·舍基.人人时代:无组织的组织力量[M].胡泳,沈满琳,译.北京:中国人民大学出版社,2012:译者序.
　　③ 哈贝马斯.在事实与规范之间[M].童世骏,译.北京:生活·读书·新知三联书店,2002:474.

首要目标。然而,随着现代社会"功能分化"的展开①,这项源于西方"启蒙"时代的预设早已摇摇欲坠。19世纪以来,除了政治系统之外,经济、科学、法律、传媒、教育都在自主运转的过程中竭力扩张,由此产生相互侵犯自治边界、威胁个人基本权利的倾向。② 20世纪90年代以来互联网的兴起和普及,更是加速了围绕不同"符码"(code)和"纲要"(programme)展开的各种社会沟通,加速了各种社会系统的自主发展,同时也加速了它们负外部性的增长和全社会离心力量的膨胀。相应地,公共领域逐渐将关注的焦点从单一的、政治系统之中的国家,转向更多专业化、组织化的体制力量,尤其是经济系统之中的大型企业、法律系统之中的法院、传媒系统之中的官方媒体、科学系统之中的研究机构、教育系统之中的高等院校、艺术领域之中制定行业标准的协会以及互联网系统自身之中占据垄断地位的互联网巨头。

在此背景下,有必要改造哈贝马斯关于政治公共领域核心功能的论述。一则应当依据现实经验在一定程度上淡化其乌托邦色彩,尤其是淡化其对于严肃审慎的"理性商谈"的过度强调,承认"草根阶层"丰富多元的诉求表达和自我表现同样具有政治上的民主价值;二则应当超越"政治民主"范式本身,在更高层面将公共领域的功能分析予以理论一般化,以便使之适合于描述已然扩展到全社会各子系统的网络公共领域。社会系统理论有助于相应的"双重改造":从社会系统理论的视角出发,政治公共领域的功能可以更加"价值中立"地重新界定为通过促成正式与非正式的政治过程的内部再分化,提升整个政治系统的自我反思能力;在此基础上进一步抽象,则网络公共领域的社会功能,就是通过在各种社会子系统内部造成"职业—组织中心"与"业余—自发边缘"的再分化,促进后者批判潜力和创造性的发挥,并最终促进社会各领域的自我反思。

这种"自我反思"具有两方面的重要后果:一方面是划定了诸社会子系统的运作边界,使它们各自运行不悖、加速发展。比如,近年来的司法公开化改革以及由此带来的网络司法舆论的强化,不仅不应该对司法权威和审判独立的匮乏负责,反而有助于推动法院地位的上升和司法权的强化。2009年最高人民法院《关于司法公开的六项规定》和《关于人民法院接受新闻媒体舆论监督的若干规定》颁布后,网络公众、网络媒体以及律师和法学家"博主"积极参与热点案件的公开讨论,

---

① Niklas Luhmann. *The Differentiation of Society* [M]. New York: Columbia University Press, 1982: 232-238.
② 陆宇峰. 全球的社会宪法[J]. 求是学刊,2014(3).

由此产生的新型"社会声誉机制"迫使当事人考虑长远利益,提高了法院判决的执行力;由此产生的新型"公众强制机制"增加了政府在行政诉讼中的公关成本,强化了司法权约束行政权力的能力和意愿。① 另一方面,社会自我反思的发展也有利于矫正诸系统的扩张主义倾向,防止它们侵犯体制的完整性或威胁人类的身心完整性。今天正在广泛讨论的互联网之于诸多传统产业的颠覆性效果,就是根源于网络公共领域所激发的这种自我反思力量:在第三方交易平台上分享商品信息的网络消费者改变了经济领域的定价机制,并通过众多分散的意见回馈建立起庞大的电商信用体系,要求企业和商家真正面向需求、面向无法操纵的市场而提高商品质量并降低商品价格;博客、微博等自媒体日复一日地生产海量新闻,形成舆论热点甚至设置公共议题,迫使传统媒体改革形式和内容,放弃意识形态控制的幻想;网络作家及其千万粉丝重新界定了文学标准,官方协会的权威形象遭到解构,传统文学期刊的"优秀作品"读者流失;网络"恶搞"文化对电影、电视剧进行再创作,实际上构成文艺批评的新形式,就连大牌导演都不得不予以重视②;网络环保主义者有力地塑造了公众的环境意识,环保运动风起云涌,石油化工企业和其他污染企业在抗议声浪中四处搬迁;越来越多的网络公开课增加了人们的学习时间,动摇了学校在教育领域的垄断地位,照本宣科式的教学方式逐渐退出课堂;婚恋和交友网站扩大了人们的择偶范围,年轻人的交往进一步冲破家庭的束缚和地域的限制,恩格斯所说的以爱情为基础的婚姻正在实现……

一言以蔽之,随着网络公共领域的崛起,诸社会功能系统的基本游戏规则都在动摇。占据传统系统中心的专业化、组织化力量制定了这些既有的游戏规则,其对基本权利和人权的潜在侵犯,以及经由与法律系统的耦合而被再度强化的负外部性,尽管早已在人们的生活历史中留下了痛苦记忆,但长期作为无可逆转的命运被无奈接受。更严峻的问题是,系统运作的惯性削弱了系统反思既有规则的能力,除非在极度膨胀后彻底崩溃,系统内部的合理化进程以及系统际的相互协调进程不会开启。后现代主义的解构叙事对此有所揭示,比如福柯描述的"全景敞视主义"的"规训社会"③,就曾唤醒人们对于"无所不在的枷锁"的感悟,但其提供的唯一反抗方法似乎只是自我放逐;大量人群仍然只能被动接受"旁若无人"、

---

① 钱弘道,姜斌.司法公开的价值重估——建立司法公开和司法权力的关系模型[J].政法论坛,2013(4).
② 季卫东.网络化社会的戏仿与公平竞争——关于著作权制度设计的比较分析[J].中国法学,2006(3).
③ 米歇尔·福柯.规训与惩罚[M].刘北成,杨远婴,译.北京:生活·读书·新知三联书店,2003:219.

自主运转的社会系统的"排除"(exclusion)——或者沦为形式平等的牺牲品,或者沦为福利救济的对象;包括经济在内的各种社会子系统周期性陷入崩溃,不仅一再造成无可估量的资源浪费,而且总是伴随着对"贫困人群"的洗劫和残酷的"马太效应"。

就此而言,网络公共领域的茁壮成长带来了现代社会"凤凰涅槃"的希望。公众得以通过各种形式的信息共享、意见表达、协同行动、群体建构,依靠"弱联结基础上的社会网络"或"无组织的组织力量",绕过易受社会事实性摆布的各种中介结构,直接参与游戏规则的重新制定,进而提升诸社会系统的自我反思能力。对于陷入"加速发展螺旋"的各种社会系统来说,网络公共领域为其崩溃风险提供了预警机制,一轮又一轮"触底反弹"的恶性循环可能走向终结①;对于那些因历史原因遭遇"排除"的个体来说,网络公共领域为其"涵括不足"提供了修正的机会,使之可能得到"再涵括"(re-inclusion)②,亦即再涵括进诸"自创生"的功能系统,有效参与社会现代化的进程;压抑多时的利益需求和价值诉求一旦释放,社会各领域的利益格局都面临重新洗牌,更加公平的再分配将从普遍意义(而不仅仅是经济意义)和实质意义(而不仅仅是形式意义)上展开。从法律层面讲,所有这一切都意味着在更大范围内落实以自由、平等为核心的基本权利和人权。

三、网络公共领域的异化——基于技术设置的结构风险

也是由于聚焦政治性的公共领域,哈贝马斯强调公共领域的风险根源于其"交往结构"易于受到"权力化"的破坏。他认为,严格意义上的公众舆论应当满足两个条件:一是"合理形成",即舆论形成基于对可认知事态的自觉把握;二是"在商谈中形成",即舆论形成经由具有批判意识的公众的矫正。他由此断言,在从"自由主义法治国家"向"社会福利国家"转变的过程中,政治权力和准政治性的社会权力"异化"了承载公众舆论的公共领域。尽管大众传媒的商业化和广告业的兴起,本身并没有模糊私人领域与公共领域的界限,也没有阻碍公共领域的功能发挥,但借助大众传媒和广告的操作模式,大型企业和现代政党都发展出一套公关技术,将私人利益包装成具有普遍性的公共利益加以"宣传",进而左右政策和法律的制定。尤其是,现代政党以争夺选票为目的的大规模政治推销和政治动

---

① 贡塔·托依布纳.宪法时刻的来临——"触底反弹"的逻辑[M].宾凯,译.交大法学,2013(1).
② 现代法律系统对个人的处置包括"涵括"与"排除"两种方式。参见:尼可拉斯·卢曼.社会中的法[M].李君韬,译.台中:五南图书公司,2009:635.

员,与"娱乐文化"所塑造的并不真正关心政治的"政治消费者",以及习惯于提出要求而非参与政治商谈的"社会福利接受者"三方面共同作用,造就了在竞选期间定期出现的、受操纵的公共领域。这样一来,"随时准备欢呼的情绪"和舆论"氛围"就取代了公众舆论本身。①

与哈贝马斯的理解不同,对于当代中国的网络公共领域来说,外部权力干预并非影响其功能发挥的主要因素。第一,从政治权力角度看,由于技术上无法垄断网络话语权,尤其是无法排斥"草根"阶层通过社交网站、博客、微博的政治参与,政党的宣传攻势随时面临解构威胁,甚至因被理解为打压言论自由而遭到公众敌视;官方的网络媒体越是介入政治议题的争论,越是暴露出意识形态权威地位的丧失,扮演中立角色以维持"左右互搏""左右均势"似乎更为明智;被讥讽为"五毛党"的"网络评论员"队伍仅仅起到负面作用,以致任何稍显直白的支持政府的声音,都可能引发公众的敏感和警惕。第二,从准政治性的社会权力角度看,由于自媒体和电子商务带来了资讯与商品的进一步多元化,个性化消费、消费信息共享和消费者批评日趋成熟,大型企业和大众传媒的社会权力逐渐瓦解;网络危机公关行业的兴起,从反面显示了舆论"失控"的严重程度,以致大型企业和大众传媒从主动操纵舆论转向被动应对舆论;面对竞争激烈化造成的利润率下降,以及电子商务挤压线下市场的现实,大型企业甚至逐渐放弃与昂贵的大众传媒结盟,转而发展自己的广告部门,或者求助于分众传媒和网络营销,甚至求助于"网络推手"——其价格更为低廉,且更能理解和适应网络公共领域的意见形成过程。总而言之,在"信息过剩"的网络公共领域,政党、大众传媒、大型企业都遭遇了"宣传滑铁卢",不论政治权力还是社会权力,都难以将其私利包装成公益。

经验观察也表明,较之传统的政治公共领域,进入 Web 2.0 时代以后的网络公共领域在认知、对话、行动三个层面均出现了不同程度的异化现象。一是同时免于信息的封锁和受到不良信息的腐蚀,不仅阴暗心理发生病毒式传播,而且由于群体无意识的作用,更加易于丧失自控力和辨别力;②二是同时面对信息爆炸和遭遇信息的选择性供给,不仅难以展开理性商谈,而且由于既有偏见的不断强化,情绪宣泄现象日益严重;三是同时成为信息提供者和沦为无偿的信息工人,不仅在网络企业的鼓励下免费生产信息,而且由于"点击率"法则的导控,时常相互侵害名誉和隐私。可以说,无论是政党,还是大型企业或大众传媒,都不愿意面对这

---

① 哈贝马斯.公共领域的结构转型[M].曹卫东,等,译.上海:学林出版社,1999:251.
② 古斯塔夫·勒庞.乌合之众——大众心理研究[M].冯克利,译.北京:中央编译出版社,2005:15.

样的网络公众,也不可能有意识地"制造"这样的网络公众。它们无法促进诸社会领域的合理化,却致力于摧毁现有秩序;无法抵御诸社会系统的负外部性,却试图解构所有组织形态和专业知识;无法就现实的解决方案达成共识,却成功地形成了无条件对抗一切权威的群体意识。要言之,异化的网络公共领域尽管无法实现自我反思功能,却完全可能危及政治支配和社会整合。这就再一次表明,尽管政治权力和社会权力仍然可能长期致力于舆论控制,但网络公共领域的异化问题并非根源于此。

  唯有互联网企业在乱局中获利。正当学者们针对互联网服务提供商区别对待内容提供商的问题(亦即"接入平等"问题),争论"网络中立"原则之时①,由于众多内容提供商摇身一变"平台提供商",后者自身的实质性"平台中立"问题也已提上议程。在 Web 2.0 环境下,那些提供信息交互平台的互联网企业日益主导网络空间的基本架构,它们基于自身利益最大化的考虑进行技术设置,造成了网络公共领域独特的结构风险:借助"互粉""取消关注""拉黑""关闭评论"等设置,微博在不断吸引更多用户的同时,各种意见圈子的规模和封闭性也在增长,就事论事的温和观点陷于"沉默螺旋",言论自由由于"群体极化"失去协商意涵②;电商过度利用"大数据"详尽记录和分析消费者偏好,通过共享这些数据推销符合偏好的商品,潜在地剥夺了消费者的选择权,削弱了消费者的商品批判能力;网络论坛为了提高点击率,放任隐私甚至诽谤信息的传播,默许"人肉搜索"和其他类型的群体宣泄,或者直接与"网络推手"和公关公司联合,靠侵犯公众知情权的虚假宣传和"删帖"服务牟利③;搜索引擎采用单纯的"竞价排名"模式,使网页优化技术(SEO)变得毫无意义,欺诈信息、钓鱼网站获得更高排名,公众遭受严重误导,寻医问药者甚至被危及生命;电子文库和视频网站借口"信息分享""平台开放""技术中立",变相鼓励用户上传侵犯知识产权的论文、书籍、电视剧、电影,并利用"避风港规则"规避法律责任④;网络游戏中赌博、暴力泛滥,未成年人沉迷其中的现象严重,电子竞技运动走向衰落;"网络民科"抢占贴吧和博客阵地,以毫无科学精神的方式宣扬伪科学,鼓吹"科学大跃进"。在很大程度上,这些异化现象应当归咎于自诩只是"平台提供者"的网络企业。这些平台的设计便利了符合设计者(网络

---

① 付玉辉.美国"网络中立"论争的实质及其影响[J].国际新闻界,2009(7);罗昕.美国"网络中立"争论:在接入控制与开放之间[J].新闻与传播研究,2010(3).
② 凯斯·桑斯坦.网络共和国[M].黄维明,译.上海:上海人民出版社,2003:50.
③ 胡凌.商业网络推手现象的法律规制[J].法商研究,2011(5).
④ 崔国斌.网络服务商共同侵权制度之重塑[J].法学研究,2013(4).

企业)利益的信息传播,却严重地异化了网络公共领域的反思功能,使之沦为娱乐文化的信息剧院、山寨文化的信息作坊、消费主义的信息市场、民粹主义的信息广场、反智主义的信息狂欢节,预示着线下空间的游戏规则重获支配地位。

更明确地说,诸多非理性网络行为的基本模式是由互联网技术设置决定的,无关网络公众自身的素质和意愿。只要网络游戏开发游戏币、鼓励装备交易,玩家就难免沉溺其中;只要"粉丝"数量等同于信息传播范围,微博博主就必须尽可能迎合大多数人的偏见,或者对"平庸"观点保持沉默;只要被下载次数与积分挂钩,进而与下载的权利挂钩,用户就可能不断上传盗版或者色情作品;只要购物网站根据大数据分析推荐同类商品,消费者就难以改变根深蒂固的消费偏好,建立"低碳"生活理念。尤其以当前最受关注的各种在线社交网络为例,如果不采取将合理理由、论理质量纳入评价指标的技术措施以使较高质量的意见和建议能够经由"推荐"得到更多倾听,用户就不可能呈现所谓"公民品格"和"理性精神";反过来说,如果互联网企业不改变技术设置,所有直接约束网络行为的方法都难以起到应有的作用:"文明上网"的频繁宣传只会招致反感和"别有用心"的怀疑;"实名制"无法促成声誉监督机制的运转,其潜在威胁无非迫使一部分人退出,另一部分人依然我行我素;网络社区的自治规范约束不了影响力巨大的特殊用户,这些用户可能不符合公共道德的要求,但在两种意义上恰是互联网企业的利益所在——一方面,他们贡献了点击率,提升了网络活跃度,带动了广告收入的增长;另一方面,成功赢得关注的事实本身就表明,他们的行为充分利用了互联网企业的技术设置,符合网络公共领域的"真实规则"。

四、网络公共领域的规制:"行为主义"模式的错位

正是因为局限于规制网络用户的"行为",在向网络公共领域延伸的过程中,传统的内容管理体制和手段早已陷入了困境。在传统公共领域和 Web 1.0 网络公共领域中,只有少量媒体机构享有信息传播的特权,且此种特权以及附着其上的稳定的经济利益根源于"政治信任";因此,以业务许可制度、年度审查制度为核心,以专项审查为补充的内容管理成效显著,甚至完全可以做到"收放自如"。为了适应改革要求、促进行业发展,主管部门可能在一段时间内放松监管,使媒体机构受益于市场化进程;一旦失控风险出现或者重要政治时点到来,主管部门又能迅速"收网",保证"大局稳定"。但在 Web 2.0 网络公共领域中,技术发展造就了"人人都有麦克风"的全新局面,数以亿计的"新媒体"根本无法纳入许可管理,年

度审查和专项审查也应付不了海量的信息传播,以及随时随地形成的无可预料的舆论。换言之,仅仅是公共传播主体及其"行为"数量暴涨这一最为基本的变化,就决定了传统的行政管理手段难以在网络空间延续内容控制的高效性。

为了弥补常规行政手段内容监管能力的不足,近年来,宣传、公安、司法部门的非常规行动逐步登录网络公共领域①,并在2013年汇集成一场全国性的互联网整治运动。遗憾的是,"行为主义"的规制模式并无改变迹象:官方媒体日复一日的"文明上网"教育,仍然聚焦网络公众传播谣言和发表煽动性言论等威胁社会稳定的"行为";各地公安机关的"清网"行动,以及试图为此项行动提供合法性支持的"两高网络诽谤"解释②,仍然没有将决定网络行为基本模式的互联网技术设置作为规制重心。因此,从媒体宣传到公安执法再到刑法司法解释,尽管明显可以看到网络行为控制手段的升级趋势,效果却并不尽如人意。

网络舆论尤其对"两高"的"网络诽谤"司法解释充满疑虑。批评意见集中在三个方面:第一,由于刑法介入的门槛设置过低,涉嫌诽谤和寻衅滋事的网络行为可能数量极大,相关打击行动无法避免"选择性执法"问题,甚至可能沦为公权力报复网络监督的工具;第二,将"同一诽谤信息实际被点击、浏览次数达到五千次以上,或者被转发次数达到五百次以上"认定为刑法诽谤罪条款中规定的"情节严重",将网络实际上认定为"公共场所",进而将辱骂、恐吓他人或者散布虚假信息的网络行为纳入寻衅滋事罪的范畴,是不合理的扩大解释,也是违反刑法"罪刑法定"原则的类推解释;第三,"两高"的司法解释权本身不合法,根据《立法法》第四十二条的规定,当法律需要进一步明确具体含义,或者法律在制定后出现新情况,需要明确适用法律依据的时候,应当由全国人民代表大会常务委员会进行解释。

上述三条批评意见都存在似是而非之处,但也都富有启发意义,值得认真分析。

首先可以看到,自媒体时代公共传播行为在数量方面的急剧增长,再次对网络规制提出了挑战。从理论上讲,作为"规则之治","法治"首先强调法律本身的"匿名的权威",反对任何人、任何组织的操纵;在统治秩序受到威胁时,将刑法与刑罚作为"专政工具",通过选择性的适用制造"震慑"效果,有悖于法治国家的基本理念。对于普通公众来说,较之主管部门对于网络公共领域的日常行政规制,

---

① 郭栋.运动式治理、权力内卷化与弥散性惩罚[J].国际新闻界,2013(12).
② 参见《最高人民法院、最高人民检察院关于办理利用信息网络实施诽谤等刑事案件适用法律若干问题的解释》(法释[2013]21号)。

三 法治国家与公共领域

司法规制尤其是刑法规制必须更为严格地满足"法律面前人人平等"的要求。行政机关区别对待各类网站尚可理解,比如官方网站担负意识形态宣传的政治职责且大量属于非经营性网站,私人的非经营性网站和经营性网站亦存在是否以营利为目的的差异,采取不同形式的监管手段有其合理之处①;司法机关区别对待网络传播者却不可原谅,尤其是利用刑法处罚某些网民的诽谤行为,同时又放纵更多网民以及网络官媒的类似行为,必然在动机层面引起怀疑。为此最高法院新闻发言人专门指出,"广大网民……即使检举、揭发的部分内容失实,只要不是故意捏造事实诽谤他人的,或者不属明知是捏造的损害他人名誉的事实而在信息网络上散布的,就不应以诽谤罪追究刑事责任"②,似乎意在回应公众关于网络诽谤犯罪的司法解释可能成为地方官员打击报复网络反腐之工具的担心。但鉴于"两高"解释设置了极低的犯罪门槛,并且着眼于海量的网络传播行为,选择性司法的现象是无可避免的,动机"纯正"的自我声明也因此于事无补。

其次,从合理性和合法性角度对司法解释的质疑揭示了一个新的问题,即在线行为和线下行为不仅存在数量上的差异,而且存在性质和后果上的差异。一方面,公众之所以直觉地认为"诽谤信息转发五百次入罪"是不合理的扩大解释,根本原因是互联网的技术设置导致了线上/线下社会空间的分化;而在高度分化的两个社会空间中,"相同"行为的固有性质可能截然不同。③ 线下空间人际联系固定,当捏造的事实被五百名熟人口耳相传,确实可能形成长期的社区舆论;线上空间的人际联系松散,舆论热点的切换又极度频繁,转发五百次的信息往往不值一提。日常生活中的诽谤者无法控制不实信息的进一步传播,容易给他人名誉造成不可挽回的影响;网络用户如微博用户却可以在转发量超过五百次后主动删帖,从根本意义上消除严重的危害后果④;更不用说,只要自主"删帖"或者设置"转发

---

① 比如,根据国务院《互联网信息服务管理办法》第三条,国家对经营性互联网信息服务实行许可制度,对非经营性互联网信息服务实行备案制度。
② 中国出台司法解释划定网络言行法律边界[EB/OL].[2013-09-09].新华网 http://news.xinhuanet.com/legal/2013-09/09/c_117295827.htm.
③ 学者早已指出,"赛博空间"以账户和密码为边界,其规则体系与以领土为边界的现实空间的法律体系截然不同。参见:David R. Johnson, David Post. *Law and Borders—the Rise of Law in Cyberspace*, Stanford Law Review 1995(48):1367.
④ 此处仅就一般而言。具体说来,社会联系越是紧密的网络空间,如电子邮件、QQ群、微信群等,越是与线下空间近似;社会联系越是松散的网络空间,如微博、社交网站、维基百科等 Web 2.0 网络空间,越是与线下空间分化明显。因此,在具体的司法操作中,可能有必要区分强联系—中等联系—弱联系的网络空间,以便论证特定法律规范的可适用性。参见:Tal Z. Zarsky. *Law and Online Social Networks: Mapping the Challenges and Promises of User-Generated Information Flows*[M]. Fordham Intell. Prop, 2008(18):741-746.

上限"的功能获得技术支持,意图诽谤的网络用户完全可以规避刑罚,使打击网络诽谤变成一场"猫鼠游戏"。此外,热烈争论"五百次转发"的公众没有意识到,"实际被点击、浏览次数达到五千次以上"其实是更为严格、也更为模糊的网络诽谤认定标准:在线下空间中,理论上可以查证人们是否"实际"获知一则诽谤传闻,在线上空间中,计算机统计根本无法区分"实际/不实际"的"点击";两种空间的"浏览"行为也存在本质上的不同,比如为了铺餐桌而摊开报纸肯定不算浏览,但随手打开根本没有阅读的网页已经是"浏览"。

另一方面,公众批评者也以刑法禁止"类推解释"为由,反对司法解释将网络认定为需要维持"秩序"的"公共场所",并因此适用关于寻衅滋事罪的规定。他们强调,刑法第291条关于扰乱公共场所秩序罪的规定列举了"车站、码头、民用航空站、商场、公园、影剧院、展览会、运动场"等公共场所,因此在规定寻衅滋事罪的刑法第293条第4项中,"公共场所"的外延应当与之保持一致。这种批评其实是站不住脚的:刑法第291条毕竟采用的是不完全列举方法,留下了"或者其他公共场所"这一待解释空间;随着社会的发展和技术的进步,公共场所存在形式的多元化不仅实属正常,而且意味着公共生活的日益丰富;更不用说,网络公共领域确实也与那些被列举的公共场所一样,面向公众的社会生活需要,具有开放性、人员的多数性和不特定性诸多共同特征。

又一次地,批评者没能合理论证他们的正确直觉。"两高"将网络空间等同于线下的公共场所之所以属于类推解释,原因并不在于法律没有明确列举,而在于两种空间的高度系统分化,以及由此造成的行为后果差异。举例来说,如果有人在车站、码头、机场、剧院"起哄闹事",作为乘客、顾客是无法立即离开现场的,公共场所秩序的混乱往往使他们无可选择地成为被动受害者;相反,如果有人在网络社区"起哄闹事",作为网友可以马上关闭网页甚至关闭计算机,网络"围观"则是其主动的选择。至于网络空间的"秩序",典型如"黑客"的非法侵入,确实足以造成混乱,但"起哄闹事"者根本没有这种能力——较之钢筋水泥架构的物理空间,信息技术架构的网络空间容量之大,很大程度上消解了物理空间意义上的秩序问题。换言之,刑法上"公共场所"所具有的"开放性"特征,实际上是"受限于物理空间容量的可进入性",而诸多网络空间的"开放性",则是"无限的可进入

三 法治国家与公共领域

性",故既不存在社会秩序问题,也不应归属于"公共场所"。①

有学者已经认识到,"对网络的管理……绝不是通过一个对传统刑法随意延展的解释所能解决的"②;但也有学者不承认线上—线下空间的高度分化,认为Web 2.0 网络正在"从虚拟性向现实性过渡","网络行为不再是单纯的虚拟行为,它被赋予了越来越多的社会意义",并以赌博网站与物理性的赌博场所被统一视为刑法中的"赌场"为例,论证网络空间也是"公共场所"。③ 这种论证认识到线上—线下空间的现实性以及线上—线下行为的社会性,却混淆了"网络社会"的"现实性"与"现实社会"的"现实性",以及"网络行为"的社会意义与线下行为的社会意义。此处的关键问题是,类似行为在不同空间语境下是否仍然保持相同意义? 毫无疑问,具体情况必须具体分析:不论开设赌博网站还是物理性的赌博场所都是"开设赌场",这是因为该行为的特定性质和后果不因线上—线下的空间转换而呈现重要差异。这并不意味着所有网络空间都可以与物理空间一一对应。恰恰相反,网络空间与物理空间的高度分化普遍存在,只不过在定性问题上,"开设赌场"这类犯罪行为缺乏"空间关联性"罢了。另有学者转而强调,网络寻衅滋事犯罪所扰乱的不是网络社会的秩序,而是现实世界的社会秩序。④ 这种观点在一定程度上限制与缩小解释了网络寻衅滋事犯罪的认定条件,似乎试图扩大网络言论自由的边界,但仍然必须面对一项关乎"立法者原意"的质疑:刑法惩罚"在公共场所起哄闹事,造成公共场所秩序严重混乱"的寻衅滋事行为,有何证据表明此处的两个"公共场所"可以不同?

最后,网络公共领域的兴起还改变了公众的行为预期,造成"两高"解释可能陷入"违宪"境地。尽管在法学界内部,司法解释权与立法权、法律解释权的界限早已引发争论,但普通公众广泛质疑司法解释权的情况还是第一次出现。网络舆论反复强调《立法法》将法律解释权授予全国人大常务委员会,却忽略了鉴于我国的立法水平尚有待进一步提高,没有司法解释或者仅仅依靠立法解释只会造成司法工作的混乱;忽略了《立法法》尽管在效力等级上属于宪法性规范范畴,但专门致力于规范"立法"行为,其所谓"法律解释"仅仅指"立法解释";忽略了我国宪法

---

① 有学者认为,较之作为"限于私人之间的非开放圈子"的微信,微博具有开放性,更可能属于刑法意义上的"公共场所"。这种观点的错误,就在于片面理解公共场所的"开放性"特征。参见:于志刚."双层社会"中传统刑法的适用空间——以两高《网络诽谤解释》的发布为背景[J].法学,2013(10).

② 孙万怀,卢恒飞.刑法应当理性应对网络谣言[J].法学,2013(11).

③ 于志刚.网络、网络犯罪的演变与司法解释的关注方向[J].法律适用,2013(11).

④ 曲新久.一个较为科学合理的刑法解释[N].法制日报,2013-09-12(07).

并无"三权分立"的制度设计,不仅惯例上允许针对具体法律适用问题的司法解释,最高人民法院《关于司法解释工作的规定》甚至赋予抽象的司法解释以"法律效力"①;也忽略了自 20 世纪 60 年代以降,全球范围内都出现了"司法治理"(juristocracy)的潮流,司法成为社会治理的主导机制,法院在法律系统的中心地位不断巩固,"司法至上"原则实际上获得确立。② 更不用说,如果全国人大常委会在网络诽谤、寻衅滋事等问题上做出了与"两高"一致的解释,公众还能质疑什么呢?

平心而论,司法解释权本身的非法性只是部分公众的一个借口,用以表达对"两高"限制网络公共领域的不满,其实质是恐惧于宪法基本权利可能遭受的侵害,因此选择了富于进攻色彩的自我保护策略。"文革"结束后的二十多年中,我国的言论控制主要不再依靠向个体施加刑罚,私人领域的言论一般不会遭到"检举揭发",试图进入公共领域的言论则由行政监管下的媒体加以过滤。但在那个时代,绝大多数的普通人局限于私人领域,本不可能获得稀缺的公共媒体资源而出版著作、撰写报纸专栏或者发表电视讲话,是故只有少数知识分子和政治异议人士感受到言论自由的限制。然而,随着 Web 2.0 互联网技术的发展,即便"草根"阶层也获得了面向全国乃至全世界说话的实质性权利,公众对于言论自由的理解很快发生了改变。"普通人的言论不入刑"这项前互联网时代的行为预期,由此扩展到高度开放的网络公共领域;所有试图控制普通公众网络行为的法律,都难免从根本上面临合宪性的质疑。

五、结语:走向"公—私合作"的新型网络规制

再一次强调,全新的中国公共领域,归根结底是 Web 2.0 技术进步的产物。在 Web 2.0 环境下,网络公共领域向传统的政治公共领域之外延伸,其功能不再局限于凝聚商谈共识和支撑政治合法性,而是扩大为通过推动各种社会子系统的内部分化,全面提升政治、经济、法律、科学、教育、传媒、艺术的自我反思能力。作为具有业余、自发特征的系统"边缘"部分,各种类型的网络公共领域都富有创造性和批判潜力,有助于改善"组织化、专业化"的诸系统"中心"制定的游戏规则。这就同时促进了已然高度分化的各社会系统的"合理化",以及被现代化进程"排除"的弱势群体的"再涵括"。各种社会离心力量得到有效遏制的前景,对于普通

---

① 金振豹.论最高人民法院的抽象司法解释权[J].比较法研究,2010(2).
② 肯尼迪.法律与法律思想的三次全球化:1850—2000[J].高鸿钧,译.北京:清华法治论衡,2009(12):114.

三 法治国家与公共领域

公众来说,意味着人权和基本权利的进一步落实;对于政治系统和法律系统来说,意味着社会复杂化带来的整合压力可能全面缓解。

由此可见,网络规制的首要目标,不应是维护网络公共领域的秩序"稳定",而应是保障其自我反思功能。为了实现这一首要目标,必须化解网络公共领域的异化风险。与传统的政治公共领域不同,网络公共领域的异化主要不是源于政治权力和社会权力的外部侵蚀,而是源于互联网企业主导的内部技术设置和架构设计。美国学者莱斯格早已指出:"互联网的'性质'并非由上帝的旨意来决定,而仅仅是由它的架构设计来决定,并且,那些架构设计可以是五花八门的。"① 正是诸多技术设置搭建了不合理的网络"架构",才模糊了各种社会系统已然展开的"中心—边缘"分化,形塑了网络公众带有非理性色彩的行为模式。长此以往,系统"边缘"的批判潜力和整个网络公共领域的反思功能可能再度受到抑制,职业化、组织化的"中心"以及符合其利益的游戏规则可能重新获得支配地位,对抗诸社会系统扩张倾向的理性化进程可能被迫中断,普通公众基本权利的扩大化进程可能走向停滞。

当前的"行为主义"网络规制模式着眼于普通公众的网络行为,而非形塑其行为的互联网技术设置和架构设计,因此难以应对网络公共领域的异化风险。在2013年的全国性互联网整治运动中,"两高"司法解释由于忽视互联网技术发展带来的线上—线下社会空间分化,以及网络行为在数量、性质、后果、预期方面的特殊性,受到网络公众诉诸直觉的广泛质疑,并在实践中陷入困境。② 这再次表明,调整线下社会空间的法律规范不能不加甄别地直接"移植"到线上的网络公共领域③;未来网络公共领域的规制重心应当从行为向架构转移,普通网络公众向互联网企业转移,从单纯的外部规制向"自我规制的规制"转移。

比如,由微博运营商自主设置"官方辟谣微博"和"不实信息曝光专区",就比强行推出"微博实名制"更能有效抑制虚假信息传播,同时又不必付出侵犯公民隐

---

① 劳伦斯·莱斯格.代码2.0:网络空间中的法律[M].李旭,沈伟伟,译.北京:清华大学出版社,2009:43.

② 2013年9月27日,最高法院"有关人士"通过媒体表示其已经注意到"出现对执法过程中存在个别偏失现象的质疑",并透露"最高法已经对地方法院进行指导,将进一步统一执法标准,规范执法行为"。参见:最高法将统一执法标准[N].京华时报,2013-09-27.

③ 有学者认为,"全球信息化技术的迅速发展……将使18世纪工业革命以来围绕能量与物质构建的法律秩序向围绕信息构建的法律秩序全面转型"。参见:余盛峰.全球信息化秩序下的法律革命[J].环球法律评论,2013(5).

私权的成本①;又如要求观点对立的政治性网站和网络社区相互链接,以增加异质信息的传播和不同意见的理性讨论,不仅无损公众的言论自由,而且比惩罚发表激进观点的网民个人更能防止群体极化;再如数字权利管理技术(DRM)可以在很大程度上控制数字环境下的内容使用,通过法律合理规制数字化作品经销商的技术实施,远比"严打"盗版用户或者简单地提供司法救济更有助于保护版权人的合法权益。② 一言以蔽之,未来的网络法应当避免直接侵犯公众在Web 2.0技术条件下获得落实的宪法基本权利,应当更加重视向互联网企业强加监管责任,积极探索政府与企业"公—私合作"的新型网络规制模式③。

中国互联网经济日益被少数企业主导的现实,也迫使当前网络规制模式的转型。经过多年的残酷竞争,一些互联网巨头在全国乃至全球范围内脱颖而出,并逐渐通过"对内容、服务、应用、操作系统、硬件终端,甚至是管道的垂直整合","排他地向用户提供一站式服务"④。与此同时,由于我国在互联网领域实行严格的市场准入管制,大量中小互联网企业被排除在许可之外,后进入的企业不仅处于不利的资本市场竞争地位,以及受制于高科技行业特有的知识产权"差序格局",而且因为难以获得"牌照"而面临巨大的政策和法律风险。⑤ 在市场准入管制短时间内难以松动的情况下,主导网络架构的企业数量可能越来越少,其规模和影响力可能越来越大。这种发展趋势一方面便利了开展"公—私"合作的网络规制,另一方面也要求国家强化对大型网络企业的法律规制。

毋庸讳言,Web 2.0网络公共领域有力地冲击了既有社会规则,甚至全面地解构和重构着既有社会秩序,难免遭遇大量利益集团和保守势力的围追堵截。在这种局面下,"公—私合作"可能沦为"公—私合谋",以致反而加剧网络公共领域的功能异化。因此,不论具体的规则为何,"公—私合作"首先要求更高程度的公开透明,其基本规则应当通过立法形式确定下来,接受公众舆论基于宪法基本原则的检验。其次,鉴于"电子执行"的极端彻底性,网络企业的私人管理行为可能更为严重地侵害网络公众合法权益,应当将这种管理行为严格限定在法律的明确授

---

① 韩宁.微博实名制之合法性探究——以言论自由为视角[J].法学,2012(4).
② 王迁.论网络环境中的首次销售原则[J].法学杂志,2006(2).关于数字权利管理技术的滥用,参见:Lawrence Lessig. *Re-crafting a Public Domain*[J]. Yale Human Rights & Development Law Journal, 2006(18):62.
③ 贡塔·依布纳.魔阵·剥削·异化——托依布纳法律社会学文集[M].泮伟江,高鸿钧,等,译.北京:清华大学出版社,2012:154.
④ 胡凌.大数据革命的商业与法律起源[J].文化纵横,2013(3).
⑤ 马骏,等.中国的互联网治理[M].北京:中国发展出版社,2011:21.

权范围内进行,防止公权力借助网络企业的技术手段对网络公共领域实施不当干预。再次,权利救济方面,互联网企业不得利用点击生效的电子协议等手段排除用户的申诉权利,对于用户与互联网企业之间基于私人管理关系产生的纠纷,互联网行业组织应当积极探索各种解决机制,法院更应保障相关的诉讼权利。最后,互联网企业的技术设置还应当有助于经由网民互动自主形成的自律规范的运行,亦即在架构搭建的过程中充分考虑自治元素①,以强化"软法"治理、减少"硬法"的不当干预——正如 Web 2.0 带来了"软件发布周期的终结",在 Web 2.0 网络公共领域中,各种社会规则的演化速度也在不断加快,而作为"软法"的各种自律规范无疑更具回应性、效能性。②

网络公共领域的崛起开启了一个新的时代,如何加以适当的规制,考验着包括中国在内的世界各国的战略眼光和法治决心。从我国的信息化发展战略看,可以认为,中国互联网规制模式转型的长期目标和未来方向是走向多元网络"治理",即"坚持法律、经济、技术手段与必要的行政手段相结合,构建政府、企业、行业协会和公民相互配合、相互协作、权利与义务对等的治理机制,营造积极健康的互联网发展环境"③。但鉴于目前中国的互联网行业组织仍然受主管单位管理或"业务指导","自主性、志愿性、非政府性并不明显"④,网络公众自治意愿和自治能力的提升又在技术上取决于网络企业的平台设计,此项转型的短期目标只能是走向政府与互联网企业"公—私合作"的新型网络规制。尽管如此,"公—私合作"模式毕竟是实现多元"治理"模式的关键一步,并且分享了后者的一项基本预设:任何试图通过控制网络公共领域,维护既有规则、恢复既有秩序的企图,都与时代的发展方向背道而驰;相反,至少在诸大国之中,谁能够有效保障和充分发挥网络公共领域的自我反思功能,防止其因功能异化而丧失冲击、解构和重构能力,谁就可能更快实现社会结构的全面转型升级,进而在 21 世纪的国际竞争中立于不败之地。

---

① 举例而言,维基百科的秩序维持,一方面依靠保留网页历史版本、版本对比、更新描述、沙箱测试、IP 禁止、页面锁定等技术手段,另一方面也依靠经由用户互动自发产生的一系列编辑规则,以及监督执行这些规范的具有准官僚制特点的志愿管理者体系,二者相得益彰。以这种"自组织模式",维基百科保障了多人协作、共享的有序知识生产,并且贡献了大量高质量的知识产品。参见:周庆山,王青山.维基百科信息自组织模式探析[J].情报资料工作,2007(2).
② 软法的主要功能,参见:罗豪才,等.软法与公共治理[M].北京:北京大学出版社,2006:55.
③ 参见 2006 年 5 月 8 日中共中央办公厅、国务院办公厅印发的《2006—2020 年国家信息化发展战略》。
④ 唐康廉.互联网及其治理[M].北京:北京邮电大学出版社,2008:15.

多元社会治理中社会组织的自治与法治

马金芳①

内容提要：社会治理模式的创新是政府与民间逐渐走向良性互动的双赢选择。作为多元社会治理的重要力量支撑，社会组织通过权利诉求彰显主体性精神，并因审批登记的部分放开而实现数量增长和公益性提升。在内在机理上，社会组织的成长植根于权力的结构性转移和多元化流动，受益于权力和权利的相互转化、社会民生的内在诉求和国家向社会回归总体趋势的驱动。社会组织的发展与壮大在一定程度上形成了新型权力制约机制，促进了法律主体从个人向组织的发展，推进了从社会组织自治到社会自治的进程，并最终发展了从国家主导到多元治理的治理模式。

关键词：社会治理；社会组织；社会权力；自治；法治

我国正处于寻求社会治理创新路径与方式的社会转型期，这种转型除了需要充分发掘社会自身活力之外，还要借助于政府的资源与能量。我国当前的社会治理处于两难的矛盾状态：社会自治既需要政府的引导和支持，但政府却不应当参与这种社会治理活动。② 在实践中，政府也确实存在两种倾向：或者对社会自治主体干涉过多，或者对社会自治主体扶植太少。这是我国当前社会治理的现实起点，也在很大程度上影响了社会组织的发展空间。社会组织状况是社会治理与社会建设成熟度、稳定性与民主化的现实表现。③ 2013 年是社会组织充满张力的成长之年，一些民办组织虽资源有限、势单力薄，但仍致力于影响相关立法进程，试图获得更多合法化身份与平台，在这一过程中彰显了这些民办组织的自身主体性精神，但也暴露出当前社会组织的等级性；国家先行放开对部分社会组织的审批

---

① 作者为华东政法大学科学研究院研究员、法律史学科博士后工作人员。本文系司法部项目《社会法的生成路径、基因与规律》（13SFB3002）、博士后科学基金项目《社会法的生成机理研究》（2013M541498）和上海市教委创新资助项目《社会民生、社会发展与社会法的理论与实践》（14YS088）的阶段性成果。本文原刊于《法学》2014 年第 11 期。

② 张康之. 论新型社会治理模式中的社会自治[J]. 南京社会科学，2003(9).

③ 曾永和. 当下中国社会组织的发展困境与制度重建[J]. 求是学刊，2013(3).

三 法治国家与公共领域

登记,这些组织无须找业务主管单位挂靠,由此它们获得数量增长与公益性提升,但这种放开仍然是局部放开和有限性放开。故而,当前我国社会组织的格局是独立性与依附性并存、主体性与等级性同在、多元性与国家集中监管之间存在冲突。即使存在各种张力与困境,发展中的社会组织也已经在一些领域、环节或方面成为民间治理的重要力量,传统的国家与社会关系模式已经出现一定程度的变化和松动。2013 年,我国社会组织遵循了多样化的成长路径,反映了来自社会组织的内在发展动力,体现了政府层面一定的外部推动,还显现了民间力量与官方力量的交锋与博弈。社会组织的发展与壮大在一定程度上夯实了法治秩序的组织性基础,并推进了从国家主导到多元治理的治理模式。总体而言,社会组织的成长是一种"颠簸中的前行":"前行"是社会组织向自身类本质的回归,而"颠簸"则是社会组织在中国特有国情与体制之下的艰难跋涉。

一、社会治理模式的创新是政府与民间双赢的路径选择

越来越多的人认识到,"社会管理的本质,重点不在管,而在于理,理顺社会关系,促进社会自治"①。2013 年社会组织的发展也来自多种力量:既有自下而上的涌动,也有自上而下的推动;既有与政府的合作,也有向政府的抗争。概言之,社会组织的发展以及社会治理模式的创新是政府与民间的博弈、合作和互动,在本质上实现双赢。

首先,社会治理创新模式下社会组织的发展是公民个体主体性意识与社会组织集体主体性意识的共同彰显。社会组织主体性的型塑需要社会组织主体资格和法律地位的确立,反过来,社会组织主体意识的增强也能推进社会组织主体资格确立的立法进程。2013 年,社会组织立法与司法主体资格确立的过程是其在现有等级性起点逐渐向平等性和主体性不断抗争的过程,集中体现为环保组织在《环境保护法》修改过程中的艰苦努力。在一定意义上讲,《环境保护法》修订案四易其稿、不断推进的过程就是环保组织和专家以及民众甚至是行政机关为相关权利不断斗争的过程。②第一稿公布之后的斗争是公益诉讼有无之争。第二稿公布之后的斗争是将公益诉讼主体资格从枢纽型社会组织拓展到普通社会组织的斗

---

① 曹建萍. 从社会管理到社会治理:理念与实践[J]. 特区实践与理论,2013(1).
② 一稿公布后,环保部公开 34 条反对意见,这在立法中是比较少见的。参见:任重远,徐超. 明争环保法修订 12 位环境法专家联名表示失望[EB/OL]. [2014 – 05 – 23]. http://finance. qq. com/a/20121112/003345. htm.

争。第三稿公布之后的斗争是将主体资格从全国性、官方社会组织拓展到地方性、民办社会组织的斗争。第四稿公布后的斗争是将主体资格从设区的市级以上政府民政部门登记的社会组织拓展到所有合法社会组织的斗争。① 这种奋争既体现了社会组织的权利诉求,又展现了中国"草根"社会组织的公益精神和社会关照。

但是,这种主体性精神的彰显过程同样凸显了中国社会组织根深蒂固的等级性。《环境保护法》四易其稿的历次修改就是典型一例。其第二稿中所体现的是枢纽型社会组织与普通社会组织之间的等级性。将环境公益诉讼权授予独家实际上就是将主体资格限定为中华环保联合会,而基于枢纽型社会组织与相关政府机关之间的"同构性"——组织同构、人员同构、空间同构与业务同构②,这种限定将影响案件的社会公信力。同时,鉴于环境公益案件的特点,过分限制诉权特别是让某一组织独享诉权,就是变相纵容侵权行为的发生。与之相类似,《消费者权益保护法》(修正案草案二审稿)也将消协确定为唯一可以提起诉讼的团体。第三稿体现的是全国性、官方社会组织与地方性、民办社会组织之间的等级性。第四稿体现的是设区的市级以上政府民政部门登记的社会组织与所有合法社会组织之间的等级性。等级性的弊端显而易见:将能提起公益诉讼的社会组织限定为在设区的市级以上政府民政部门登记,没有充分考虑中国环境问题的地域性;鉴于注册登记的困难,目前国内很多环保组织还都是以环保志愿者的身份在从事环境保护的推动工作,已经注册的相当一部分环保组织也都是在区级民政部门登记,甚至有些环保组织只能在工商部门登记;"设区的市级以上"这一要求也没有考虑到直辖市的特殊情况,在实际操作上也会引起争议和操作困难;"信誉良好"的评判标准很容易导致自由裁量权的滥用。③

其次,社会治理创新模式下社会组织的发展还体现为一定程度的社会组织自治行动。2013 年,社会组织自治程度的创新性发展体现为一定环节、范围和领域内自治的生成,即社会组织成立环节的自治。这就意味着社会组织在审批登记、设立分支机构等方面和环节出现管理体制的一定松动。此一松动经历了先从区

---

① 第四稿的公布及之后社会组织的斗争发生在 2014 年,为了使既有的观察保持连续性,故将第四稿的情况也加在本文之中。

② 李春霞,吴长青,陈晓飞.民间平谷——新时期社会组织在民生建设中的作用研究[M].北京:九州出版社,2013:154.

③ 自然之友.自然之友再次呼吁放开环境公益诉讼主体资格[EB/OL].[2014-05-22].http://www.fon.org.cn/index.php/index/post/id/1987.

三 法治国家与公共领域

域到全国这一自下而上的涌动、再从全国到地方自上而下的推动过程。在成立环节放开审批登记,这在很大程度上催发了这些社会组织成立的积极性与可能性。经过地方试点的不断涌动与全国性政策改革的有力推动,新立社会组织数量呈现放量性增长,而且其公益性、行业性和基层性也有所提升。里程碑事件是2013年3月19日民政部对于行业协会商会类、科技类、公益慈善类、城乡社区服务类这四大类社会组织实行民政部门直接登记,不再由业务主管单位审查同意。这就意味着民政部门开始降低社会组织的登记门槛,社会组织在登记环节不再需要寻找一个"婆婆单位"。

一方面,社会组织成立环节的自治以自下而上的涌动路径逐步实现,经历了从区域性地方试点到全国性举措的准备过程。基于我国经济、政治和文化发展的不平衡性,在一些经济和文化相对发达的城市或地区先行具备了试行社会组织开放性社会政策的条件。早在2008年,深圳就率先"试水",对工商经济类、社会福利类、公益慈善类三类社会组织实行"无主管登记"。此举被称为社会管理领域的"破冰"之举。① 2010年7月,北京市在中关村国家自主创新示范区进行试点,工商经济类、公益慈善类、社会福利类、社会服务类四类社会组织可以到民政部门直接登记。② 基于其良好效果,北京自2011年起对上述四类社会组织放开审批登记。③ 惠州市和广州市也分别在2011年和2012年对部分社会组织"松绑"。

另一方面,与长期以来的国家推进、政府主导型模式相适应,我国社会组织的自主性、自治性发展也常常有赖于自上而下的政府推动。在社会组织审批登记问题上,自上而下的推动主要表现为两方面。一是推动对"四类社会组织"放开审批登记。自民政部放开四大类社会组织的审批登记后,全国各地民政部门纷纷制定相关规定推行民政部政策。二是推动对全国性社团分支机构与代表机构取消审批登记。2013年11月8日,国务院取消了民政部对全国性社会团体分支机构与代表机构设立登记、变更登记和注销登记的行政审批项目。从此,全国性社会团体可以根据本团体章程规定的宗旨和业务范围自行决定分支机构与代表机构的设立、变更和终止。但是社会团体不得设立地域性分支机构,而且不得在分支机构、代表机构下再设立分支机构、代表机构。

总体而言,对社会组织放开审批登记的范围虽有交叉但在逐渐扩大。以北京

---

① 李舒瑜. 深圳社会管理改革取得双赢[N]. 深圳特区报,2010 - 02 - 23.
② 娜迪娅. 北京四类社会组织实现"无主管登记"[N]. 南方都市报,2011 - 02 - 28.
③ 赖臻. 四类社会组织在京登记注册无须主管单位[EB/OL]. [2014 - 04 - 22]. http://news.xinhuanet.com/politics/2011 - 04/07/c_121277671.htm.

市为例,2010年放开的是中关村国家自主创新示范区内的工商经济类、公益慈善类、社会福利类、社会服务类社会组织,2011年放开的是全市范围内的工商经济类、公益慈善类、社会福利类、社会服务类社会组织,2013年则是行业协会商会类、科技类、公益慈善类、城乡社区服务类。新四类组织与原来四类组织存在很大范围的交叉,比如有很大一部分工商经济类可归为行业协会商会类;社会福利类和社会服务类又可归为城乡社区服务类社会组织。总体而言,2013年国家规划中对社会组织直接登记的范围比此前北京市的地方探索更为广泛,而且多出了科技类社会组织,更大范围内的社会组织得以受益。①

审批登记放开之后,地方性社会组织中四类组织新立数量呈放量性增长。与之形成鲜明对比的是,全国性社会组织中新立四类组织所占数量和比例与前三年相比并未有明显变化。② 究其原因,城乡社区服务类组织本身就是基层地方性社会组织,公益慈善类组织也多半立足基层,而全国性行业协会商会类组织多半均已成立,地方性行业协会和商会数量变化不会在全国性数据中体现出来。故而,放开登记在近期主要是对地方性社会组织存在影响。从全国各地的试点和推广经验来看,登记放开后,新立社会组织的数量可能会在短期内呈现放量性增长,也有可能会在经过一段时间的孕育期后再迅速增长,但终究会或迟或早出现显著变化。前者如东莞,自2011年8月对四类组织放开登记之后,半年内其公益慈善类组织已由27家猛增至83家。③ 而北京自2011年2月宣布今后四大类社会组织登记审批放开,当年新立社会组织之中这四类组织较之于2009年和2010年有了较大发展。④ 同时,形成鲜明对比的是,2012年北京四类组织与2011年相比基本持平。但当2013年北京市紧随民政部放开登记之后,新立四类社会组织的数量突

---

① 娜迪娅. 北京四类社会组织实现"无主管登记"[N]. 南方都市报,2011-02-28.
② 中国社会组织网[EB/OL]. [2014-05-29]. http://www.chinanpo.gov.cn/xzzkList/1/S02/1/1.html.
③ 陈晨. 四类社会组织已放开登记[N]. 东莞日报,2012-05-09.
④ 2009年新立四类组织中,社会团体有60余家,民办非企业单位为10多家,基金会则有接近20个。2010年,社会团体持平,民办非企业单位略有增长,基金会则翻了一番。而2011年审批登记放开之后,新立四类组织中社团有80余家,民办非企业单位60家余家,基金会有下降,为30余家。数据来源为北京市社会组织公共服务平台,根据该平台行政许可公示部分的内容,笔者进行了分类计算,得出了上述数据。参见:北京市社会组织公共服务网[EB/OL]. [2014-05-29]. http://www.bjsstb.gov.cn/wssb/wssb/index/listXkgs.do?action=listXkgs&websitId=100&netTypeId=2&type=1.

三 法治国家与公共领域

飞猛进,其中社会团体为 160 余家、民办非企业单位为 80 余家、基金会为 60 余家。① 政策的推进性影响显而易见。由此得知,社会组织成立环节审批登记的放开不仅大大增加了社会组织的总数,更对社会组织的发展类型和发展趋向产生导引作用。

社会治理模式的创新是政府与民间走向良性互动的双赢选择。民间之赢,赢在逐渐成长、日趋自治与主体性的发展,其发展机理是通过权利诉求彰显社会组织的主体性精神和基于审批登记放开实现社会组织的数量增长与公益性提升。政府之赢,赢在以多元治理实现善治的努力,其发展机理是通过放开部分社会组织审批登记实现减政放权和提升自身治理能力。

二、社会组织的发展变化反映了权力形态的转移与流变

社会组织是社会权力的重要载体之一,其发展与变化内含着社会权力的生成和壮大。社会权力是社会组织的内驱力,社会组织为社会权力提供外在支撑。以社会组织的发展为剖面,可以观察到社会权力在生成过程中的多元权力流变形态。社会组织的发展在一定程度上显现了社会力量的茁生与社会权力的发展。当然,在社会权力发展的过程也出现了各种形式的权力异化现象。这在一定程度上督促社会权力自身形成自律机制,并对外部权力制约机制提出要求。

首先,社会权力的生成有其自身路径和机制。社会权力生成的路径之一是权力谱系内部的流动。权力也和能量一样,具有许多形态,而且不断地从一个形态向另一个形态转变。② 在社会转型时期,权力的流动与转移就会更加频繁与多样化。具体而言,国家权力的下放与经济权力的转化均在一定程度上促进了社会权力的生成。在国家层面,部分社会组织审批登记环节的放开是国家权力向社会权力的下放。下放是国家权力向社会权力转移的最直接反映,也是国家还权于社会的最直观表现。政府将部分国家公权力下放给民间组织或社会团体就是国家公权力社会化进程的重要表现。③ 在社会组织层面,商会等行业性组织审批登记的放开植根于市场经济与社会主体的发展所形成的经济权力。经济权力向社会权力的转化是经济关系对社会结构产生影响的外在表现形式,具体途径是通过经济

---

① 数据来源为北京市社会组织公共服务平台,根据该平台行政许可公示部分的内容,笔者进行了分类计算,得出了上述数据。参见:北京市社会公共服务网[EB/OL].[2014 − 05 − 26]. http://www.bjsstb.gov.cn/wssb/wssb/xxfb/listTitle.do? dictionid = 8401&websitId = 100&netTypeId = 2.
② 伯特兰·罗素.权力论[M].吴友三,译.北京:商务印书馆,2012:4.
③ 徐靖.论法律视域下社会公权力的内涵、构成及价值[J].中国法学,2014(1).

精英成立和发展社会组织,形成利益集团并产生影响力和支配力。

社会权力生成的另一种路径是权利向权力的转化。2013 年,社会组织为公益诉讼主体资格而进行的努力是致力于主体性和平等性的斗争,是行使公民权、践行公民权的行动,也是社会权力逐渐发展壮大、努力分割国家权力既有空间的过程。在本质上,这种奋争是以权利谋求权力的发展、权利向权力转化的过程。2013 年,在《环境保护法》立法过程中,社会组织致力于行使立法参与权利,提出立法建议,试图确立社会组织在环境公益诉讼中的法律地位,使普通社会组织能够获得与中华环保联合会同样的诉讼资格。由此,社会组织通过参与社会民生、社会慈善、公共服务等行政事务和社会事务,从而进一步获取政治与社会资源,增强了制衡国家权力、服务社会的能力。

其次,与其他权力形态一样,社会权力也容易出现权力腐败与权力异化。在本质上而言,社会组织基于自身资源所拥有的社会公权力并不比国家权力更容易远离腐败。① 在社会权力的诸多主体中,官办社会组织较之于民办社会组织占有更多的优势资源,也更容易导致腐败。异化在现实中表现为产生方式异化、组织管理异化、资金筹集异化和社会地位异化等。产生方式的异化使其先天性地带有行政色彩,组织管理的异化使其难以抹去僵化的官派作风,资源筹集的异化使其无法自立而对官方产生依赖,民间地位的异化又使其脱离了生存与发展的根本。②

最后,社会权力需要自律与他律相结合的权力监督机制。资源是权力之源,社会组织掌握和占有的资源内含着表现形式各异的社会权力。基于权力主体的多元性,社会权力自身内部也会有不同的权力归属,并因此形成一定内部分化甚至对峙。在社会组织中,官办组织和民办组织尤其是"草根"组织之间的分立非常明显。在与民办组织博弈的过程中,官办组织占有的资源与权力逐渐向民办组织分流,这种流动反映了社会组织内含的社会权力的流动。博弈后的资源流失促使官办组织对自身权力的反思亦加强了社会权力的内部自律和外部他律。促进社会资源向透明度高的社会组织流动本身就会督促社会权力行使的公开与透明。竞争与博弈的本质是促进社会组织之间的制衡和监督。同时,外部监督、激励以及对社会权力腐败的反思能推进社会组织方面的制度建设与立法工作。

总之,社会组织与社会权力互为表里,社会组织是社会权力最为重要的"晴雨表"。在权力生成的原动力层面,社会权力的生成与发展既起源于社会组织自身

---

① 李长春. 论中国慈善组织的监管[J]. 暨南学报(哲学社会科学版),2013(6).
② 李永忠. 中国社会组织发展研究[M]. 北京:中国书籍出版社,2012:147 – 150.

三　法治国家与公共领域

的成长与壮大,还有赖于社会组织生生不息的权利意识和艰苦卓绝的权利斗争。在权力生成的外力渊源层面,社会权力的生成与发展既得益于国家向社会组织的放权,还借助于经济权力在社会组织中的力量凝聚。在权力异化层面,社会权力腐败的原因之一在于官办社会组织乃至掌握更多资源的民办组织在产生方式、组织管理、资金筹集和社会地位等方面的异化。在权力制约层面,社会权力的健康发展需要社会组织的内部自律和社会组织之间尤其是官办组织与民办组织之间的博弈和监督。

三、社会组织成长与社会权力兴起的深层社会背景

社会组织的成长与社会权力的壮大是多方面因素综合作用的结果:在内在根据上源自于公民以及社会组织日益增长的权利意识,在外部环境上受现阶段社会民生需求的有力推动,在根本动力上则顺应了国家权力向社会权力回归、国家向社会回归的历史进程。

第一,契合以权利促进权力的发展机理。权利是权力生成的内在动力与合法性根据。公民结社权是最能促进社会权力和社会组织成长的私权利之一。弱势者聚集起来可能就非弱势,成为拥有社会力量的组织之后很可能成为强势群体。公民权利意识增强,社会组织、地方政府和区域经济实体的自主意识与权利意识也增强了。这种权利意识的增强客观上促成了主动要求建立维护、伸张自己合法权益的新框架。① 其一,通过结社权壮大社会组织的力量。2013 年,部分社会组织审批登记的放开催发了公民的结社意识和结社行为。一方面,社团成员授权社会组织的法人代表拥有管理社会事务的权力(这是社团内部的公共权力),使私权利转化为社会组织内部的公权力,并以这种公权力为其成员的私权利服务;另一方面,社团运用其社会资源,对外(政府或其他社会主体)施加影响力、支配力,亦即行使社会权力,使私权利转化为私权力。② 总之,结社权的行使是社会组织力量壮大的原因之一。其二,通过参与权提升社会组织的法律地位、话语能力和服务能力。公民以及社会组织的参与权既包括行政参与也包括立法参与,其参与路径主要是通过行政参与将社会组织的权力渗入行政权力之中、通过立法参与确立社会组织的资格与地位。如果这些权利仅由单个人分散行使(如个人批评建议、上访、申诉),其影响力则很小,很难形成一定的压力;集合行使(如通过代表自己利益的

---

① 吴玉敏.创新社会管理中的社会自治能力增强问题[J].社会主义研究,2011(4):109-110.
② 郭道晖.社会权力与公民社会[M].南京:译林出版社,2009:74.

群体组织去集体行动,通过多人发表集体声明、控告,形成社会舆论,等等),就能转化为强大的社会权力。① 2013年,环保组织在《环境保护法》立法过程中通过参政议政行为和积极的公民行动行使权利,力量集合起来并最终形成影响立法结果的社会权力。其三,通过监督权和知情权促进民办社会组织的成长与博弈能力。监督权作为每个公民拥有的基本权利,其监督对象的范围十分广泛。所有社会主体既可以监督立法、行政、司法机关的权力行使,还可以监督其他社会组织的日常运行和权力行使,尤其可以监督官办社会组织的运行情况。总之,社会权利的发展在一定程度上催生了社会权力的生成。

第二,因应社会民生诉求。在本质上而言,社会组织因社会问题而生,以社会组织为依托的社会权力亦是如此。民生问题在本质上是一种社会权利,是公民的生存权和发展权,民生问题的根本在于对公民权利的保护。② 社会组织及其权力形态在近年来发展的社会动因之一是日益增长的民生诉求。当作为关键性民生诉求的社会问题通过个人力量得不到正当满足之时,社会成员就很容易以组织化的力量寻求解决问题的途径。社会组织由此得以发展,社会权力也因此壮大。当基层性、公益性民生诉求逐渐凸显,而现有行政管理体制却限制了社会组织的成立与发展之时,既有的诉求力量就自下而上地逐渐促进了登记管理体制的放开。2013年,公益慈善性社会组织、社区服务性社会组织审批登记的放开均是对民生诉求的回应。而放开登记之后四类社会组织的放量性增长亦是社会权力蓬勃涌动的表现。

第三,顺应国家回归社会的趋势。社会权力的生长与发展在深层社会根基上顺应了国家向社会回归的历史趋向。国家向社会的回归首先是权力的多样性和国家权力向社会权力的回归。国家向社会的回归也意味着治理方式的变革,即从国家主导向社会自治、国家与社会共治的方向发展。国家向社会的回归还内含着社会自主性和开放性程度的进一步扩大。中国社会组织的发展承载了现阶段中国社会成员的利益组织化诉求,且这种诉求契合了社会组织自身发展的属性与趋势。自主性、自愿性、多元性和开放性均是社会组织的本质属性,而且这些属性之间存在固有联系。开放性基于自愿性,多元性源于自主性,开放性确保多元性,多元性又巩固了自愿性。

概言之,现阶段社会权力的生成与发展反映了多方面的良性互动关系:一是

---

① 郭道晖.社会权力与公民社会[M].南京:译林出版社,2009:55.
② 王官成,彭德军.民生法治论[J].探索,2009:4.

三 法治国家与公共领域

权利与权力的良性互动,尤其是以权利促进社会权力的生成与发展;二是法律与社会的良性互动,以更加完善的规范和制度满足社会民生与社会发展的需求;三是国家与社会的良性互动,尤其是国家向社会的回归趋势。

四、社会组织的多向度发展体现了多样化的社会治理形态

在一定意义上,法律发展的过程是法律主体日益增加、权利观念不断丰富、法律疆域逐渐拓展、法治类型适时变迁的历史进程。社会组织的自我规制、自我约束和自我治理在社会根基上推动了法治秩序的生成。同时,社会组织为社会自治提供了主体性基础和组织化依托,多向度的社会组织发展体现了多样化的社会治理形态。在促进内部自我监督的基础之上,社会组织自治性的发展丰富了法治的现代意蕴。

第一,形成了从单一到多元交叉与混合的新型权力制约机制。权力制约与监督是法治的核心与精髓。传统的权力分立机制主要是以国家权力制约国家权力,而当国家权力向社会权力转移、权力出现多元性流变趋向之后,权力制约机制就发生了相应变化,即从单一制约机制向多元交叉与混合体系发展。多元交叉与混合制约意指在权力制约体系中,不但有国家权力制约国家权力,还存在社会权力制约国家权力、国家权力制约社会权力、社会权力制约社会权力、个人权利制约社会权力。这是对"以国家权力制衡国家权力"的补充。从未来发展趋势来看,它将成为主导机制,也将是社会发展的必然归宿。① 2013 年,权力形态出现多元流变与转移,以社会组织为依托的社会权力也获得了很大发展,这在根本上促进了权力制约机制的变迁。具体而言,国家权力以下放、合作等方式转移给社会组织,社会权力日渐强大,在一定程度上形成对国家权力的分立与制约。同时,行政机关依然在登记、年检、后期监督等方式保持对社会组织的监管,从外部对社会组织进行制约和管理。另外,在社会组织内部也存在官办组织和民办组织的分化,两者之间的持续性博弈客观上形成社会权力对社会权力的抗衡。而且社会个体成员拥有的公众监督也推动了社会组织他律机制的完善。

第二,促进了从个人到组织的多元自我规制。社会组织以自律和他律的方式提升公众信任度和增强自身社会权力。无论是自我规制还是外部监督均是以社会组织为主体单位承担法律责任。社会组织的自我规制是践行公民义务、履行公

---

① 郭道晖.社会权力:法治新模式与新动力[J].学习与探索,2009(5).

民行为、提升公民意识的重要表现,社会组织的外部规制则是其自我规制的保障与补充,二者从不同侧面拓展了法治的现有疆域,而且社会组织自我规制的法治意义更大。其一,社会组织的自律是一种重要的公民行为。公民行为包含积极性行为和消极性行为,前者更强调有所为,指对公共事务的参与及公共交往中体现的同情、关爱与信任、合作等公共精神,后者更强调有所守,指尊重他人的人格尊严与权益,遵守公共生活中的法律与规则。① 行业组织和社区组织的自我联合、自我发展与自我约束既有积极公民行为的体现,也有消极公民行为的功能。其二,行业自律是以遵守行业义务践行法律义务、推动法治精神实现的重要路径。行业协会内部成员所面对的行业义务在本质上不仅有行业要求,也包含法律上的公民义务,很多行规行约是与法律规定紧密联系在一起的。所以,行业协会及其民间自治功能也是现代社会法治发展的大势所趋。其三,也是最重要的,社会组织的自我规制是法治社会化的重要表现与发展方向。2013年,行业组织的自律问题、行业组织自身体系与结构问题、行业组织立法问题等被人们广泛关注并有所突破。一些行业协会已经开始致力于自身行业规范、标准和体系的构建与推广。当前,在行业协会中引进竞争机制和"一业多会"已经成为行业组织倡导与发展的方向。在具体实践过程中,"一业多会"已经得到肯定。这些具体措施都是践行社会组织自律与他律的方式。由此,践行法律、追求法治的主体从个人拓展到社会组织。

第三,推进了从社会组织自治到社会自治的进程。审批登记的放开意味着在减少成立环节前期监督的同时要加强事中和事后监督,社会组织需提升自我管理、自我约束和自我创新能力,并进一步提升自治能力。这种放权既是进一步开放的要求,也是不断深入改革的结果。社会组织在推进社会自治方面的功能和作用具体表现如下:行业性协会、商会的自律作用;专业、学术性团体的自我管理和服务;参与基层微观环境的自律自治、参与社区自治建设、参与农村经济和社会建设、自我发展的公益慈善事业等。② 日益涌动的社会组织自治是社会权利意识增强与国家公权力自省的表现和结果。中国的社会自治奠基于"上下"两方面的博弈与互动,一方面来自于社会权利意识的增强,另一方面则源自于国家权力的内省与边界。这种权利意识自下而上给国家权力逐步施加了压力,公共管理主体向社会主体的方向发展,政府的管理方式要与自己的服务型政府的定位相契合,尽

---

① 廖加林.论公共道德与积极性的公民行为[J].伦理学研究,2013:4.
② 吴勇俐,王杨.发展社会组织促进社会自治加强和改善社会管理[J].社团管理研究,2011(10).

三 法治国家与公共领域

快使社会的力量充分释放出来。① 同时,对四类社会组织登记监管放开在一定程度上是使法律与自由关系走向良性发展轨道,扩大了法律对自由的保护范围,尽量厘清国家权力的管辖边界,给社会权力以更多的空间。这些举措也深化了中国民主尤其是地方性民主、基层民主的程度。自治与民主密不可分,自治本身就是民主的重要表现。"由于自治民主关注的重点不是国家权力的归属与分配,而是个人或团体对涉及自己的事务的自我管理与控制,因此自治民主有点类似日常生活中所倡导的'民主作风'或'民主精神',能广泛适用于社会生活的方方面面。"②而普通民众的民主意识和民主行动需要在实实在在的事务管理与权益博弈中培养和成长起来。③ 社会自治的发展在总体上助益于中国的民主化进程。

就本质而言,日益涌动的社会组织自治契合了社会组织自身发展的属性与趋势。这种社会组织的自治是一种逐渐"生成中的社会自治"④,也是社会组织发展的必然结果。社会组织的自治反映了社会组织自身发展的重要规律,是社会组织的本质属性,代表了社会发展的方向。社会越发展,社会组织自治的倾向就会越明显。社会组织的自治与社会自治也是现代法治的必然要求和题中应有之义。

五、结语

在多元社会治理形态中,社会组织成长与发展的核心要义是其自治性的发展。社会组织自治生成的内在动因是社会发展的根本性压力,外部环境是全球治理浪潮的推动⑤,而其社会结构性依托则是社会组织等社会权力的日益发展。因此,社会组织自治及更大范围的社会自治需要国家与社会的合力。在我国,政府与民间在权力配置方面长期存在斗争和妥协。民间力量的联合、交流与合作在很大程度上增强了自身力量和资源,由此获得了要求政府进一步放权的可能性。社会组织的发展也从社会根基上推动了社会治理模式的转变,即从国家主导走向多元治理。社会组织的自治程度与我国当前法治总体发展趋向相契合。社会组织的自治在一定程度上推动了法治秩序的建构,其主要作用点是多元交叉与混合的新型权力制约机制的形成。同时,民主与法治的进步也能为社会组织的健康发展

---

① 刘敏婵,张晓川.公共管理的未来——走向社会自治[J].西北农林科技大学学报(社会科学版),2004(6):73.
② 占红沣.自治民主的理论基础与实践方式[J].武汉大学学报(人文科学版),2007(4).
③ 李永忠.中国社会组织发展研究[M].北京:中国书籍出版社,2012:110-111.
④ 张康之.论参与治理、社会自治与合作治理[J].行政论坛,2008(6).
⑤ 何志鹏,刘海江.国际非政府组织的国际法规制:现状、利弊及展望[J].北方法学,2013(4).

提供更好的制度环境。总体而言,当前我国社会组织无论在数量上还是在质量上均有所成长,但其未来发展空间依然很大,法治化道路也很漫长。社会组织既要努力拓展生存空间,又要进行自我约束,而国家则既要进一步简政放权,又要提供有效的制度化监管。

社会治理"过度刑法化"的法哲学批判

何荣功[①]

内容提要：法治国家权力合法性的全部基础在于保障公民的权利与自由，国家对公民的惩罚必须有正当化根据。"过度刑法化"是我国当前社会治理中的一种病态现象，反映在立法、司法和思维多个层面。社会治理"过度刑法化"具有高度的社会风险与危害，它将改变国家权力与公民权利的结构，导致国家司法资源的不合理配置，削弱刑法的公众认同，阻碍社会的创新。防止社会治理"过度刑法化"，必须确立刑法参与现代社会治理的机制。当前，我们必须反对刑法对形势政策的过度回应，强调刑法的司法属性；要积极提倡刑法参与社会治理的最小化；坚守近代社会所确立的刑法保护公民自由这一根本使命。

关键词：社会治理现代化；过度刑法化；犯罪化原则；刑法最小化

一、"过度刑法化"：一种社会治理的"病态"现象

社会意味着秩序，人性表征着自由。也许正是源于此，康德才断言，自由乃是"每个人据其人性所拥有的一项唯一的和原始的权利"[②]。如果承认自由是人生来就应享有和不可剥夺的权利，那么人（包括作为人的政治结合体的国家）就不能恣意对人进行裁判和惩罚，惩罚便成为刑法学中的最根本课题。所以，刑法学在以教义学面容呈现的同时，必须关注其作为政治哲学和道德哲学的属性，回答刑法适用如何体现国家政治结构与权力运转，以及国家对公民诉诸强制力的正当性问题。[③]

现代法律在根本上虽然仍是制度化政治过程的产物[④]，不同的政治版本会产

[①] 作者为武汉大学法学院副教授。本文原刊于《中外法学》2015年第2期。本文为武汉大学"70后学术团队暨我国现代化进程中的刑事法治问题研究团队"的成果之一。

[②] E.博登海默.法理学法律哲学与法律方法[M].邓正来,译.北京:中国政法大学出版社,1999:279.

[③] George P. Fletcher. *Rethinking Criminal Law*[M]. Oxford:Oxford University Press, 2000:19.

[④] 马丁·洛克林.剑与天平——法律与政治关系的省察[M].高秦伟,译.北京:北京大学出版社,2011:译者序.

生鲜明对比的秩序与法图景,但法与其他社会规范却分属不同的生活秩序,刑法作为次要规范和保障法,调整对象与其他部门法有迥然之别。所谓"过度刑法化"①,指的是刑法在参与社会治理过程中,没有遵守与其他法律、社会规范的界限,超出其合理功能的情况。②

过度刑法化体现的是国家刑罚权在社会治理中的膨胀与权力体系越位,并非我国特有之现象。20世纪60年代,美国学者哈伯特·L. 帕克(Herbert L. Packer)就发出警示。他写道,今天,我们面临严峻的刑事制裁的困境。总体来说,现在的社会治理比起过去更严重依赖刑事制裁这一社会控制手段,而这种手段的哲学基础和实际操作已经受到严厉的批评。③ 80年代后,刑事制裁扩张导致的刑法过度成为美国刑事司法最为引人注目的现象,联邦和州两级刑事司法系统都出现了实体刑法的明显扩张和刑罚惩罚的明显增加。④ 同样情况亦出现在英国,仅在1997至2006年工党执政的十年间,英国刑法就新创约3000个罪名。⑤ 目前英国刑法的罪名总数已超过1万,制定法也达到8000多部。⑥ 刑法是社会的产物,人类本性的局限,为刑罚的存在提供了空间与道义基础。但刑法毕竟是以剥夺和限制公民基本权利为主要内容,无法否认其"恶"的本质,所以,国家毫无疑问应"竭力把刑罚强制限制在最小的范围之内并且不断寻求减少使用它的机会,而不是增加强制的机会并且把它当作挽救一切道德败坏的药方"⑦。正是基于此,现代刑法才普遍被视为社会政策的最后手段。刑法过度化是对现代刑法观念的背弃,势必引起社会治理的巨大风险。在英美国家,刑法过度所引起的罪名的增设和犯罪数量的增加导致了法院与监狱的过度拥挤,已造成了刑罚的谴责功能的大大退化。

改革开放以来,在旺盛社会需求的驱动下,我国的刑事立法明显呈现单向犯罪化的特点。刑法条文和罪名数量一直处于增长中,特别是近年刑法修正案频繁

---

① "过度刑法化",亦称"刑法过度化"或"过度犯罪化"。本文根据表达习惯的需要,交互使用。另外,本文作者在其他场合也常使用"刑法泛化"或"泛刑法化"。参见:何荣功. 自由秩序与自由刑法理论[M]. 北京:北京大学出版社,2013.

② Andrew Ashworth. Conceptions of Overcriminalization[M]. Ohio State Journal of Criminal Law,2008(5).

③ 哈伯特·L. 帕克. 刑事制裁的界限[M]. 梁根林,等,译. 北京:法律出版社,2008:360.

④ Douglas Husak. Overcriminalization:The limits of the Criminal Law[M]. Oxford:Oxford University Press,2009:3-32.

⑤ Andrew Ashworth and Lucia Zedner. Defending the Criminal Law:Reflections on the Changing Character of Crime,Procedure,and Sanctions[M]. Criminal Law and Philosophy,2008(22).

⑥ Jonathan Herring. Criminal Law:Text,Cases and Materials [M]. 5th Edition. Oxford:Oxford University Press,2012:11-12.

⑦ 威廉·葛德文. 政治正义论(下卷)[M]. 何慕李,译. 北京:商务印书馆,1980:141.

三 法治国家与公共领域

颁布所呈现出的刑法立法异常活性化,使得当前的社会治理明显染上了"刑法浪漫主义"色彩,进一步强化了具有根深蒂固历史传统的政策导向型工具刑罚观。

刑法作为社会治理体系的重要参与要素,在当前我国构建社会治理体系与社会治理能力现代化的过程中应如何理性定位? 刑法参与社会治理的过度活性化是否妥当? 有何法治风险? 这些都是事关刑法"安身立命"的重大理论与实践课题。本文以当前刑法过度化为切入点,深度探讨这一问题。

二、个人自治、社会福利与现代刑法的应然空间

"过度刑法化"之所以被普遍认为是社会治理中的"病态"现象,根本原因在于其违背了刑法作为社会政策最后手段的性质和保障法的法体系地位;在规范层面,刑法过多过泛。因此,欲回答当前我国刑法是否存在过度的问题,必须首先确立现代民主社会刑罚的正当化根据、犯罪化原则以及刑法的应然生存空间。哲学大师休谟曾言,"一切科学对于人性总是或多或少地有些关系,任何学科不论似乎与人性离得多远,它们总是会通过这样或那样的途径回到人性","任何重要问题的解决关键,无不包括在关于人的科学中间"①。刑罚处罚范围决定于刑法"元点精神"和法治国根本逻辑,对该问题的解答不可能绕开对人性和法律存在正当性这些法治"本源性问题"的回答。

人性为何? 从来都是个历久弥新和令人迷失的话题,由于其并非可以通过科学证伪,自然无法得出事实性结论,所以,根本上是个"建构性问题"。近代以来,先哲们几乎都毫无例外地将求解的目光投向人的"理性"与"自由"。一个普普通通的人所要的是什么? 密尔说,在饮食家庭之外,他要自由。② 卢梭认为:"在一切动物之中,区别人的主要特点的,与其说是人的悟性,不如说是人的自由主动者的资格。……而人特别是因为他能意识到这种自由,因为才显示出他的精神的灵性。"③康德强调:"人,一般说来,每个有理性的个体,都自在地作为目的而实存着,他不单纯是这个或那个意志所随意使用的工具。"④马克思、恩格斯也指出,人类"文化上的每一个进步,都是迈向自由的一步"⑤。

承认人是具有理性和自由的存在,必然意味着国家要尊重个人自治和自我决

---

① 休谟. 人性论(上册)[M]. 关文运,译. 北京:商务印书馆,1980:2-4.
② 麦金德. 民主的理想与现实[M]. 武原,译. 北京:商务印书馆,1965:162.
③ 卢梭. 论人类不平等的起源和基础[M]. 李常山,译. 北京:商务印书馆,1997:83.
④ 康德. 道德形而上学原理[M]. 苗力田,译. 上海:上海人民出版社,1986:80.
⑤ 马克思恩格斯选集(第3卷)[M]. 北京:人民出版社,1972:71.

定,肯定每个人应是自己生活的主宰,反对个人被他人和外界事物决定与操纵。承认人的本性在于理性与自由,还意味着人不能被视为工具或物件,应永远作为自我主宰者对待,人性尊严具有最高价值,必须得到充分尊重。法是客观世界的规范写照,是事物性质产生出来的必然关系①,其规定必须尽可能与人的本性相一致。

如果社会中每个人都孤独地生活着,根本不知道其他人,也不关心其他人,过着隔世的生活,"鸡犬之声相闻,而老死不相往来",那么,无论如何强调个人自由都不存在问题。但人生来就是从属于特定社会,要过社会生活的②,法律在人类社会的诞生标志着人类完全机械地适应自然界法令时代的结束,人类的社会秩序开始建立在自由选择的法律之上。③ 而在社会生活领域,如果再单维强调个体自治和自由,将会出现"多元自我决定主体间的竞争",导致自由间的冲突,社会有可能陷入"一切人反对一切人的战争状态"。而且在任何社会中个人都不可能完全控制自己生活的方方面面,为了实现安全、健康、安宁等个人福利,必须重视人与人之间的联系,强调社会福利和作为人的集合体的社会公共目标的实现。因此,社会生活中,个人理性虽然应被最大限度地弘扬,但现实世界由个人自治所变现的自由却不可能是无限度的,必须被适当限制,只是不同的国家社会形态对自由限制的程度不同而已。现代民主社会由于以实现人的自治和促进个人福利最大化为宗旨,所以,法律的"元点精神"在于尽最大可能地弘扬人的理性,扩大人的自由范围,限制人的天性中不利于个体与群体生存和发展的自由,以便根本上保证公民获得正确发展的机会。

以上可见,法律作为人类规避自身原始本能,体现人类理性能力的建构物,其根本目的在于促进、实现和平与繁荣的秩序体系,提升公民自由,实现人类集体生活的最佳方式。④ 法律是关于正义的学问,正义不是关于什么能够做的问题,而是关于应该做什么的问题。⑤ "法律限制个人自治的正义根据在于为了本人和他人更大的自治和福利",包括刑法在内的一切法律,只有作为维护社会存在、保障个

---

① 孟德斯鸠.论法的精神(上)[M].张雁深,译.北京:商务印书馆,2002:1.
② 孟德斯鸠.论法的精神(上)[M].张雁深,译.北京:商务印书馆,2002:3.
③ 周少华.法律中的语言游戏与权力分配[J].法制与社会发展,2006(5).
④ 马丁·洛克林.剑与天平——法律与政治关系的省察[M].高秦伟,译.北京:北京大学出版社,2011:译者序.
⑤ 马丁·洛克林.剑与天平——法律与政治关系的省察[M].高秦伟,译.北京:北京大学出版社,2011:译者序.

人自治免受他人非法侵害和促进个人、社会整体福利而存在时,才具有正当性,才是正义的。刑法的目的不是废除或限制个人自治(自由),而是保护和扩大个人自治(自由),这也在根本上划定了现代刑法的生存空间和行为犯罪化的原则。具体来说:

第一,既然法律存在的根据是弘扬人性,保护个人自治和自由等权利免受侵害,刑法从根本上只有在为保护个人自由和更大的社会利益时才是正当的,所以,刑法规制的对象应限于对他人权利、国家和社会利益造成伤害的行为。大陆法系和英美法系刑法理论分别称其为"法益侵害原则"与"伤害原则",我国惯称为"严重社会危害性原则"。

第二,法律是使人的行为服从规则治理的事业,建立和从事该事业的前提在于人有能力了解和遵循规则,并对自己的违法行为负责。如果法律命令公民从事不可能实现的事情,就是对人的自觉能力的漠视,是对法律内在道德的背离和对人性尊严的冒犯。① 只有行为人在有能力和合适的机会做出相反选择而没有选择时,才能让其承担责任。所以,刑法处罚还须要求行为人具备"可责性",此即为"责任原则"。

第三,真正的道德,必须是出于人的本性,并且促进人之本性的实现和完善,是为了人和人的生活幸福。刑罚通过损害法益来保护法益,本身是一种恶,并非道德与善行。国家必须努力以最小的恶实现最大的社会福利。所以,国家应将刑法禁止的行为限定在绝对必要的限度内,刑法适用还要强调"最后手段性"或"最小化原则"。

第四,即便特定行为的犯罪化符合"伤害原则""责任原则""最小化原则",刑法所规定的犯罪亦必须是以法益保护为目的而使用的恰当手段,刑罚必须反映罪行的严重程度,"动用大炮打麻雀"是对法治国比例原则的违反。刑法对惩罚范围的设定必须符合法治国比例原则。

三、当前社会治理"过度刑法化"的多面表征与风险

(一) 我国社会治理"过度刑法化"的表现

如本文开始所指,自1979年新中国第一部刑法典颁布开始,我国刑法立法基本呈现单向犯罪化的态势,这种情境延续至今并无丝毫消减之兆。面对一部部法

---

① 沈宗灵.现代西方法理学[M].北京:北京大学出版社,1992:65.

案的通过和一个个罪名的增加,社会主流反映基本上是一以贯之的例行公事般的"溢美之词"。但近年这种"和谐的局面"渐被打破,理论界开始出现质疑之声,犹如平静的湖面上突然泛起涟漪,引起了越来越多学者的注意与回应。有学者指出,我国1979《刑法》颁布至今,刑法以年均一次的频率被修改着,如此频繁的刑法修改,不但在古今中国刑法立法史上绝无仅有,而且在世界刑法立法史上,恐也无出其右。① 还有学者批评道,综观我国的八部刑法修正案,新增罪名三十余个,它们无不以扩大国家刑罚权力、缩小或限制公民之自由为内容。这体现了我国刑事立法仍然在工具主义的轨道上前行,国权刑法的观念仍然深深根植在立法者的脑海中,民权刑法的观念离我们仍很遥远。我国应该停止以犯罪化为内容的刑事立法。②

笔者丝毫不否定1979年以来刑法修正对经济社会发展具有积极保障作用,这里只是想尝试掀开刑法这块"石板",看看它的另一面。若依据刑法本性和前述现代刑法应然生存空间的论述,当前我国的刑法过度化及其对社会治理造成的负面影响,绝不可小觑。这种过度化不仅体现在立法、司法上,也深植于社会民众和管理者的思维中。③

1. 立法表现

(1) 刑法之手不适当伸向民事经济领域,导致调整对象的过度化。立法是国家法治活动的开端,其重要性被哈耶克视为"人类所有发明中充满了最严重后果的发明之一,其影响甚至比火和火药的发明还要深远"④,自然没有理由不慎重。在区分部门法体系的现代社会,民法与刑法的属性截然不同,调整范围泾渭分明,但最近的刑事立法在两者界限的问题上屡屡迈出危险的步伐,使得在这些特定领域的犯罪与民事、经济纠纷的界限变得模糊起来。

比如骗取贷款罪,关于刑法增设本罪的初衷,权威的解释是,考虑到公安机关、人民银行等部门提出,实践中一些单位和个人骗取银行或其他金融机构的贷款,难以认定行为人主观上具有非法占有贷款的目的,致使这类案件的处理陷入

---

① 邢馨宇,邱兴隆.刑法的修改:轨迹、应然与实然——兼及对刑法修正案(八)的评价[J].法学研究,2011(2).
② 刘艳红.我国应停止犯罪化的刑事立法[J].法学,2011(11).
③ "过度刑法化"在思维上的表现,简单地说,就是当社会中出现某种问题时,国家和社会民众总会情不自禁地想到动用刑法解决。我国刑法立法和司法上的过度刑法化现象,也是"过度刑法思维"的表现与外化。该问题本文不专门展开。
④ 弗里德利希·冯·哈耶克.法律、立法与自由(第1卷)[M].邓正来,张守东,李静冰,译.北京:中国大百科全书出版社,2000:113.

三 法治国家与公共领域

两难境地,要么无罪,要么重刑(贷款诈骗罪)。这客观上造成了此类案件的高发趋势,危害到国家金融安全。① 很明显,本罪处罚的主要是行为人基于非法使用目的而骗取银行贷款的情形。② 但稍加思考,我们便不难发现将上述情形纳入刑法范围,难以认为具有正当性。

首先,近代以来,刑法对单纯财产关系的介入范围大大萎缩,只限于对财产权最严重侵犯的情形,即一般的民事欺诈行为由民法调整,只有行为人主观上具有"非法占有目的"的情形,才纳入刑法范围。骗取贷款罪的设立,突破了刑法对财产关系的传统介入限定。

其次,平等是法律的基本价值,刑法对包括财产关系在内的任何社会关系介入,都必须遵循平等原则。平等强调的是"相同的情形相同对待;不同的情形区别对待"。从刑法规定看,我国《刑法》规定的诈骗罪形态多样,除《刑法》第266条规定的普通诈骗罪外,还有特别类型的如合同诈骗罪、信用卡诈骗罪、信用证诈骗罪等。与这些犯罪类型相对应,实践中也大量存在行为人主观上出于"非法使用目的"的情形,但刑法并没有对应设置诸如"骗取合同罪""骗取信用证罪"等罪名。立法特别设置骗取贷款罪,不能不说是一种偏爱。对于偏爱的理由,如前指出,权威的解释是"避免对于那些没有充分证据证明行为人主观上是否有非法占有贷款目的案件的处理陷入两难境地"。乍听起来,似乎有理,但显然是难以成立的,因为在没有充分证据证明行为人是否具有"非法占有贷款目的"的场合,应按照"疑罪从无"的诉讼原则认定,无论如何也不能蜕变为增设本罪的借口。其实,只要对我国当前经济社会稍有常识的人都会清楚,本罪是人民银行等金融机构强势意见的法律表达,明显存在对银行等金融机构的利益过度保护之嫌,严重违背了市场经济的本质和法治平等的原则。

再次,随着社会的进步和市场经济的完善,法律对不损害国家和社会公共利益的民事欺诈类行为的法律后果正呈现出越来越"宽容"的态度。《民法通则》第58条第3项规定,以欺诈手段实施的民事行为无效。1999年《合同法》第54条将因欺诈行为签订的合同规定为可变更、撤销合同(附撤销权的有效合同)。可见,本罪的规定难以与整个社会价值观的前进方向契合。

又如拒不支付劳动报酬罪,该罪被《刑法修正案(八)》视为保护民生的亮点工

---

① 黄太云.刑法修正案(六)的理解与适用(下)[J].人民检察,2008(8上).
② 黄太云.刑法修正案(六)的理解与适用(下)[J].人民检察,2008(8上).

程。① 立法增设本罪的原因是"劳动者报酬关乎劳动者的生存等基本人权和社会稳定。拖欠劳动者报酬严重侵犯劳动者权益,甚至会引发群体性事件和诸多社会矛盾"②。其实,对于增设本罪的正当性,立法过程中就存在巨大争议。梁慧星教授明确反对增设本罪,他认为,轻易采取刑法打击欠薪行为不妥,把老板判几年刑,工厂垮了,劳动者又会失去工作,无益于问题的解决,建议从民事立法的角度,加强保护劳动者的工资债权。③ 遗憾的是,反对意见没有被立法机关采纳。现在看来,本罪在处罚的正当性和立法技术方面,都存在严重疑问:

首先,现实社会中,欠债不还的现象并非个案,拒不支付劳动报酬在债务对象上虽有特殊性,但性质上仍然没有逃逸于债权债务关系本质,并不具有纳入刑法调整的特殊理由。

其次,从既有法律的规定看,现有制度和刑法条文(如《刑法》第 313 条)完全可以解决拒不支付劳动报酬罪意图解决的问题,设立本罪将导致罪名的重叠和量罪刑罚条款的多余。对此,支持设立本罪的学者有可能会提出,《刑法》第 313 条的规定无法圆满解决拒不支付劳动报酬罪所针对的问题,因为《刑法》第 313 条针对的是自然人犯罪,而拒不支付劳动报酬罪还处罚单位。笔者并非没有注意到本罪主体范围的规定。对于单位实施的刑法没有明确规定单位犯罪的案件,在司法实践中并非鲜见,如单位盗窃等。此类问题如何处理,理论上素来争议很大。从目前立法和司法解释看,也肯定可以径直处罚单位主管人员和其他直接责任人员。而且,退一步讲,即便论者否认该场合可以直接处罚单位主管人员和其他直接责任人员,这也不足以成为立法设置本罪的理由。

再次,根据刑法规定,本罪在性质上属于不作为犯。现代刑法历来是以处罚作为犯为原则,处罚不作为犯为例外,对不作为犯的处罚范围向来持限制立场。即便对不作为方式实施的故意杀人罪等严重罪行,刑法原则上也以构成要件结果的出现才处罚。现行刑法将本罪设定为行为犯构成要件,难以被认为是必要和正当的。

(2) 立法技术失当,引起刑法范围的过度化。作为一种与人治相对峙、体现人类理性的制度安排,法治的要义在于"已制定的法律得到普遍的遵守,而得到普遍遵守的法律又是制定良好的法律"。在现代社会,所谓良好的法律,其内早已超

---

① 黄太云.《刑法修正案(八)》解读(二)[J].人民检察,2011(7).
② 黄太云.《刑法修正案(八)》解读(二)[J].人民检察,2011(7).
③ 梁慧星."恶意欠薪"入罪有坚实的民意基础[N].新京报,2010 – 03 – 14.

越了对法律实质内容的关注,也包含法律实施程序和立法技术。日本学者川岛武宜说:"作为实用法学研究对象的法包含着两个要素,即赋予立法与审判以动机并决定其内容的价值判断及作为实现该价值判断的手段所采用的词语技术。"① 我国学者也指出,法学的内容基本包括两个部分:一是对法律价值的讨论,二是对立法技术的讨论。前一部分是基本的方面,后一部分是从属的方面。② 立法技术虽然是为法律价值服务的,但技术的运用可以直接决定着法律价值的走向。我国刑法立法技术失当所导致的刑法范围过度化,已影响到了我国刑法的价值抉择,使得刑法弥漫着浓厚的国家主义色彩。具体看,当前刑法立法技术的失当至少体现在以下两方面:

第一,行为构成要件立法技术的泛用。③ 刑法以处罚结果犯为原则,以处罚危险犯、行为犯为例外,这也是近代以来刑法的重要特色之一。该立法技术展示的是国家限制刑法范围的理想。但随着现代社会发展所导致法益侵害风险的增加,刑法不再耐心等待损害结果的出现,越来越多刑法规范着重于行为的非价值判断,以制裁手段恫吓、震慑带有社会风险的行为。危险犯(尤其是抽象危险犯)和行为犯的大量出现,是现代科技文明和经济文明的产物,尤在环境刑法、经济刑法、交通刑法领域表现最为突出。④ 面对抽象危险犯和行为犯的扩张,刑法理论指出,对于任何犯罪构成要件的设定只有符合以下情形,才可以考虑行为构成要件的立法技术,即处罚实害犯的未遂,在刑法保护上仍显不足;侵害结果难以确定;行为人的责任难以认定;掌握过失实害犯所附属的偶然因素等。⑤ 在刑法上,有些犯罪采取行为构成要件的立法技术是必要的。如生产、销售伪劣商品类型犯罪,销售行为往往是针对社会不特定公众,如果以结果发生为构成要件,将使得该罪的责任证明成为难题。立法将其设置为行为犯构成要件,保证了本罪的可实践性。又如货币类犯罪,其侵害的是国家法益,并不存在具体对象,也难以发生具体法益侵害结果,无法将其规定为结果犯,刑法将行为设置为构成要件,是源于该类犯罪的特性。

但现行《刑法》将有些犯罪设置为行为犯的构成要件,却难以被认为是妥当

---

① 川岛武宜.现代化与法[M].王志安,等,译.北京:中国政法大学出版社,2004:242.
② 吕世伦.西方法律思想源流论[M].北京:中国人民公安大学出版社,1993:232.
③ 在我国刑法理论上,一般认为抽象危险犯和行为犯是不同的。由于两者采取的都是行为构成要件,所以,本文不再区分两者,而是一并论述。
④ 林东茂.危险犯与经济刑法[M].台北:五南图书出版公司,1996:15.
⑤ 林东茂.危险犯与经济刑法[M].台北:五南图书出版公司,1996:16 – 21.

的。如高利转贷罪,根据《刑法》第 175 条规定,行为人主观上以转贷牟利为目的,客观上套取金融机构信贷资金再高利转贷给他人,违法所得数额较大的,即构成本罪。但是,单位和个人从银行或其他金融机构贷款后,没有按照贷款合同约定用途将资金投入使用,而是转贷给他人,性质上属于违反贷款合同的民事行为,刑法介入正当性何在?立法者将高利转贷行为纳入刑法范围,主要是认为此类行为破坏了国家的金融秩序,高利转贷行为给银行等金融机构所贷的资金造成了风险。但实践中高利转贷是否会造成银行等金融机构所贷款项的风险,是极不确定的。贷款者将其所贷资金高利转贷后如期偿还银行等金融机构的事例,并非稀罕。对于此类案件,虽然转贷所得数额较大,在没有造成银行等金融机构任何资金损失情况下,将其认定为民事纠纷尚且牵强,怎么会认为值得动用刑法惩罚呢?而且,退一步讲,即便国家要动用刑法惩罚高利转贷,保护金融机构资金安全,也应将本罪的范围严格限定在转贷给金融机构造成巨大损失的情形,构成要件应当采取结果犯的立法技术。

与高利转贷罪采取典型行为犯构成要件的立法技术不同,刑法对不少犯罪构成要件的设置采取的是结果犯和情节犯相结合的技术。如骗取贷款罪、骗取票据承兑、金融票证罪等。① 根据《刑法》规定,不仅在行为造成严重后果或重大损失情形下构成犯罪,在行为违法数额巨大或有其他严重情节的情形下,也构成犯罪。由于情节犯包括了行为犯的情形,这就为司法解释将这些犯罪扩张解释为行为犯,扩大刑法范围,埋下了隐患与空隙。

第二,兜底条款的滥用。"兜底条款"因具有陈述概括,弹性大,可以保证法律涵盖范围的最大化,以堵截法律漏洞的功能,所以历来受到立法者青睐而成为重要的立法技术。但任何立法技术的运用必须考虑部门法的特性,刑法的特殊性决定了罪刑法定说到底是一项有利于犯罪嫌疑人、被告人和犯罪人的原则,是规范和限制国家刑罚权、保障犯罪嫌疑人、被告人人权的原则。② 兜底条款本质上属于不明确的罚则,因为它实质上违反罪刑法定原则,严格地讲,是不应被允许的。③ 从法的价值考量,刑法以法的安定性为追求实现正义的最高限度,立法也要尽可能使用明确、具体的条款。这一方面表明立法者试图为公民提供更加明确的行为

---

① 同样的问题还存在于虚报注册资本罪、虚假出资罪、抽逃出资罪中。随着最新《公司法》和全国人民代表大会常务委员会《关于〈中华人民共和国刑法〉第一百五十八条、第一百五十九条的解释》的颁布,上述三个犯罪中存在的该问题随机解决。

② 梁根林.刑事法网:扩张与限缩[M].北京:法律出版社,2005:5.

③ 山口厚.刑法总论[M].付立庆,刘隽,译.北京:中国人民大学出版社,2011:17.

指南,以保障公民的自由与安全;另一方面表明,立法者试图严格限制刑事领域的司法规范,防止刑罚权的扩张和滥用。① 当前我国的客观情况是,刑法立法没有慎重考量兜底条款对罪刑法定原则和刑法人权保障机能的侵蚀,设置数量庞大的刑法兜底性条款,这已成为推动刑法范围扩张的重要助力,也为刑法实践中的过度化提供了法规范上的依据。

(3)国家不适当地将刑法作为"社会管理法"看待,导致了调整对象的过度化。法律是通过一种能够使人类行为受制于规则治理的过程。任何部门法都以各自的形式承担着社会管理的职能,在这个意义上,刑法亦具有社会管理法的性质。但刑法参与社会治理是以矫正正义的方式实现的,刑法本质属于司法法,以法的安定性为最高价值,这就决定了刑法不同于一般意义上的社会管理法,也不属于公共利益服务法。过分强调刑法积极介入社会治理,将使其面临"变性"的风险。该问题在近年刑法修正中表现得日益突出,一旦社会上出现某种乱象,国家总是情不自禁地动用刑法进行治理。当现行刑法缺乏对应条款时,国家总会通过立法,以新增罪名的方式解决。以发票类犯罪为例,1997年《刑法》对发票违法行为还持比较克制的态度,处罚范围主要限于增值税专用发票、可以用于骗取出口退税、抵扣税款的发票以及针对普通发票的非法制造、非法出售行为。面对实践中发票的乱象,《刑法修正案(八)》突破了相对克制的立场,新增虚开发票罪和持有伪造的发票罪。谁都无法否认,假发票在当下我国已蔓延成为严重的社会问题,需要规范和严厉打击。但发票制度本身就是一种特权制度,是市场经济改革的对象,而且,该问题的形成原因复杂,国家以非刑法措施也并非不可能解决。② 在尚未充分动用经济行政措施着力解决该问题之前,简单地将此类行为大幅度犯罪化,难以认为符合"刑法的最后手段性",实际上是将刑法作为社会管理法来对待。从法理上看,虚开发票、持有伪造发票的行为性质上属于"介入选择性行为"(Intervening Choice),最终法益侵害结果的发生还需要后续行为的介入,行为的特点决定了国家对这类行为的犯罪化,需要慎重考虑"虚开"与"非法持有"行为本身的危险性程度和行为对象的属性。但显而易见的事实是:在行为的性质和危险性程度方面,虚开、非法持有普通"假发票"无论如何也不能与非法持有"枪支"、"弹药"以及伪造、变造、非法持有"货币"这类特定对象相提并论。动用刑法规制,在处罚正当性上难以被认为是充足的。

---

① 周少华.刑法之适应性:刑事法治的实践逻辑[M].北京:法律出版社,2012:32.
② 陈景清.假发票大规模侵袭中央部门成谋取违法利益手段[N].中华工商时报,2012-01-14.

另外，刑法新近增设的组织残疾人、儿童乞讨罪，组织未成年人进行违反治安管理活动罪，出售、非法提供公民个人信息罪，组织、领导传销活动罪，大型群众性活动重大安全事故罪，也都明显闪烁着国家将刑法作为社会管理法看待的影子。"此类行为通过公安行政部门的治理，是完全可以得到有效控制的，然而，行政机关一方面因法律依据不足，另一方面因这种管理不具有收益性质而不愿进行管理，于是……干脆来个犯罪化，……没有充分动用行政管理手段就将此种行为纳入刑法，则违背了刑法不得作为'最先保障法'的原则，并且也因此使本罪成为'立法者的法'而不是民众的法。"①

2. 司法表现

第一，司法解释扩张刑法范围，将刑法防线进一步提前。如骗取贷款罪，根据《刑法》规定，行为给银行或者其他金融机构造成重大损失或者有其他严重情节的，都构成本罪。如前指出，立法并没有将其规定为结果犯，这就为本罪的实践扩张留下可乘之机。根据最高人民检察院、公安部《关于公安机关管辖的刑事案件立案追诉标准的规定（二）》第 27 条规定，行为涉嫌下列情形之一，应予立案追诉："（一）以欺骗手段取得贷款数额在一百万元以上的；……（三）虽未达到上述数额标准，但多次以欺骗手段取得贷款的。"很明显，司法解释已将本罪的处罚范围扩张至行为犯。试想，即便骗贷数额达到一百万以上，或者多次实施"骗贷"行为，若所贷银行款项及利息都如期偿还，在没有给银行造成直接经济损失的情况下，恐怕在民事责任方面都难以认为存在问题，怎么会认为需要刑法追诉呢？

第二，法定犯的判定过分依附行政认定，刑法适用出现了"行政化倾向"。根据《刑法》规定，法定犯的成立，行为需以违反特定经济、行政法律法规为前提。对于是否存在该前提行为，司法实践中普遍的做法是：首先寻求特定主管部门的行政认定意见，如相关行政主管部门给予肯定结论或对行为做出行政处罚，涉案行为数量较大或具有其他严重情节的，司法机关往往以犯罪论处。如对于高利贷行为能否认定为犯罪，司法机关往往先征求银行等金融主管部门的意见，或者先看看金融主管机关是否已对行为做出了行政违法的处理与认定。在现实社会，法定犯认定由于需要具有特定领域的专业知识支持，人民法院有时难以胜任。所以，相关行政主管部门给予必要的答复意见，对案件的慎重处理是完全必要的，而且也有助于维持国家法制统一。但必须注意的是，虽然刑法与行政法同处"公法之

---

① 刘艳红. 当下中国刑事立法应当如何谦抑？——以恶意欠薪行为入罪为例之批判性分析[J]. 环球法律评论, 2012（2）.

家",但两者的法属性、价值取向、归责原则存在重大差异,法定犯的判定如果过分依附行政认定将会导致刑法对行政法的依附,形成"刑法行政化取向",刑法将面临沦为保护纯粹行政利益的危险。而且,实践中亦不排除行政主管部门的答复意见或责任认定可能具有保护特殊部门利益的色彩,过分强调以行政部门的答复意见和行政认定为判定犯罪的依据很可能导致国家动用刑法保护垄断或特定部门利益的严重后果。该问题在我国司法实践中并非个案,值得重视!

第三,司法机关不适当扩张兜底条款范围,导致刑法范围扩张。兜底条款的性质决定了司法实务应当对其采取限制解释立场。比如,关于以危险方法危害公共安全罪中"危险方法"的范围,应严格限制在与放火、决水、爆炸、投放危险物质相当的方法,绝不是泛指任何具有危害公共安全性质的方法。① 但实际情况是:不少司法机关对本罪的掌握过于随意,特别是当案件出现严重后果或恶劣社会影响时,司法机关往往不顾本罪"危险方法"的性质和特点,将一些本不属于本罪的情形认定为本罪,使得以危险方法危害公共安全罪呈现"口袋罪"的特征。② 较本罪有过之而无不及的是非法经营罪,自该罪设立以来,司法不断扩大"其他严重扰乱市场经济秩序的非法经营行为"的外延,行为类型除涵盖外汇、证券、期货、保险、出版、电信、传销、医药、饲料等多个领域外,实务中有的将"违法建设中的经营行为"③与"销售假冒伟哥的行为"④也纳入本罪。本罪现已堕落成为笼罩经济社会方方面面的"口袋罪"⑤,处罚范围与市场经济提倡的经济自由存在明显矛盾。

第四,司法机关将社会转型时期的"灰色行为"纳入刑法范围,难以符合犯罪的本质。当前比较受社会关注的是有些司法机关将民间金融行为(如高利贷、集资等行为)视为"灰色经济",纳入刑法范围,大量以非法经营罪、变相吸收公众存款罪论处。包括民间高利贷、集资在内的民间金融行为在我国当前经济生活中的效用是正负兼具的,实践证明其对于解决国家正规金融制度不足,为小微企业提供畅通融资渠道,整体提升金融服务水平,促进区域经济发展等方面都起到了积极作用。经济学家陈志武指出:"如果能开放民间金融并发展各类小额金融品种,

---

① 张明楷.刑法学[M].北京:法律出版社,2011:610.
② 张明.论以危险方法危害公共安全罪——扩大适用的成因与限制适用的规则[J].国家检察官学院学报,2012(4).
③ 刘光圣.违法建设治理中的刑法适用[J].人民检察,2012(4).
④ 金泽刚.销售假冒伟哥的行为如何定罪量刑——兼论非法经营案件的法律适用问题[J].法学,2006(9).
⑤ 高翼飞.从扩张走向变异:非法经营足罪如何摆脱"口袋罪"的宿命[J].政治与法律,2012(3).

不仅能让各地像浙江那样调动好自有的资源,而且能够为更广泛的老百姓家庭提供更好的致富机会。"①实践中将该类行为入罪的做法,只是窥其效用之一端,并不符合社会经济实际情况,已激起了社会对刑法适用的抵触情绪,该问题在"孙大午案""吴英案"中都有明显体现。

第五,司法机关滥用刑事手段插手经济纠纷,导致刑法的过度化。司法机关插手经济纠纷是个老问题。近年,随着司法体制改革和中央三令五申地强调,该问题在实践中得到一定程度改观,但仍难以让人满意,尤其在经济社会发展相对落后的地区该问题仍有一定普遍性。个中原因,有的是因为办案机关出于经济利益的驱动,有的是办案人员业务水平所致,有的是因为腐败引起,有的与司法机关对国家刑事政策的错误理解相关。比如,有的地方司法机关漫无边际把握刑法中"伪劣产品"的范围,甚至把质量不符合合同约定的办公用品解释为"不合格产品",认定为生产、销售伪劣产品罪,远远偏离了本罪的立法本意。有的地方司法机关不慎重把握合同纠纷与合同诈骗的界限,导致合同诈骗罪的司法滥用,严重误伤了正常的民事经济活动。

(二)社会治理"过度刑法化"的风险与价值批判

刑法不只是规定犯罪构成要素条文的组合,也是一个具有特定价值判断特别是人权价值、法治国家原则及民主原则所组成的整体。从刑法对犯罪范围的设定,可以窥见国家在社会治理中奉行的价值决定。刑法过度反映的是国家对刑法价值理解的偏离,这将导致社会治理面临巨大的风险。对于刑法过度的危害,西方学者指出,一方面,刑法过度所呈现的量罪刑罚扩张意味着国家刑罚权的不适当膨胀,必然相应导致公民权利的限制与压缩,形成对公民自由的妨碍;另一方面,刑法作为社会控制高度专业化手段,只有在针对特定目的时才有效用,超越目的之外的不适当使用将是无效的,而且会导致更大危害。② 这些问题在我国亦同样存在。

第一,刑法过度化将改变国家权力与公民权利的结构。公民的基本权利和自由乃一种"先验"的存在,应受到国家所有法律秩序之维护③,这是法治国的基本命题。现代社会,没有不受限制的权利和自由,只是对公民权利和自由的限制须有

---

① 陈志武. 金融的逻辑[M]. 北京:国际文化出版公司,2009:100.
② Sanford H. Kadish. The Crisis of Overcriminalization[J]. American Criminal Law Quarterly 1969(7):17-34.
③ 陈新民. 宪法基本权利之基本理论(上)[M]. 台北:元照出版公司,1999:213.

正当理由。任何社会,国家刑罚权和公民权利都不可能是无限的,两者的关系犹如"蛋糕"之两半。法治社会两者关系的理想状态是:国家刑罚权与公民自由应处于平衡状态,两者能够合理、平等分得各自份额"蛋糕"。国家刑罚权一旦扩张,意味着国家分得的"蛋糕"份额会相应扩大,在"蛋糕"总量不变情况下,公民的"蛋糕"份额就不得不减少。刑法过度化引起的是国家刑罚权的膨胀,必然形成对公民权利和自由的压缩。

第二,刑法过度化将导致国家司法资源的不合理配置。经济学家萨缪尔森曾指出,"稀缺这一事实存在于经济学的核心之中。没有一个社会达到了一种无限供给的乌托邦。物品是有限的,而需求则似乎是无限的"①。司法资源紧缺亦是我国当前和今后一段相当长时期的基本社会现实。通过绝对增加国家对司法资源的投入,当然不失为问题的解决之道,但在社会资源整体供给无法绝对满足社会需求的情况下,通过优化既有资源配置,实现效益最优化,无疑是问题解决更为有效可行的办法。任何社会,社会纠纷整体上呈现的都是"金字塔"结构。作为社会纠纷极端形态的犯罪虽然高居"金字塔"体系顶端,但其往往发源、形成于处在"塔基"的民事经济纠纷或一般违法行为。正是基于此,科学的反犯罪之策是国家应尽可能将有限的司法资源"下沉"用于解决和应对处于社会纠纷"金字塔"体系底端的普通社会纠纷与细小违法行为,消除犯罪生成的土壤,达到对犯罪治理"事半功倍"之效。刑法一旦过度化,将人为地扩大处于"金字塔"顶端的犯罪圈范围,国家将相应增加对犯罪治理的资源投入。在特定时期国家司法资源总量投入既定的情况下,如果过多投入司法资源对犯罪治理,相应地就必然造成司法资源对"前犯罪阶段行为"(一般社会纠纷和细小违法行为)投入的消减,严重情况下甚至可能会形成"倒金字塔"式的犯罪治理机制。这种机制由于与犯罪生成机理相违背,自然不可能达成国家对犯罪治理效果的"帕累托最优状态"。

第三,刑法过度化将削弱刑法的公众认同。常言道:"法律必须被信仰,否则它将形同虚设。"现代社会,刑法的权威不仅源于国家的强制力,更来自于国民对刑法的公众认同。② 刑罚是和平时期国家对公民基本权利与自由限制的最高形式,其适用最能彰显国家的权力与权威,也最容易挫败公民的自由,必须强调其德行。刑法的过度化使国家对公民权利的剥夺与限制失去了正当化理由,必然引起民众质疑。以我国刑法立法为例,过去刑法颁布几乎总是能够得到社会的一致好

---

① 萨缪尔森.经济学[M].胡代光,等,译.北京:北京经济学院出版社,1996:14.
② 周光权.论刑法的公众认同[N].检察日报,2002-07-12.

评,但近年刑法修改却引起了越来越多学者的质疑甚至批评,个中反映的就是国民对刑法认同感的减弱。

第四,刑法过度化将阻碍经济社会的创新。在压制型的社会秩序下,公民满身缠绕束缚,创新往往只是理想者的奢望。经济社会的创新需要自由的社会环境,只有自由,每个人才可以做自己擅长之事,在分工中发挥自己的优势。刑法过度化引起的对公民自由空间的排挤,将对公民创新造成阻碍。该现象在经济领域特别明显,市场经济的本质在于鼓励经济自由和经济的改革与创新,若刑法过分强调对既有经济秩序的保护,经济创新行为动辄得咎,必然造成对市场主体创新动力的挫败,形成对经济社会发展源动力的扼杀。在这个意义上,我国《刑法》第三章破坏社会市场经济秩序罪中那些明显染有"半统治、半市场"色彩的罪名如非法经营罪、骗取贷款罪、非法吸收公款存款罪的处罚范围到了该反思的时刻了!

四、社会治理"过度刑法化"形成机理的解读

任何疾病的产生,都不可能是无缘无故的,"过度刑法化"作为社会治理中的病态现象,其中纠缠着历史和现实诸多因素。在现实方面,社会转型期引起的严峻社会治安形势,使得国家面临巨大压力,而动用刑法解决这些问题,往往有立竿见影之效果。该效果恰好迎合了当前整个社会流行的"绩效"考核体制,该体制反过来又推动助长了刑法适用,促成了两者间的"恶性"互动。这里笔者尝试从刑事政策、刑罚权属性、社会纠纷解决机制缺位的角度对当前刑法过度化机理作些澄清。

1. 刑法对刑事政策的过度回应与刑法过度化

刑法作为刑事政策的最重要的核心、最高压区和最亮点[①],本质上不失为一种刑事政策。但罪刑法定原则的确立,使得刑法超越了政策的属性,确立了其作为规范体系的本质。现代社会,刑法与刑事政策的分立早已是客观事实,但两者的联系从未中断:一方面,刑法作为社会治理的重要措施之一,必须以社会为基础,回应社会需求,受到国家公共政策的制约;另一方面,刑法毕竟不是简单地作为国家权力或控制力的体现,而是使权力成为有效维护和促进社会法治与文明的一种力量,刑事政策的法制化可以有效避免国家以政策代替法律的错误做法,限制国家立法与司法权力的恣意妄为。

---

① 米海依尔·戴尔玛斯-马蒂.刑事政策的主要体系[M].卢建平,译.北京:法律出版社,2000:1.

重视贯彻刑事政策的思想历来是我国刑事立法的特色。1979 年《刑法》第 1 条规定:"中华人民共和国刑法……依照惩办与宽大相结合的政策……制定。" 1997 年《刑法》虽然没有再明确规定刑事政策,但惩办与宽大相结合的刑事政策仍然被认为是其灵魂。① 2005 年,宽严相济基本刑事政策提出以来,刑法立法体现刑事政策更是表现得淋漓尽致。比如新近颁布的《刑法修正案(八)》,无论是总则的修订,还是分则罪名的增设,无不体现着宽严相济的基本刑事政策的指导。②

现代社会,否定刑法与刑事政策的联系是不明智的,因为否定两者的关联意味着将刑法的发展推回"机械物理地理解犯罪与刑罚关系的古典刑法时代",而且刑法如果欠缺刑事政策的指导,将会蜕变为没有灵魂的一堆条文聚合。但刑法与刑事政策,毕竟在本质属性、制定主体和程序、表现形式与内容、实施方式、调整范围、稳定性程度方面有显著不同,两者的差异决定了应各自归位,各就各位,不能越俎代庖、互相替代、混为一谈,③刑法必须在合理限度内回应刑事政策。刑法一旦超越了自身的限度,过度回应刑事政策,就不可避免地出现调整范围的过度化。回顾现行《刑法》中的"问题罪名",不少就是刑法过度回应社会需求、过度政策化的结果。有的罪名如拒不支付劳动报酬罪的增设,主要源于特定时期国家对民生问题的重视,而拒不支付劳动报酬的现象恰巧成为该时期的热点民生问题。有的罪名如危险驾驶罪染有明显的民粹化色彩,其增设与特定时期"醉驾"和"酒驾"成为社会焦点有莫大关系。有的罪名如新近发票类犯罪的增设,则直接动因于国家特定时期开展的对发票专项治理行动……当前我国虽然大力提倡社会治理的现代化,但拘于社会资源、国家治理能力等多重因素的制约,短时期社会治理难以彻底摆脱刑法的政策化、民粹化和工具化的思维范式,由此而导致刑法的过度化仍将是一个长期困扰我国社会治理的突出问题。

2. 刑罚权的扩张本性与刑法过度化

孟德斯鸠曾精辟地指出:"一切有权力的人都容易滥用权力,这是万古不易的一条经验。有权力的人们使用权力一直到遇有界限的地方才休止。"④现代民主制度的建立,只是改变了国家权力的运行路径,不可能彻底改变国家权力与生俱来的滥用本性。权力一旦获得扩张的机会,便总会趁机行事。我国刑法过度化的背后明显闪烁着刑罚权扩张的影子,归纳起来,主要通过以下两条途径。

---

① 胡康生,李福成.中华人民共和国刑法释义[M].北京:法律出版社,1997:2.
② 郎胜.《刑法修正案(八)》解读[J].国家检察官学院学报,2011(2).
③ 卢建平.刑事政策与刑法关系论纲[J].法治研究,2011(5).
④ 孟德斯鸠.论法的精神(上)[M].张雁深,译.北京:商务印书馆,2002:154.

第一，刑罚权主动扩张所导致的刑法范围的扩大。刑法是现代国家实现对社会控制的重要手段之一，刑法范围实际上反映着国家在处理保护公民自由、社会福利与自身利益时的容忍度。国家出于强化对社会秩序和自身利益的保护，以刑罚权作为载体扩张权力范围，是无法避免的。即便实践中有立法程序的规范制约，但面对刑罚权的巨大动能，立法程序有时也难以发挥实质性约束作用。而国家一旦以立法程序将某种行为犯罪化，就获得了和平时期国家对该类行为最强烈、最优势的治理资源与地位。至于立法是否正当，是否会导致调整范围的过度化，是否危及公民自由，指望刑罚权自律，历来是不现实的。前文指出的当前国家将刑法作为社会管理法对待以及所导致的刑法过度化问题，就鲜明地反映着国家治理社会的上述逻辑。以司法解释扩大刑法范围同样涉及该问题，因为司法解释一旦放宽了刑罚权的范围，同样意味着司法机关获得了打击犯罪的更优势地位，其可以动用更多司法资源实现维护社会秩序的任务。比如，司法解释一旦将特定犯罪扩张解释为行为犯，就会明显减轻司法机关对特定犯罪的证明责任，便于对犯罪的认定。

第二，刑罚权被动扩张所导致的刑法范围扩大。在法治完善、权力有效分立制约的体制下，司法权因具有权威性、局限性和超然性，一般并不存在被动性扩张的问题。所谓司法权被动扩张的现象往往发生于司法权地位相对孱弱、法治并不理想的环境下。一般而言，一国司法权对立法权和行政权的从属程度越高，其被动扩张的问题往往就会越突出。根据我国《宪法》规定，我国采取的"议行合一"的权力运行体制，立法权、行政权与司法权的性质、行使主体和程序都是不同的，这种不同本身就说明了各自的独立性以及相互间的平衡与制约。但在实际运行过程中，政府事实上往往在很大程度上集行政、司法、部分立法权于一体，在权力构架与体系中具有十分强势的地位。该体制虽具有保持国家权力统一稳定、决策迅速和行动高效等优越性①，但政府行政权能量过大则可能对立法权和司法权造成冲击，削弱国家立法权与司法权的应有机能。现实的情况是：由于政府行政权处于国家权力体系中的核心优势地位，很大程度上主导和影响国家权力与社会运行，政府意愿往往会遍布社会的各个角落，甚至轻而易举地上升为法律。立法程序对立法权启动的应有制约功能难以发挥，在实际工作中主要扮演规范立法过程的角色。以经济刑法范围的设定为例，在"政府主导经济增长的模式"下，刑法调整对象就难以摆脱行政化的色彩，那些与政府特定时期倡导的市场经济理念不相

---

① 钱正荣."议行合一"的"前世"与"今生"[J].传承，2009(11).

三 法治国家与公共领域

符的行为,在政府(主管部门)的推动下,很容易通过国家立法纳入刑法范围。此外,政府一旦推行某项专项社会治理措施,在政府强大权力能量的动议下,立法、司法机关往往不得不为政府的行为做出"背书性"的立法和司法。

3. 社会纠纷解决机制缺位与刑法过度化

社会纠纷的性质和复杂性决定了纠纷解决机制的多元性与复杂性。作为纠纷解决的最终和最高机构,国家所要掌握的应当是最终解决权而不是最先解决权,这应当是国家构建社会纠纷解决机制应秉持的基本原则。从整体上看,现代社会纠纷解决机制的理性配置既包括以国家为主体的诉讼和审判机制,又包括以社会为主体的人民调解等非诉讼纠纷解决机制。① 但事实上,人类行为的最终目的不是都能通过理性来说明的,往往是人类情感的体现。② 从古至今,社会纠纷解决机制错位和缺位的现象从未间断。有些社会问题通过民事、行政途径并非得不到合理解决,但由于民事、行政解决机制不畅通,或者以民事、行政途径解决,耗时长、难以即时见效,当该类问题一旦成为社会聚焦点时,国家就会忍不住动用刑法,以求得立竿见影的治理效果,满足社会的即时需求。比如拒不支付劳动报酬罪的设立在很大程度上反映的就是当前国家民事、行政制度解决拖欠劳动者报酬的缺位和失效。③ 又如危险驾驶罪,虽不能否认本罪的设立即刻带来了该类案件明显下降④,但必须追问的是:不将"醉驾"犯罪化,通过严格行政执法是否就无法达到减少和预防该行为发生的效果?本罪的增设是否存在刑法为警察的不作为买单?还有,刑法规定了不少发票类犯罪、税务类犯罪、食品安全类犯罪等,刑法积极介入上述领域,与国家对该类社会现象非刑法解决机制(特别是行政执法机制)不到位有无关系呢?社会生活中,任何犯罪的发生都不可能是一蹴而就的,往往需要经过滋生、发展到最终实施、完成的过程,期间面临多重社会控制措施的阻挠和社会纠纷解决机制的消解。在犯罪发生之前的任何一个时点,如果相应的社会纠纷解决措施能够发挥效用,犯罪都可能被预防制止。从这个意义上看,大量犯罪的发生不能不说是社会纠纷非刑法解决措施缺位所带来的遗憾结果,而弥补这种缺位结果的代价往往是国家不得不动用昂贵的刑法来应付。所以,完全可以认为,一国对刑法倚重程度及实践中刑法的适用程度,可以在很大程度上反映该

---

① 宋明. 论和谐社会纠纷解决机制的科学配置[J]. 大连干部学刊,2008(4).
② 休谟. 道德原则研究[M]. 曾晓平,译. 北京:商务印书馆,2001:145.
③ 刘艳红. 当下中国刑事立法应当如何谦抑?——以恶意欠薪行为入罪为例之批判性分析[J]. 环球法律评论,2012(2).
④ 卢建平. 关于醉驾入刑的理性审视[J]. 法律资讯,2011(6).

国社会纠纷非刑法解决措施缺位、失效之程度。

4. 刑罚威慑功能的过度倚重与刑法过度化

刑罚是否具有威慑功能,在理论上至今并未完全有定论。但基于功利主义人类社会的生存和生活方式以及对人所具有的趋利避害本能的考量,多数意见还是倾向认为刑罚具有"杀儆效应"与威慑功能,只不过刑罚的威慑效果取决于多个因素,除刑罚轻重外,还决定于刑罚的确定性及其程度。如贝卡里亚很早就断言:"对于犯罪最强有力的约束力量不是刑罚的严酷性,而是刑罚的必定性。"①犯罪学上的种种实验(如"破窗实验")也证明了该论点。现代犯罪学理论普遍认为,刑罚的严厉性和确定性是实现刑罚威慑效果的两个基本变量,理想的刑罚模式应当是尽可能提高刑罚的确定性以避免通过提升刑罚的严厉性而达到对犯罪预防。但人性的功利性特点,往往导致国家对社会问题的解决偏爱选择眼前、表面化的应对之策,而不愿设计出着眼于长远、根本性的应对措施。相对于以提升刑罚的确定性实现对犯罪的威慑,通过提高刑罚的严厉性和扩大打击范围无疑要便利得多,而一旦国家倚重后者作为威慑和预防犯罪之策,刑法的扩张与过度化便难以避免。

五、刑法参与现代社会治理机制的理论构建

法学家埃利希指出,不论是现在还是其他时候,法律发展的重心既不在立法、法学,也不在司法判决,而在社会本身。② 现代社会的高度复杂性使得法律所担负的使命更为艰巨,其角色也更具挑战性,一个看似法律方面的问题往往不是或不再仅仅是一个法律问题,一项形似简单的立法也常常会有许多因素纠结其中。③ 如前分析,过度刑法化,表面上看似乎是个刑法专业问题,其实它早已超越了刑法的范围,成为一个社会问题。这在根本上决定了对应刑法过度化绝非刑法专业本身能完全胜任,必须从刑法与社会关系的维度探讨刑法参与现代社会治理的机制。因篇幅所限,本文主要选取以下两个方面做尝试性探索。

(一) 刑法过度政策化的反对与"司法法"属性的提倡

维护刑法自主性和处罚范围的适当,必须反对刑法的过度政策化,而这首先

---

① 贝卡里亚.论犯罪与刑罚[M].黄风,译.北京:中国大百科全书出版社,1993:59.
② 尤根·埃利希.法律社会学基本原理[M].叶名怡,袁震,译.北京:九州出版社,2007:前言.
③ 肖世杰.法律的公众认同、功能期许与道德承载——对刑法修正案(八)的复眼式解读[J].法学研究,2011(4).

三 法治国家与公共领域

要从刑法与刑事政策的正当关系谈起。历史上,刑法并非生来就和刑事政策捆绑在一起。刑事古典学派机械地理解犯罪与刑罚的关系,刑罚被认为是对犯罪的机械反动,刑事政策在其思想体系中并无生存余地。近代学派改变了古典学派关于犯罪与刑罚关系的机械性理解,强调"犯罪—刑事政策—刑法"的互动,重视刑法的预防功能,将刑事政策带入刑法体系,催生了刑法与刑事政策的"二重协奏",但此后刑法始终面临着过度政策化的困扰。

政策的本质是政治,所以,刑法与刑事政策的关系根本上反映的是刑法与政治的关系以及刑法的自主性和限度问题。现代法治国家,法律与政治历来被认为是共生的。法律的本质是国家依据政治权力所为的强制,它是为了实现并维护社会秩序的目的而要求人们为一定行为的装置或过程。① 任何强大的、有组织的政治力量,为了达成自己的政治目标,都要创造和推行自己的法律观念或法律命题。而在社会结构中,法律命题总是为政治力量所支配,法律命题必然或多或少地体现着一定的政治理想。在斗争中获得胜利的社会力量,总会通过创造法律命题的方式来强制保护自身利益的规范实现,因此,法律命题必然带有政治色彩。② 换句话说,法律本质上是政治权力作用于社会生活所采用的形式,法律价值判断的结论是它的具体内容。③ 我国学者也指出,法律与政治的区分只是一种相对的、技术性的、表面化的区分,从彼此构造生成、实际运作实践看,法律与政治始终具有非常密切的内在联结④,它们都面对共同的社会公共利益要求而担负着建立和维护共同社会秩序的责任。……法律乃另一种形式的政治,即以其规范化、权威化、统一性的标准化要求表达着政治的诉求;而政治的诉求一旦改变或者消失,将直接导致法律的改变或者法律的完全消失。⑤

法律与政策(政治)的联合当然有积极意义。具体到刑法领域,如前指出,刑法作为现代国家公共政策的重要环节,在实现社会治理过程中,必须适时回应社会需求,否则刑法将会蜕变成没有灵魂的一堆机械条文,失去存在的必要性。另一方面,在现代法治国家,法治的推行必须严格贯彻形式理性主义,政治权力必须采取制度化法律的形式作用于社会生活,否则社会生活将会陷入权力的挟持之

---

① 川岛武宜. 现代化与法[M]. 王志安,等,译. 北京:中国政法大学出版社,2004:251-252.
② 川岛武宜. 现代化与法[M]. 王志安,等,译. 北京:中国政法大学出版社,2004:230.
③ 川岛武宜. 现代化与法[M]. 王志安,等,译. 北京:中国政法大学出版社,2004:263.
④ 姚健宗. 论法律与政治的共生:法律政治学导论[J]. 学习与探索,2010(4).
⑤ 姚健宗. 法律的政治逻辑阐释[J]. 政治学研究,2010(2).

中,无法预测。①"刑事政策刑法化"和"刑法刑事政策化"实际上是刑法与刑事政策互动的结果。但是,法律与政策的分离毕竟是近代制度文明的重要成果,我们在强调刑事政策与刑法共生互动关系的同时,必须重视刑法回应刑事政策的途径与限度,警惕刑法对刑事政策的过度回应。因为,第一,法治首先是一种规则之治,在法治国家,政治行为必须受法治约束,"如果一种法律没有规则或者其规则未得到有序的遵守,那么这种法律就不能成为我们所了解的那种法律制度。它是一种随意决断的非正式'制度'。"②第二,虽然法律在本质上决定于政治,但法律本身具有自主性,刑法自主性的最重要体现在于罪刑法定这个刑法帝王原则的确立以及所体现的刑法对法的安定价值的维护。正如学者们反复强调,就国家对犯罪的治理而言,刑法很难认为是必需的,没有刑法并不妨碍国家对犯罪的有效镇压与打击,而且没有立法的犯罪打击可能更为及时、有效、灵活、便利。实际上,人类之所以需要刑法,既是为了惩罚犯罪,又是为了保证刑罚的正当性。亦即刑法的目的不仅在于遏制犯罪,还在于遏制国家权力。现代刑法存在的一个特别重要的理由,就是限制国家的刑罚权。③ 刑法一旦过度卷入政治或政策之中,将会松懈近代以来紧套在刑罚权身上罪刑法定的脚镣,刑法的安全价值势必面临危机,导致刑法的自主性被消解,国家刑罚权便会乘机以推行公共政策为借口,谋取自身利益扩张而危及公民自由。具体来说:

第一,反对刑法的过度政策化,首先必须明确刑法作为"司法法"的根本属性,反对将刑法看作一般的社会管理法。法律可以被区分为立法法、司法法和行政法。刑法作为国家的裁判规范,以法的安定性为指导原理,被划分在司法法范畴中。④ 张明楷教授也指出,司法法以法的安定性为指导原理,这一点与以法的合目的性为指导原理的行政法迥然有别。⑤ 其实,深究起来,两者的差异远非限于此。首先,从国家权力结构看,司法与行政的分类以及司法法的设置不啻是国家精心为雄心勃勃的行政权准备的冷却剂,具有避免行政权过度活跃对公民权利造成不适当排挤的救济、纠偏功能。刑法司法法的根本属性决定了国家刑罚权的发动必

---

① 川岛武宜.现代化与法[M].王志安,等,译.北京:中国政法大学出版社,2004:263.
② P.S.阿蒂亚,R.S.萨默斯.英美法中的形式与实质——法律推理、法律理论与法律制度比较研究[M].金敏,陈林林,王笑红,译.北京:中国政法大学出版社,2005:61.
③ 周少华.刑法之适应性:刑事法治的实践逻辑[M].北京:法律出版社,2012:94.
④ 大塚仁.刑法概说(总论)[M].冯军,译.北京:中国人民大学出版社,2003:20.
⑤ 张明楷.刑法学[M].法律出版社,2011:20;何荣功.经济自由与经济刑法正当性的体系思考[J].法学评论,2014(6).

须是被动的,只有在行为发生了法益侵害结果或危险时,刑法的介入才具有正当性与合法性。而行政法和一般社会管理法,基于公共利益和国家对社会管理的需要,则可以积极主动介入社会管理活动。其次,从法存在的目的看,司法法的根本目的在于恢复对法律所确认的分配正义的侵害,实现所谓的矫正正义,其本性历来是反民主的。而行政法所追求的合目的性在于效率,其内涵是每一个人均在努力使他们自己的欲望最大化,国家通过平衡这些相互竞争的利益,实现最大范围的善。① 司法法属性决定了刑法不能成为国家行使分配正义的手段,不应身陷社会琐碎管理活动中,只有存在需要实现矫正正义的场合,刑法介入才有必要。

在国家职能日益强化和多元化的今天,强调刑法的司法法属性,对于避免刑法过度政策化和社会治理过度刑法化,具有现实意义。曾经有一段时期,得到人们普遍承认的国家目的除了维护社会内部公共秩序和抵御外来侵略外,就没有什么更多的内容了。而如今,国家被普遍认为应当负有更为广泛的责任,国家不仅要保证公民享有最起码的生存条件,还应积极追求公共福祉、促进经济成长、保护环境及振兴文化教育。包括刑法在内的所有法律都是国家制定的,国家职能和任务的界定,无疑关系到法律的调整范围。出于对国家权力的戒备,现代各国虽然都强调国家应积极推进社会福祉和公共利益建设,但仍应尽可能给予个人追求利益的机会以满足公共利益,只是在个人"自由的自发性"仍无法达成公共福祉之需求时,国家才可以介入。② 但事实上无论国家采取何种措施苦心孤诣地限制国家权力,只要人们要求国家所做的事情越多,国家为实现目标,对个人自由的限制必然越大,刑法扩张本质上是国家权力在质与量上扩增的结果。前文指出的经济刑法的过度化,实际上是政府在当前经济领域的职能过多、权力过大的反映。

强调刑法的司法法属性必须明确在公民与社会的关系上,司法组织历来被看作是一种处于管理者和被管理者之间的中立力量。③ 刑法作为司法法,意味着对于行政国家建立的行政、经济等秩序,司法权不能不加选择地给予保护,对于那些纯粹是基于行政管理需要确立的秩序,即所谓的"单纯的行政性利益",并无刑法保护的必要性。

强调刑法的司法法属性,还意味着作为司法权本质属性的刑罚权的行使必须保持一定的超逸性,重视其与行政法在法律属性和法任务上的根本区别,不能因

---

① 马丁·洛克林.剑与天平——法律与政治关系的省察[M].高秦伟,译.北京:北京大学出版社,2011:译者序.

② 陈新民.宪法基本权利之基本理论(上)[M].台北:元照出版公司,1999:141.

③ 彼得·斯坦,约翰·香德.西方社会的法律价值[M].王献平,译.北京:中国法制出版社,2004:364.

为公安机关和其他行政机关对某类社会问题、违法行为的反应强烈,就简单地将该类行为通过犯罪化纳入刑法范围。若如此,刑法将会面对使其应接不暇的社会问题,陷入无穷无尽的琐碎的社会事务管理中,其调整范围将会无限扩大。这样一来,刑法最终将蜕变为"社会管理法"。

第二,反对刑法的过度政策化,对于刑法立法和司法而言,有着不同意义。就立法而言,首先,立法是国家实现分配正义的过程,国家一旦使用法律来实现分配正义的理念,法律便不可避免地被拖进政治事务的争议中①,立法本身就是国家的一项政治活动。反对刑法的过度政策化,针对点主要是强调行为犯罪化的正当化根据,刑法对任何罪名的增设必须恪守"伤害原则""责任原则""刑法最小化原则"以及"比例原则",而不能仅是某个时期国家的政策需要。其次,刑法立法反对过度政策化,当前需要反思刑法频繁修改及其负面作用。"人们在传统上总是以一个法秩序的持续时间的长短,来衡量法律安全目的是否达到。"②"如果经常修改法律,那么人们在特定时间将很难发现法律的规定是什么,更为重要的是,人们需要知晓法律,不仅是为短期决定,而且是为长期计划……如果人们受法律的指引做长期决定,稳定性是必要的。"③刑法最明显而且最直接地涉及塑造和约束公民行为,"如果法律不能提供稳定性和一定程度的确定性,那么结果必将导致而不是抑制混乱"④。如果刑法可以任意修改,罪刑法定所强调的法的安定性机能就会大大减弱。另外,反对刑法频繁修改,可以避免国家将刑法作为工具,推行政治目的;可以减少社会治理对刑法的依赖,迫使国家与全社会在刑法之外寻求预防和打击犯罪之道,促使国家和社会反犯罪措施走向理性化、科学化。

在司法上,反对刑法的过度政策化,当前的问题主要是确保刑法适用上的安定性,反对不惜牺牲刑法的形式理性而寻求所谓的社会效果。著名社会学家韦伯曾将法官的审判活动比作一台自动售货机,从它的顶端将文件与费用塞进去,利用推理,机械地读出法典化的条文,进而从低端吐出判决意见。韦伯的理想不乏独特,但这种认识被认为是激进版本的审判形式主义观点,无法契合社会现实。⑤

---

① 马丁·洛克林. 剑与天平——法律与政治关系的省察[M]. 高秦伟,译. 北京:北京大学出版社,2011:译者序.

② 彼得·斯坦,约翰·香德. 西方社会的法律价值[M]. 王献平,译. 北京:中国法制出版社,2004:55.

③ 约瑟夫·拉兹. 法律的权威[M]. 朱峰,译. 北京:法律出版社,2005:187.

④ H·W. 埃尔曼. 比较法律文化[M]. 贺卫方,高鸿钧,译. 北京:生活·读书·新知三联书店,1990:67.

⑤ 马丁·洛克林. 剑与天平——法律与政治关系的省察[M]. 高秦伟,译. 北京:北京大学出版社,2011:译者序.

三 法治国家与公共领域

一方面,"法官是国家机构下的机器,因而不可避免地要做出政治性的判决"①;另一方面,现代社会早已超越了田园牧歌时代,社会关系错综复杂、案件形态各异,任何试图一劳永逸构建解决问题方案的想法都是天真的。但韦伯强调法律形式理性的观念却有独特的法治价值,尤其对于刑事法治而言,形式正义是维护刑法安定性的最基础环节。刑法以法的安定性为追求实现正义的最高限度,适用过程必须重视形式正义,必须严格限制刑事领域的司法规范②,强调刑法是刑事政策不可逾越的藩篱。以牺牲刑法的形式理性而换取所谓的个案社会效果,必将危及刑法的是非判断,侵蚀刑事法治的根基。

第三,反对刑法的过度政策化,当前需要特别关注刑法对热点民生问题的介入。民生问题事关人心向背、社会治乱和政权兴衰,党的十八大强调"要把保障和改善民生放在更加突出的位置",要"着力保障和改善民生",所以民生问题可以说是当前中国最大的政治或政策问题之一。社会现实生活中热点民生问题的形成往往有特殊的背景,是社会矛盾和多方利益冲突的集中反映,作为社会控制手段之一的刑法当然不该视而不见。而且热点民生问题反映的社会矛盾往往时效性强、社会关注度高,在社会各方面巨大压力下,国家往往有使用刑法解决的冲动。但刑法最后手段性的特点和热点民生问题形成的原因,更需要国家优先尝试使用社会政策和民事、经济、行政、法律等手段进行化解。国家一旦提倡"民生刑法观",极容易导致国家各部门过分强调刑法对该类问题的解决,容易形成"口号化""运动式"推进的危险,容易导致刑法过度活跃,推动刑法成为社会管理常规手段的巨大风险。这将松懈和转移其他社会措施对解决社会矛盾的基础意义,导致其他社会纠纷解决机制功能的退化,而后者才是维护国家社会稳定和健康发展之本。

(二)"刑法最小化"观念的提倡与实践贯彻

"刑法最小化",在大陆法系刑法上习惯称为"刑法谦抑主义",强调的是刑法应将处罚范围限制在绝对必要的限度内,在行为对他人造成伤害(或法益侵害)的情形之下,国家应当优先尝试使用教育、劝诱等非刑事手段,只有在绝对没有其他替代手段的情况下,才有必要将该伤害行为纳入刑法范围。理论上,关于刑法是否有必要坚持最小化原则,并非没有不同声音,有学者认为刑法并不属于"表面上

---

① 马丁·洛克林.剑与天平——法律与政治关系的省察[M].高秦伟,译.北京:北京大学出版社,2011:110.
② 周少华.刑法之适应性:刑事法治的实践逻辑[M].北京:法律出版社,2012:32.

的不义",对社会结构和规则的塑造十分重要,行为的犯罪化只要有正当化根据即可,并不需要其作为最后手段使用。① 但考虑到刑罚适用对公民权利与自由造成的妨碍,理论界支配性的观点还是肯定刑法最小化观念。

对于刑法最小化观念的传统解释,道格拉斯·胡萨克(Douglas Huask)教授批评认为其缺乏应有深度,因为其没有真正回答动用刑罚的理由。他认为,所谓刑法最后手段性,是指在其他方法能够达到刑法目的时,刑法就不应当被制定。② 安德鲁·阿什沃斯(Andrew Ashworth)教授立足于意思自治、社会福利和其他社会控制形式的价值,提出了"刑法最小化"的方法,对于刑法最小化观念走向深入做出了实质性贡献。他认为,为了实现刑法范围的最小化,行为的犯罪化必须考虑以下四个方面因素,即尊重人权,强调公民有不被国家惩罚的权利,倡导处罚的最后手段性以及处罚的有效性。③

现代刑法谦抑主义思想在我国早已被接受,只是长期以来多止于口头和观念的层面。近年梁根林教授立足于刑事立法的层面,对犯罪化作业过滤机制的研究将刑法最小化思想推向实践。他认为:位于现代刑事法律科学与现代刑事政策核心的,就是以刑法干预的正当性考虑与刑法干预的谦抑性思想为基础的'道德—第一次法—第二次法'的犯罪化作业机制过滤原理。这种三阶段递进收缩式的犯罪化作业机制过滤原理,要求刑事立法在决定是否将特定种类行为犯罪化并赋予刑事制裁的法律效果时,应当渐次考量道德规范体系,民商法、行政法等一次法规范体系,以及刑事法作为第二次法规范体系对该行为调整的必要性、可能性与有效性。④

刑法参与现代社会治理是否需要坚持"最小化",实际上关涉法律以及刑法对社会治理的意义问题。法律是人类有目的的创造物,作为一种手段而非目的,体现的是对人的需要的制度性满足。⑤ 但即便在法治发达国家,法律也只与人类生活的一部分(主要是物质利益冲突)有关。对人类生活中更多、更大的领域,法律

---

① Jonathan Herring. Great Debates in Criminal Law[M]. 2nd edition. London:Palgrave Macmillan Press,2012:14.

② Douglas Husak. The Criminal Law As Last Resort[J]. Oxford:Oxford Journal of Legal Studies,2004(2):217.

③ Andrew Ashworth. Principles of Criminal Law(6th Edition)[M]. Oxford:Oxford University Press, 2009:31-34.

④ 梁根林. 刑事法网:扩张与限缩[M]. 北京:法律出版社,2005:34.

⑤ 周少华. 刑法之适应性:刑事法治的实践逻辑[M]. 北京:法律出版社,2012:194.

最多也只是勉强涉及。① 具体到刑法而言，犯罪是错综复杂的社会因素共同作用的结果，刑法的高度专业化、单一性特性难以针锋相对地对犯罪发生的因素产生积极触动效用，这必然决定刑法对犯罪预防的效果是极其有效的，所以，试图通过刑法达到对犯罪的有效治理，只可能是浪漫主义的想法。在现实方面，刑法的适用以再次牺牲犯罪人的权利为代价，虽无法否认其远期目标在于预防和减少犯罪的发生，保障公民自由，但在当前阶段，在具体案件中，刑罚适用毕竟会导致对犯罪人自由等权利的限制和剥夺，形式上呈现出明显的"伤害"特征，不能否定其"表面不义"的基本属性。特别是刑罚适用对犯罪人和社会都会产生负面后果，如对犯罪人会产生"标签效应"，容易引起国家权力滥用，耗费国家有限的司法资源，把握不好很容易伤及无辜，甚至形成新的更大的伤害。而且客观事实是，更多人遵守法律是源于对法律的尊重而不是对惩罚的畏惧，所以，好的方法是创造条件减少犯罪的机会，而不是诉诸惩罚减少犯罪的发生，犯罪化应当作为维持社会秩序的最后手段。② 现代国家对犯罪的治理必须采取"国家与社会二元参与体系"，尽最大限度采取前置性的非刑法措施，使公民不能犯罪，不敢犯罪，不愿犯罪，不易犯罪，而不是倚重刑法的事后治理。在这个意义上，刑法最小化的观念当然要积极提倡！

　　第一，对于刑法的调整范围设置，笔者认为，梁根林教授提出的"三重作业过滤体制"是极其有价值的。刑罚事关公民基本权利和自由的限制与剥夺，"一个审慎的立法者在面临是否需要将特定种类行为犯罪化或者是否需要将刑事制裁继续适用于特定种类行为时，要首先扪心自问是否还存在其他可行的控制方法。"③如果认为法律是道德的底线，那么，刑法可以认为是法律的底线。"某种危害社会的行为能够为道德规范体系或者第一次法规范体系有效调整，就不应当进入第二次法的干预范围。只有当道德规范体系以及第一次法规范体系无法有效予以调整，并且符合第二次法调整的要求时，该特定行为才能被立法者纳入刑法干预的范围，赋予刑事制裁的法律效果，并通过正式的立法程序予以犯罪化。"④若立足于该立场，那么现行刑法关于发票、传销、骗取贷款、拒不支付劳动者报酬、危险驾驶等罪的设置是否符合刑法最小化原则，结论便有些不言自明了。

---

　　① 彼得·斯坦，约翰·香德.西方社会的法律价值[M].王献平，译.北京：中国法制出版社，2004：130.
　　② S. Benn, R. Peters. *Social Principles and the Democratic State*[M]. London: Allen & Unwin Press, 1959：227.
　　③ 哈伯特 L.帕克.刑事制裁的界限[M].梁根林，等，译.北京：法律出版社，2008：247.
　　④ 梁根林.刑事法网：扩张与限缩[M].北京：法律出版社，2005：34.

第二，贯彻刑法最小化原则，必须强调实体刑法上公民有不被犯罪化的权利。法治国公民权利与国家权力的逻辑关系决定了公民具有不被犯罪化的权利，反映在刑法上就是确立了"伤害原则"或"法益侵害原则"等犯罪化的基本原则。"伤害原则"在我国被称为"严重社会危害性原则"，即任何行为构成犯罪必须具有严重的社会危害性。近年，传统社会危害性理论一直面临着刑法理论界反思与检讨，甚至被学者们视为是我国刑法知识去"苏俄化"的一个重要切入点。① 该问题并非本文主题，故此处不具体展开。但笔者认为，如果刑法理论和实践继续保留传统刑法关于犯罪本质的理解，那么在考察行为是否具有严重社会危害性时，必须重视公民在实体刑法上有不被犯罪化的权利，国家必须对行为的犯罪化承担证明责任。特别是在"权利相互性"的场合，对公民行为的犯罪化要特别考量；公民行使和追求权利的行为，不能轻易被犯罪化。比如，言论自由是现代各国宪法规定的公民基本权利与自由，公民在行使这种权利时，天然具有侵犯他人名誉权、隐私权等危险性。在公民行使言论自由而导致对他人伤害的场合，就不能简单地比照社会中非法侵害他人人身、财产案件同等对待，不应不分青红皂白地将其犯罪化。如果立法者和法律解释者只是片面、单向地关注被害一方法益损害事实，就很容易认为该情形下的行为符合了犯罪化原则，将其纳入刑法的范围。但这种武断的做法很容易导致对公民言论自由这项宪法基本权利的限制和侵犯。因此，该类行为犯罪化的特殊性在于：此类情形中权利表现出相互性，权利之间存在冲突，对所谓加害行为是否具有犯罪化的根据以及刑罚的限度如何，需要首先解决权利冲突场合权利体系配置问题，需要回答权利体系中不同类型的具体权利形态，究竟是一律平等，还是存在位阶高低之别，进而决定刑法的介入限度。言论自由属于现代各国宪法保护的公民的最基本权利，在权利体系中具有基础性地位，这就决定了刑法对行使言论自由行为的犯罪化务必慎之再慎。又如，在经济刑法范围方面，既然国家推行市场经济体制，强调市场对资源配置的决定性作用，市场经济的原本含义是一种没有外在强制的自发的、自愿的经济，意味着在这种经济体制下，每个人都享有经济自由。② 那么，市场主体为争取平等市场经济主体地位和经济自由的行为，即使对现行的转变中的经济体制有所冲击，也不宜轻易被立法犯罪化和司法上解释为犯罪。

第三，强调刑法参与社会治理最小化，还必须关注刑法对普遍违法行为的处

---

① 陈兴良. 社会危害性理论：进一步的批评性清理[J]. 中国法学，2006(4).
② 王海明. 论经济自由原则[J]. 齐鲁学刊，2007(3).

三 法治国家与公共领域

理问题。"人们往往认为,任何一个神智健全的立法者,甚至一个邪恶的独裁者,也不会有理由制定一个要求人们实现不可能实现事情的法律。"① 其实,一个健全的立法者不仅不应当制定人们不可能实现事情的法律,也不应当制定司法机关不可能实现之事的法律。比如对于经济社会转型期出现的具有规模性、普遍性的违法行为,虽不可否认其具有社会危害性,但因其数量大,法若责众,必将面临巨大的司法成本以及来自社会普遍抵触情绪,削弱刑法的道义力量。相反,如果国家采取选择性打击,杀一儆百,社会民众和犯罪分子就会将惩罚看作仅仅是碰运气时可能会遇到的一种危险②,惩罚同样缺乏道义性。对于此类行为的处理,理性的方法应当是国家尽可能优先通过非刑法措施予以化解,刑法介入尽可能在最后的阶段。在以非刑事措施达成对普遍违法行为的大量消解后,刑法再介入为宜。

六、展望:社会治理的现代化与现代刑法的使命

以上笔者以刑法过度化为切入点,集中探讨了刑法过度的风险与危害,并从两个层面展示了刑法参与现代社会治理的机制问题。刑法如何参与现代社会治理,实际上与现代社会刑法的使命,是个一体两面的问题。这里,笔者再对该问题进行必要补充性论述,以期本文的观点更为明晰。

法律是人类社会的公共事业,它并不是陈年的古董,供奉于充满了灰尘的架子之上被人欣赏。它像一棵古老却又具有旺盛生命的参天大树,顽强地扎根于历史长河之中,却又依旧冒出了新芽,长出了新的树枝,并不时褪去枯木。③ 美国学者诺内特和塞尔兹尼克将法律的发展归纳为三种形态,即"压制型法"和"自治型法"以及"回应型法"。④ 这种划分反映的是法律进化的进程以及法律与社会之间的相生关系。陈兴良教授亦指出,一定的法律形态总是与一定的社会形态以及一定的政治形态相联系的。压制型的法律、自治型的法律和回应型的法律总是与压制型的社会、自治型的社会和回应型的社会相对应的。目的决定手段,当我们确立了以和谐社会为建设目标以后,法律不再是专政的工具,而是各种社会关系的调节器,各种社会矛盾的化解器。刑法不再是单纯的暴力强制,尽管刑法仍然具

---

① 沈宗灵.现代西方法理学[M].北京:北京大学出版社,1992:61.
② 查尔斯·霍顿·库利.人类本性与社会秩序[M].包凡一,王源,译.北京:华夏出版社,1999:296.
③ 马丁·洛克林.剑与天平——法律与政治关系的省察[M].高秦伟,译.北京:北京大学出版社,2011:译者序.
④ P.诺内特,P.塞尔兹尼克.转变中的法律与社会:迈向回应型法[M].张志铭,译.北京:中国政法大学出版社,2004:18-19.

有强制性,但这种强制是具有节制性的,不能超过一定的界限。① 刑法是社会的产物,一方面,刑法必须适应时代发展;另一方面,面对社会发展,刑法的立场也应做出相应调整。

当前,国家大力强调社会治理能力的提升与治理体系和治理水平的现代化,刑法参与社会治理的机制必须适应社会发展的新要求。具体到对犯罪治理而言,笔者认为,我国必须改变传统的主要由国家垄断的反犯罪体系,确立由"国家与社会整体对付犯罪的二元反应体系";要根本上改变传统的间歇性、运动式的犯罪治理模式,建立常态社会的犯罪治理模式。国家和全社会必须充分认识刑罚作为一种心理威慑力量作用的有限性,树立刑罚相对性观念。只要我们承认犯罪源于社会基本矛盾,是社会矛盾和社会结构中诸多致罪因素综合作用的结果,就会自然而然地发现刑罚作为一种来自外部的心理威慑力量,显然不可能与促成犯罪的社会基本矛盾等深层次原因相抗衡。只有在消除或者至少是减少社会矛盾与社会结构中诸多致罪因素作用的基础上,刑罚才能发生其预防犯罪的功能。在整个社会控制犯罪系统工程中,刑罚只是发挥有限和短促的作用。刑罚量投入的多少和犯罪率的高低不可能成简单的反比关系。② 国家和社会若不着力于改变催生犯罪的因素,只是希望通过传统"严打"或"运动式"犯罪表面化治理,只可能产生"割韭菜效应"的犯罪治理效果。

实现社会治理体系的现代化,构建刑法参与现代社会治理机制,还必须清楚:"刑罚权是和平时期国家最具有暴力性和工具性的国家公权力。国家刑罚权能不能受到刑事法的有效约束,是一个国家在刑事法领域是否实现法治的根本标志,进而也是判断一个国家是否为法治国的基本标志。"③实践已证明:刑事制裁既是人类自由的重要保障,同时也是人类自由的主要威胁。慎重和人道地使用刑事制裁,它就是人类自由的保障;如果不加选择地和任意地使用刑事制裁,它就是人类自由的威胁。④ 回顾整个20世纪,世界范围内主要的政治危险皆源于权力过大的国家产生的威胁,该威胁早已波及刑法领域,引起了刑法的扩张与过度化。今天,行政国家面对公民日益增长的社会福利需求,总会采取雄心勃勃的计划,促进经济繁荣,规制环境风险,应对贫困与社会歧视的挑战,确保安全,防止犯罪,这些都是摆在各国执政者面前的迫切任务。为解决这些任务,国家权力加强,伴随司法

---

① 陈兴良.宽严相济刑事政策研究[J].法学杂志,2006(3).
② 梁根林.刑事法网:扩张与限缩[M].北京:法律出版社,2005:代自序.
③ 梁根林.刑事法网:扩张与限缩[M].北京:法律出版社,2005:2.
④ 哈伯特 L. 帕克.刑事制裁的界限[M].梁根林,等,译.北京:法律出版社,2008:363.

权扩大也是必然趋势。但司法本质上是反民主的,法律人必须通过无偏见地坚持贵族统治的信念来缓和民主政治过程中的不确定性、无知的或者过于雄心勃勃的行为。① 刑法作为司法法,必须从法治的立场思考在行政国家应对公民日益增长的社会福利需求过程中基本立场问题。"人是一切价值存在的基础和前提,也是法价值存在的基础与前提,是法价值的最终归宿。"②法律是人类有目的的创造之物,作为满足人的需要的一种规范体系,它只有保护人的自由,根本上对人才是有价值的。刑法作为从属性的法益保护手段,其根本任务在于使公民在由宪法所保障的基本权利获得维护的前提下,自由而和平地共同生活在一起。③ 对于社会治理的参与,刑法必须固守其维护矫正正义的精神气质和保护公民自由的根本价值。刑法的制定和实施,不仅要起到预防犯罪、保护法益、维护社会秩序之效用,也要在根本上有助于维护国民的自由,这是现代刑法仍需坚守的根本立场。

---

① 马丁·洛克林.剑与天平——法律与政治关系的省察[M].高秦伟,译.北京:北京大学出版社,2011:译者序.
② 卓泽渊.法的价值论[M].北京:法律出版社,2006:4.
③ 克劳斯·罗可辛.对批判立法之法益概念的检视[J].陈璇,译.法学评论,2015(1).

四

法治中国与地方治理

四 法治中国与地方治理

地方法治的依宪表达与实践模式

——以地方《法治纲要》的文本为例

朱 颖①

内容提要：地方法治建设是依法治国的应有之义，也是法治国家建设的基础与重要环节。在对近些年来我国各地出台的《法治纲要》进行类型化与个性化分析的基础上，进一步考察地方法治对宪法第五条的表达并分析其实践成效，把探索提高各级地方依宪执政能力和水平作为重点，结合分析湖北、安徽、江苏等地方的《法治纲要》，对法治地方建设提出比较参考，以谋求地方法治作为依法治国的表达方式和实践基础发挥积极作用。

关键词：地方法治；依宪行政；《法治纲要》；表达与实践

一、界定：地方法治建设的法理分析

（一）地方法治的周延

对于地方法治的概念界定主要有以下两种方式：其一，从法律规范的制定和实施来限定，地方法治是指在依法治国、建设社会主义法治国家的总体框架下，各地落实依法治国方略执行国家法律并在宪法、法律规定的权限内创设和实施地方性法规与规章的法治建设活动和达到的法治状态。② 其二，从权力和权利规制来限定，地方法治是指在整个国家实现法治的前提下，各个地方以良法来治理地方和管理社会，各种权力得到限制和制约，各种权利得到确认和保护的一种和谐、理想的状态。③

（二）地方法治的法理逻辑

亚里士多德指出："法治有两重含义，已成立的法律获得普遍的服从，而大家

---

① 朱颖(1980—)，男，重庆人，西南政法大学法理学博士，副教授。
② 李燕霞.地方法治概念辨析[J].社会科学战线,2006(6).
③ 陈柳裕,王坤,汪江连.论地方法治的可能性[J].浙江省会科学,2006(2).

所服从的法律又应该本身是制定良好的法律。"① 也就是说，追求实质与形式的法治效果才是法治本身应有之义，形式上的法治是人们对社会的一种制度设计和安排，表现在对权利、权力、自由、义务、责任的合理分配；而实质上的法治是公民对法律的信仰，即法治之法从而具有了普遍的权威性和可服从性。由此可以推导出，法治的根本要义是对公权力的行使进行有效规制和约束，防止权力行使过程中出现的滥用和扩张行为，从而切实彰显公民权利和法律正义。

（三）地方法治的标准

对法治本身缺乏一种共识性的确认，这与各国共存、友好发展不相矛盾，也与各地方齐头并进、共创繁荣并不相违背，随着社会的发展和时代的变迁，法治的认识定性呈现动态，这也是衡量发展的一部分，而这种动态并不阻碍社会对法治或作为法治内涵的地方法治的标准构建。中国的"人权法治三元老"之一李步云先生提出过法治的十条标准。② 笔者认为地方法治基于法治的题中之意也应当符合以下标准：一是法制完备，二是主权在民，三是人权保障，四是权力制衡，五是法律平等，六是法律至上，七是依法行政，八是司法独立，九是程序正当，十是政党守法。

二、表达：地方法治的宪法维度

（一）《中华人民共和国宪法》第五条的规定

《中华人民共和国宪法》第五条规定："中华人民共和国实行依法治国，建设社会主义法治国家。国家维护社会主义法制的统一和尊严。一切法律、行政法规和地方性法规都不得同宪法相抵触。一切国家机关和武装力量、各政党和各社会团体、各企业事业组织都必须遵守宪法和法律。一切违反宪法和法律的行为，必须予以追究。任何组织或者个人都不得有超越宪法和法律的特权。"第一款对我国实行依法治国进行了限定，第二款是对社会主义法制的肯定，第三款是宪法权威的确定，第四款是对宪法与法律应当得到普遍遵守的规定，第五款是对特权的否定。

（二）依法行政的诠释

依法行政不仅是地方法治的应有含义，而且是其关键与核心部分，但对依法行政不能简单化地理解。首先，依法行政不等于依法律行政，这里的"法"应当还

---

① 亚里士多德.政治学[M].吴寿彭，译.北京：商务印书馆，1965：199.
② 李步云.法治国家的十条标准[J].中共中央党校学报，2008(1).

包括宪法与法的精神;其次,依法行政不等于依法管理,管理固然是政府的重要工作,但随着服务性政府时代的到来,给付成为行政行为的拓展,依法服务、给付也成为依法行政的重要部分;再次,依法行政应以人为本,法律的制定不是纯粹为了解决案件,而是为了服务人民,追求的是公民的最终幸福。

(三)宪政、依法治国、依法行政、地方法治的理合

基于我国人民代表大会制度下的立法、行政、司法的职责分工以及西方三权分立意义下的立法、行政、司法的相互制约,基本可以确立的是,国家权力至少存在立法、行政、司法这三方面,我国宪法第五条规定的依法治国自是涵盖所有国家权力的行使,因此依法行政是依法治国中的一个方面。宪政则是理念层面的,是以宪法为前提,民主政治为核心,法治为基石,人权保障为目的。① 宪法是静态的,而宪政则是动态的。这四者理则暗合,均是为了法治国家的构建从不同视角看问题解决问题,从而形成相关理论,依法行政对于法治而言则是"全部行政活动都必须以法律为基准,这是近代法治国家的前提"②。地方法治作为法治的内涵之一,实质上我国的法治有别于西方法治,用依法治国、依法行政等中国传统语词来表达法治时,在中国特有的传统法律语境下具有传统寓意。依据传统来诠释法治也是必然的,于是可以演绎出依法治乡、依法治村,因此有学者提出:"对于法治比较妥当的说法可能是'法治国'、'法治省'、'法治市'、'法治社会'等。"③

三、实践:地方《法治纲要》比较分析

(一)《全面推进依法行政实施纲要》的基本要求和目标

《全面推进依法行政实施纲要》(简称《纲要》)于 2004 年 3 月 22 日颁布,明确规定以下六项依法行政的基本要求,一是必须坚持合法行政,二是必须坚持合理行政,三是必须坚持程序正当,四是必须坚持高效便民,五是必须坚持诚实守信,六是必须坚持权责统一。④《纲要》明确规定:"全面推进依法行政,经过十年左右坚持不懈的努力,基本实现建设法治政府的目标。"国家行政学院袁曙宏教授称该

---

① 王学辉.行政法与行政诉讼法[M].北京:科学出版社,2008(6):12.
② 斯蒂芬.埃尔金,等.新政府论:为美好的社会设计政治制度[M].周叶谦,译.北京:三联书店,1997:123.
③ 黄建武.对法治地方几个问题的理解[J].法治论坛,2010(17):11.
④ 薛刚凌.《全面推进依法行政实施纲要》辅导读本[M].北京:人民出版社,2004:23.

《纲要》为"法治规律与中国国情创造性结合的蓝本"①。建设法治政府是对宪法第五条的落实也是政府的庄严承诺,同时也是一大亮点,更是一大进步,现在该《纲要》实施十年有余,而今天依法行政建设的成果有待检视。

(二)湖南、湖北、安徽等地方《法治纲要》比较分析

如表1所示,在湖南、湖北、安徽出台《法治纲要》之前,江苏省在2004年7月14日就已经出台《法治江苏建设纲要》,该《法治纲要》共35条,包含九个方面,分别是:一,指导思想和总体目标;二,推进民主政治建设,保障人民依法行使民主权利;三,规范市场秩序,营造促进市场经济健康发展的法治环境;四,加强地方立法,制定和完善适应区域现代化进程的地方性法规规章;五,全面推进依法行政,建设法治政府;六,坚持公正司法,切实维护社会公平与正义;七,健全监督体制,强化监督实效;八,深化全民法制教育,增强公民尤其是国家机关工作人员法律意识和法律素养;九,组织领导和保障措施。河南省在2006年5月19日出台的是《平安河南建设纲要(2006—2010)》,其侧重点在于平安建设方向,因此笔者不将它与其他地方进行比较。表1所列的六个地方,河南、安徽两省的《法治建设纲要》将时效直接列在标题中。其中,南昌是所列六个地方中唯一一个出台了《法治纲要》的省会城市,具有新颖性,同时也具有研究价值。

表1 湖南、湖北、安徽等地方《法治纲要》的基础数据比较

地方	江苏	河南	南昌	湖北	湖南	安徽
出台时间	2004.7.14	2006.5.19	2009.4.15	2009.7.17	2011.7.26	2011.8.26
全文(条)	35	18	35	24	55	33
一级标题	9	4	10	7	14	3
时效	2006—2020	2006—2010	2009—2020	2009—2020	2011—2020	2011—2020
时效载明	文中	标题	文中	文中	文中	标题

如表2所示,在体例上,其中比较创新的是安徽省2011年8月26日出台的《法治安徽建设纲要(2011—2015)》,一级标题只有三项,即把全文只分为三个方向,而且标题概括非常准确,第一部分"指导思想和总体目标"无疑是继承此前出台的《法治纲要》的模式,同时这一点似乎已成为所有《法治纲要》制定时的不成文规定;第二部分"主要任务"再分为七项是该《法治纲要》的最大创新点,七项概括

---

① 袁曙宏.法治规律与中国国情创造性结合的蓝本——论《全面推进依法行政实施纲要》的理论精髓[J].中国法学,2004(4):3.

四 法治中国与地方治理

也非常到位,其基本逻辑是"制度→立法、行政、司法→法治氛围→制约权力→保障权利";第三部分"保障措施"则是该《法治纲要》得以实施、内容得以体现的制度安排。由此可以看出,该《法治纲要》体例新颖、条理清晰且符合逻辑。在下述五个地方《法治纲要》中把"指导思想和总体目标"作为一个方面在一级标题中体现的是100%;一级标题中体现"基本原则"的有三个,占3/5;体现"党的领导方面"的有2个,占2/5;表现为"民主政治建设"的有2个,占2/5(当然其中安徽省"民主政治建设"体现在《法治纲要》的二级标题中);体现"地方立法""依法行政或法治政府""司法""法制教育"的分别有4个,占4/5。没有体现上述四项的是湖北的《法治纲要》,其原因是将相关内容规定在二级标题里或文中字里行间,其实《法治湖北建设纲要》的体例也是一个比较突出的,全文只有七大项,第一部分表述"指导思想和基本原则",紧接着第二部分规定"总体目标和行动进程",接下来的第三至第六部分则是耳熟能详的"经济、政治、文化、社会"四个方面,最后一部分为"组织领导",湖北省的《法治纲要》逻辑安排是:"思想与原则→目标和进程→经济、政治、文化、社会→组织领导。"

表2 湖南、湖北、安徽等地方《法治纲要》的内容比较

江苏(35)	南昌(35)	湖北(24)	湖南(55)	安徽(33)
指导思想和总体目标(3)	重大意义、总体要求、基本原则、主要任务、总体进程(5)	指导思想和基本原则(2)	指导思想、基本原则和总体目标(4)	指导思想和总体目标(2)
推进民主政治建设(4)	坚持和改善党的领导(3)	总体目标和行动进程(2)	提高各级党委依法执政的能力和水平(6)	主要任务:(一)推进民主政治建设(5);(二)加强和改进地方立法(2);(三)建设法治政府(6);(四)维护司法公正(4);(五)深化法制宣传教育(3);(六)强化对权力的制约与监督(4);(七)切实保障和尊重公民的合法权益(3);
规范市场秩序(4)	坚持和完善人民代表大会制度(4)	全面推进经济建设法治化(5)	推进人民民主制度化、规范化、程序化(3)	
加强地方立法(4)	多党合作和政治协商制度(4)	全面推进政治建设法治化(5)	加强和改进地方立法(3)	
全面推进依法行政(4)	加强地方性法规和规章建设(3)	全面推进文化建设法治化(4)	加快建设法治政府(5)	
坚持公正司法(4)	加强法治政府建设(3)	全面推进社会建设法治化(4)	推进公正司法(5)	
健全监督体制(4)	司法体制和工作机制建设(3)	组织领导(2)	加强对权力运行的制约和监督(5)	

续表

江苏(35)	南昌(35)	湖北(24)	湖南(55)	安徽(33)
深化全民法制教育(4)	加强法制宣传教育(3)		推进经济建设法治化(5)	
组织领导和保障措施(4)	保障人民的政治经济文化权益(4)		推进社会建设法治化(6)	
	加强对法治南昌建设的领导(3)		推进文化建设法治化(2)	保障措施(4)
			推进"两型社会"和生态文明法治建设(2)	
			加强法制宣传教育(3)	
			加强和规范法律服务(3)	
			组织领导和保障(3)	

四、法治：法治地方建设的路径与方向

（一）法治地方建设成果与"他山之石"

法制是法治的基石，在中国特色社会主义法制体系基本完善的前提下，一些地方在贯彻实施法律方面已取得许多成果，同时也有诸多创新。如重庆地方性法规就有400多部，有《重庆行政诉讼暂行规定》《重庆物业管理条例》《重庆环境保护条例》《重庆城乡规划条例》《重庆市价格鉴证条例》等；重庆地方政府规章有近400部之多（现已被清理掉三分之一），如《重庆市城市生活垃圾处置费征收管理办法（2011）》《重庆市河道采砂管理办法（2011修正）》《重庆市政府规章立法后评估办法》等。[①] 其中《重庆行政诉讼暂行规定》得到全国人大常委会原副主任王汉斌的首肯。[②]《重庆物业管理条例》非常具有前瞻性，主要是针对高层住宅越来越多，房屋产权呈现多样化，物业管理向专业化、企业化、市场化方向发展的现实而制定的。

---

① 北大法宝——中国法律检索系统[EB/OL]. http://law.npc.gov.cn/home/begin1.cbs.
② 林蜀鲁. 重庆行政审判20年[M]. 北京：法律出版社，2011：1.

四　法治中国与地方治理

良好的法律只有得到普遍的遵从，才是法治。本课题组调查的问题"你认为生活最安全的城市有哪些?"选择重庆的占70%。① 良好的法治局面必须是依靠良好的经济层面。重庆在重视重工业的基础上，积极推进旅游业发展，同时极力打造电子产业基地，2011年前三季的GDP增速位居全国第一。②

"他山之石，可以攻玉。"上述湖南、湖北、安徽等地方的法治建设，在政策、规划、宣传、配套落实方面确实有借鉴意义，特别值得一提的是法治湖南建设的创新与内容的翔实，法治湖北建设的宏观规划，法治安徽建设的逻辑清晰，法治江苏建设的特色鲜明。毋庸置疑，各地方法治在统一的指导思想和原则下，实施法治建设的方式或相近，或相远，抑或平行，但这与法治建设的共同目标并不相违背。

（二）法治地方建设探索

各地方法治具有共同目标，《全面推进依法行政实施纲要》是"法治规律与中国国情创造性结合的蓝本"，地方法治应当着重体现地方的特色，紧握法治建设大方向，深挖地方法治理念，紧跟时代发展。笔者认为，比较上述各地方法治建设而言，法治地方建设应当着重看待其他地方没有特别重视的法律规范问题，在制定或出台相关规划时可以适当引入相关基本法律的法条来支持论证，同时单列一项目来解决法制问题，比如怎样完善立法、地方立法后的评价机制、立法的成本—效益调查；在突出本地特色方面，着重渲染辖区的传统特色；在制度层面，深化风险评估，建立高标准的新闻发布会制度，加强传媒法治建设。

地方法治建设应当立足中国新时期的社会经济发展现状的要求，针对现在法制基本完善、法治建设存在弊端的情形，打破制约法治建设的静态宪法瓶颈障碍，真正地实现宪法能动的模式转变，切实解决地方法治与依法治国的关系，以谋求地方法治作为依法治国的表达方式与实践基础发挥更好的作用。

---

① 课题组发放的调查问卷是300份，分别是：在校学生100名，普通市民100名，公务员100名。
② 重庆市政府公众信息网[EB/OL].http://www.cq.gov.cn/.

村民自治、村财乡管与村级腐败治理

尚海明①

内容提要： 学界主流观点认为，村财乡管制度是乡镇政府权力冲动的产物，乡镇政府试图以此控制村委会财政自主权，村财乡管违背了村民自治的基本精神，应当予以取消。考察村财乡管制度的产生背景可发现，目前多数地区的村民自治都存在运转不良问题，村民自治没有能够有效地控制村级腐败。站在国家政权建设视角下，国家试图以村财乡管制度加强对乡村"赢利型经济"的控制，弥补村民自治制度反腐功能之不足。虽然在实践中村财乡管制度暴露出一些问题，但其并非与村民自治制度不能共存，在目前村民自治运行不良的情况下，村财乡管是对村民自治制度的有益补充。

关键词： 村民自治；村财乡管；村级腐败治理

一、问题的提出

农村税费改革之后，为确保改革成果，防止农民负担出现反弹，乡镇体制改革随之进行。在乡镇体制改革中，政府权力过剩被认为是现行乡镇体制和乡村社会弊端的根源，为此，弱化乡镇权力是此次乡镇改革的重要取向②，乡镇政府精简机构、分流人员，向服务型政府转变成为基本共识。然而，在乡镇一级机构大量撤并的同时，一种监督性权力却悄然进入乡村，村财乡管制度开始在许多地方出现。事实上，早在税费改革之前，很多地区就已开始推行村财乡管，截至2008年年底，全国大部分行政村都实行了村财乡管制度。③ 村财乡管存在多种形式，但其内涵

---

① 尚海明(1986—)，汉族，山东莱芜人，西南政法大学人权教育与研究中心研究人员，西南政法大学法学理论专业博士研究生。

② 申端锋.新农村建设要求乡村体制改革重新定位[J].调研世界，2006(6)：42.

③ 早在2000之前，村财乡管制度已普遍出现，金太军在2000年左右对江苏12个县40多个乡镇的调查即发现多地乡镇都在实施"村财乡管"。参见：金太军.村民自治背景下乡村关系的冲突及其对策[J].中国行政管理，2000(10).项继权也提出，在其所调查的30多个乡镇中，绝大多数乡镇实行了"村财乡管"制度。参见：项继权.乡村关系行政化的根源与调解对策[J].北京行政学院学报，2002(4).农业部2008年下发的《关于进一步规范和完善村集体经济组织会计委托代理的意见》中指出，目前全国大部分行政村已实行村级会计委托代理制。

基本相同,即在不改变村集体的资产、资源、资金所有权、使用权与财务审批权的前提下,采取委托管理的方式将村财务会计事务交由乡镇专门机构管理,以规范村级财务管理,防止村干部对村级资产的滥用。

对于村财乡管,学界有两种态度。部分学者认为村财乡管作为一种制度创新,在村级财务监管方面成效显著,应当予以推广。如赵秀玲认为,村财乡管为村级腐败治理提供了制度支持。这种村财乡管的模式较好地杜绝了村级腐败的漏洞,也是乡镇对于村级干部实行的有效监管方式。① 韩永红认为,建立在信息技术平台上的村财乡管在对于村级财务监督管理之中取得良好的效果。② 而大多数学者则对村财乡管持批评态度。如金太军认为,村财乡管作为一种制度强制推行,有悖于宪法和相关法律的基本原则,有悖于村民自治的基本精神,村财乡管是乡镇政府对村民的一种制度侵权。③ 王莉萍认为,村财乡管这种监督制度看似合理,但事实上可能是一种绩效很低的制度,这种制度在监督信息的获取能力、监督动力的强度以及监督的公正性等方面明显要劣于村民自治监督制度,同时还会破坏村民自治制度,因此不宜于在全国全面实施。④ 张东波认为,村财乡管不仅是一种侵权行为,而且给行政村的行政带来了极大的不便。但全国有不少地方正把"村财乡管"作为一种经验在推广。⑤ 于建嵘认为,村财乡管并不一定能够控制住村级债务,实行村财乡管、下派干部、村干部工资制、村干部提拔为乡干部等措施来肢解村民自治组织的职权,导致乡村关系紧张,村民自治取得的成果被逐渐弱化和流失。⑥ 党国印认为,现行村财乡管等剥夺村民委员会权利的制度应考虑取消。⑦

学界主流观点对村财乡管持批评与否定的态度,认为村财乡管制度是乡镇政府权力冲动的产物,乡镇政府试图通过控制村委会财权以加强对行政村的控制,村财乡管违背了村民自治的基本精神,应当予以取消。笔者认为,简单地认定村财乡管制度是权力冲动的产物并不具有说服力,目前中国大多数行政村都已经实施了村财乡管制度,应当对村财乡管制度出现的社会背景予以考察,厘清村财乡管制度的产生逻辑与发展逻辑,给村财乡管制度一个合理的评价。

---

① 赵秀玲.中国村级腐败治理机制的创新与发展[J].华中师范大学学报(社会科学版),2014(6):16.
② 韩永红.技术民主:中国村民自治的发展趋向[J].西北农林科技大学学报,2011(6):129.
③ 金太军,董磊明.村民自治背景下乡村关系的冲突及其对策[J].中国行政管理,2000(5):56.
④ 王莉萍.村级财务监督问题的思考[J].法学,2002(12):56.
⑤ 张东波.从村治过程看乡村关系[J].社会科学战线,2006(5):205.
⑥ 于建嵘.村民自治:价值和困境[J].学习与探索,2010(4):75.
⑦ 党国印."村民自治"是民主自治的起点吗?[J].战略与管理,1999(1):96.

二、村民自治与村级腐败治理难题

虽然多数学者认为村财乡管的目的是扩张权力,但现实中村财乡管却是以腐败治理的名义推行的。考察村财乡管制度的合理性,首先需要了解村庄腐败治理的现实情况。村民自治是目前乡村社会治理的基本制度,腐败治理是村民自治制度应当具备的基本功能,《村民委员会组织法》对村级腐败治理也有具体的制度设计,但是在实际运作中,这些民主制度设计却普遍难以发挥作用。

（一）村民自治的运行困境

目前我国大多数地区的村民自治存在运转不良现象,各地"村治"大多有名无实。① 在资源密集型农村,选举被利益所激活而变得异常激烈,与之相伴的贿选,造成了村民自治付之阙如;而在中西部资源匮乏地区,农民缺乏参与基层治理的积极性,村民自治也多停留在走过场的层面上。② 在广大农村,村民自治没有成为一种正常的社会和生活安排,没有发挥重新凝聚社区的作用,有时还成为负面因素。在欠缺财政支持和选举单方突进的情形下,村民自治越来越成为一种游离于乡村之上的制度安排。③ 申端锋尖锐地指出,村民自治赖以实施的基础性条件并不具备,作为一项自上而下推行的政治制度,村民自治面临基础性危机。④ 冯仁甚至认为,现阶段的村民自治已经走进了死胡同。⑤

针对村民自治制度在乡村运转困难的问题,很多人批评乡镇政权对村民自治的过多干涉。不可否认,一直以来,乡镇政府依赖村委会完成农业税的征收、计划生育政策的落实等,对村民自治产生了许多负面影响,压缩了村民自治的空间。而在税费改革后,乡村关系发生了巨大变化,乡镇不再需要征收农业税,这大大减少了乡镇政权的干涉欲望,减轻了村民自治的行政压力。然而,各地的村民自治运转不良并没有因为农业税的取消而有改善的趋势,事实上,目前村民自治运转不畅的原因并不在于乡镇干预,而在于村民自治社会基础的缺失。

在中西部地区,受城镇化、工业化进程的影响,绝大多数农村都已丧失了自身经济上的独立地位。从收入结构来看,打工成为大多数家庭的主要收入来源,民

---

① 贺雪峰.评《中国乡镇发展报告》[EB/OL].三农中国网,http://www.snzg.cn/article/2006/1030/article_356.html,2015-3-30.
② 贺雪峰.新乡土中国[M].北京:北京大学出版社,2013:92.
③ 仝志辉.村民自治三十年[J].经济研究参考,2008(32).
④ 申端锋.村民自治是如何搞偏的[J].人民论坛,2010(12上):38.
⑤ 冯仁.村民自治走进了死胡同[J].理论与改革,2011(1):136.

众参与村民自治的动力大为降低,对村庄事务关切度下降,越来越多的人疏远了村民自治。而劳动力的外流进一步导致个体农民之间、农民与村集体之间的利益关联度降低,加之农村经济人意识的不断增强,越来越多的村庄成为低度社会关联的村庄。税费制度改革则让绝大多数村庄失去了公共财政,多数村集体没有了收入来源。在广大中西部地区的农村,村集体没有足够的资金来发展公共事业,村委会的公共服务职能大为弱化,成为一个无所作为的"守夜人",而村民自治也就变得更加空洞无物。

在沿海发达地区的农村,村民自治则表现为另一种景况。在这些地区,阶层分化开始出现,富人治村成为一种日趋普遍的现象。① 富人更容易在选举中获得胜利,这几乎是实施选举制度国家的基本经验事实,围绕富人权威所建构形成的政治话语,将普通村民排斥出了村庄政治舞台,大多数普通村民在这种情况下被动退出了村庄政治。② 而为获得经济资源的控制权,选举竞争激烈。贿选,选举中乃至村庄的日常治理中引入黑社会,也就成为常规景象。③ 在这种情况下,一般民众根本无法与富人相抗衡,富人治村的大量出现将普通民众排除在了村庄整治之外,村民自治便无从说起。

(二)村级腐败治理的难题

村民自治运转不良,村民自治制度的民主监督效果便会大打折扣。首先,村民选举本应发挥甄选作用,防治贪腐者当选村干部,但在实际运作中,严格的选举程序并不能确保选出一个好的当家人出来。④ 在缺乏足够利益诱因的中西部地区,村民对村委会选举的热情降低,村民选举趋于形式化。而在经济较为发达的东部农村,贿选成为富人进入村内权力结构的一个必要环节⑤;村干部总是为富人、强人所垄断。在缺乏其他制度性制约机制,尤其是民主决策、民主监督机制无法运转情况下,仅靠选举无法遏制村干部的机会主义行为。其次,村民大会、村民代表大会本应在村民自治中拥有重要权力、发挥重要作用,但在中西部地区,人口外流让村民大会难以召开,且村民多缺乏参与热情,而在东部沿海地区,普通民众被排除出了村庄政治舞台,富人治村让民主决策机制无法正常运转。在监督机制

---

① 林辉煌.富人治村与基层民主:浙东个案考察[J].法律和社会科学,2012(10):63.
② 桂华.富人治村的困境与政治后果[J].文化纵横,2011(2):81.
③ 贺雪峰.论富人治村——以浙江奉化调查为讨论基础[J].社会科学研究,2011(2):113.
④ 申端锋.村委会选举中的异化现象及其治理——基于组织社会学的分析[J].中州学刊,2013(10):82.
⑤ 袁松.富人当选:村委会选举中的贿选现象考察[J].中国研究(18):76.

无法运行的情况下,村委会就成为事实上的村庄事务决策者,"村委会自治"成为十分普遍的现象。①

人民公社解体之后,国家权力部分地退出了村庄,国家对乡村的控制力减弱。而在国家权力退出后,村民自治的民主机制并没有很好地发挥监督村干部的作用。同时,在中国大多数村庄,传统的宗族制度已被破坏,乡村公共舆论的作用也大为降低,村庄内部并没有足够的资源来防范村干部的机会主义行为。在监督与权力制约力量不足的情况下,村干部事实上获得了乡村公共资源的控制权。在农村税费改革后,通过直接摊派的方式侵害农民利益的情况已经消失,但"变卖风"开始严重起来②,村干部在村级资产处置发包中不经过民主程序,变卖土地、山林、鱼塘等集体资产,尤其是一些城市周边的农村,围绕农村土地的纠纷和上访逐年增多。③ 在新农村建设开展以后,国家在农村教育、医疗、水利、道路、低保等方面投入大量资金,国家下拨的很多专项资金都需要村干部提供相应信息,部分项目甚至必须由村委会在村内分配资金或直接参与工程建设,在缺乏监督的情况下,专项资金存在被村干部滥用、挪用的风险。④ 近年来,村干部腐败大案层出不穷,很大程度上源于现行村民自治制度的失灵,制度性监督机制的缺失为村干部的腐败创造了空间。

三、作为腐败治理手段的村财乡管

(一) 村级腐败治理中的国家

村民自治制度并不能有效地约束村干部的机会主义行为,在村级腐败治理问题上,村民自治无力应对。与此同时,在国家层面,检察院、纪委、乡镇政府等都负有查处基层腐败的责任,各级农委也有对农村三资进行监管的责任,但从具体实行的情况来看,这些查处或监管均难以从根本上控制村级腐败。近年来,国家开始大力推进新农村建设,在农村教育、医疗、道路、水利等方面投入大量资金,并且,多数农村的村委办公费用都来自于上级政府的转移支付。一方面,任由村干部腐败会造成国家财政资金的流失,对新农村建设造成不良影响,另一方面,村干

---

① 吴毅,杨震林,王亚柯.村民自治中"村委会自治"现象的制度经济学分析[J].学海,2002(1):23.
② 申端锋.村委会选举中的异化现象及其治理——基于组织社会学的分析[J].中州学刊,2013(10):82.
③ 笔者并不认为所有村干部都存在腐败行为,在一些资源匮乏的中西部农村,村干部事实上缺乏腐败的机会,但监督力度的不足确实为村干部的腐败创造了足够的空间。
④ 谭秋成.论投票选举作为控制乡村代理人的一种方式[J].中国农村观察,2014(6):77.

四 法治中国与地方治理

部腐败行为严重影响基层稳定,尤其是集体土地征收过程中的村干部腐败极易引发群体性事件。在税费改革之后,加强新农村建设与维护农村稳定取代税费汲取成为农村工作的主要目标,在村民自治制度对村级腐败监督乏力的情况下,国家希望加强对村干部的监督,确保新农村建设顺利进行与农村社会的稳定,村财乡管制度就是在这一背景下得以推广的。

很多学者习惯性地将村财乡管放在"乡村关系"中进行理解,认为实施村财乡管的根本目的是乡镇政府试图控制村级委员会的财权,以此实现对乡村的控制。在了解村财乡管的实际运作情况后就可发现,这一观点并不能成立。虽然各地的村财乡管是由乡镇政府具体实施,但绝大多数村财乡管是在区县纪委、农业局乃至市纪委、农业局等部门的推动下得以实施的,乡镇政府仅仅是实施主体,而不是这一制度的推动者。[①] 随着各地村财乡管制度反腐效果的凸显,村财乡管由各地的自发实践转变为国家层面的统一举措。中共中央办公厅与国务院办公厅在2006年联合下发了《关于加强农村基层党风廉政建设的意见》,提出在尊重农民群众意愿和民主权利的基础上,推行村级会计委托代理服务制度[②],对村财乡管制度给予了肯定。2010年,中纪委、财政部、农业部、民政部联合印发了《关于进一步加强村级会计委托代理服务工作的指导意见》,进一步提出村级会计委托代理服务是农村基层实践工作的创新,是强化管理农村财务、加强会计监督的有效模式,并要求各地采取切实有效的措施,加强村级会计委托代理机构建设[③]。实际上,不论是最初的地方实践,还是后期国家推动下的村财乡管,遵循的都是腐败治理的逻辑,其根本目的是通过打击腐败加强基层廉政建设,维护农村社会的和谐稳定,而各级纪委是村财乡管得以推广的最主要的推动力量。

(二) 村财乡管的运作机制

各地的村财乡管制度即在上述大背景下得以推广。以笔者调查的四川省宜宾市村财乡管制度为例,为规范村级财务管理,减少村级债务,宜宾市南溪区于2009年开始在辖区各乡镇推广农村集体"三资"托管制度。南溪区首先在各乡镇成立了"三资"托管咨询中心,同时要求各村庄在农村信用社分别开设账户,并与

[①] 各地村财乡管制度的推进主体均有不同,多数地区是纪委或农业局为主导进行,有些地区是农委在主持村财乡管工作,但一般而言,纪委都是重要的参与者。

[②] 中共中央办公厅国务院办公厅关于加强农村基层党风廉政建设的意见[EB/OL].[2015-03-15].中华人民共和国中央人民政府网,http://www.gov.cn/gongbao/content/2007/content_487010.htm.

[③] 财政部关于关于进一步加强村级会计委托代理服务工作的指导意见[EB/OL].[2015-03-15].中华人民共和国中央人民政府网,http://www.gov.cn/zwgk/2010-02/22/content_1538543.htm.

托管咨询中心签订"三资"托管咨询协议,对村集体资金进行统一核算托管。"三资"托管咨询中心负责对报销票据的真实性、手续的完备性与资金、资产、资源处置的合法性进行审核和入账管理。托管咨询中心每季度将各村"三资"管理情况通过公开栏进行公开,同时,村民可以到"三资"托管中心查询本村的资金、资源、资产的登记使用情况。2014年,南溪区采用信息化手段对"三资"托管制度进行改造,实现了"三资"上网。

"三资"上网是在"三资"托管的基础上利用网络技术建立"三资"电子管理平台,将村庄的资产、资源状况及日常资金、资源处置在网上进行公开。"三资"上网与"三资"托管相比增加了信息上网环节,每村的报账员在将资金收支票据报送到托管咨询中心,中心工作人员将票据生成凭单并经审核记账后,将收支情况即刻录入数据中心,只有经过这一环节才能进入报账流程。"三资"上网系统同时具有实时预警功能,如果村庄财务支出总额超过预算,或一次性支出金额超出系统限定,"三资"上网系统都会及时预警。纪委可根据"三资"上网系统对村干部进行实时监控,同时,每个村庄的村民都有一专门账号,村民可在网上对本村的"三资"信息进行自由查询。①

在各地最初的村财乡管实践中并没有"委托管理"的说法,一般都是政府强制推行,而村财乡"管"现象也较为普遍,发展到后期,权力来源问题日益受到重视。2006年,中央纪委、监察部、财政部、农业部联合下发的《关于进一步规范乡村财务管理工作的通知》对村财乡管进行了规范,着重提出实行"农村会计委托代理"等会计专业化服务的地方要充分尊重集体经济组织的资产所有权和财务管理自主权。② 2010年下发的《关于进一步加强村级会计委托代理服务工作的指导意见》中进一步提出,在推进村级会计委托代理服务工作中,必须尊重农民意愿,履行民主程序,依法签订委托代理协议。③ 事实上,采取委托授权的方式可以从制度层面解决国家不具有村级财务管理权的问题,使村财乡管不至于直接违反村组法规定。但在中国这种压力型体制之下,多数地区的村财乡管仍然是通过层层下达指标的

---

① 于建嵘在批评村财乡管侵犯自治权的同时认为三资上网有利于促进村民自治的发展完善,事实上,三资托管是三资上网的前提性条件,没有三资托管作为基础性制度,三资上网根本无法实施。参见:于建嵘.村民自治:困境与价值[J].学习与探索,2010(4):75.

② 中共中央纪委监察部财政部农业部关于进一步规范乡村财务管理工作的通知[EB/OL].[2015-03-15].中国共产党网,http://cpc.people.com.cn/GB/64162/71380/102565/182145/10995720.html.

③ 中纪委,财政部,农业部,民政部关于进一步加强村级会计委托代理服务工作的指导意见[EB/OL].[2015-03-15].中华人民共和国中央人民政府网,http://www.gov.cn/gongbao/content/2010/content_1688559.htm.

四 法治中国与地方治理

方式予以实施。例如,在《成都市农村集体"三资"规范化制度体系建设标准》中,成都市农委提出"一圈层区(市)县实行派驻会计制度,二三圈层区(市)县实行委托代理服务",确保到 2015 年年底,"全市以村为单位三资管理规范化比例达到90%",而"三资"托管即为"三资"管理规范化的要求之一。这种以行政命令的形式推行"三资"委托代理服务的情况并不少见。① 并且,在具体的实施过程中,仍有很多地区将监督权与管理权相混淆,替民做主的情况仍然时有发生。

(三)村财乡管的多重影响

从具体效果来讲,村财乡管制度打破了村干部在村级财务管理方面的垄断权力,解决了一直以来存在的村级账务混乱、缺乏监督的问题,实现了对村级腐败的有效控制。一方面,强化了国家外部监督。村财乡管改变了村级腐败治理中国家监督的被动局面,开辟了国家介入村级腐败监管的新途径。国家权力的提前介入让腐败预防关口前移,事后惩罚转变为事前预防与事中监督,监督体系更具立体性,效率也大为提高。另一方面,完善了村庄内部监督。我国的村民自治一直存在重视民主选举,忽视民主决策、民主监督的问题,"三资"托管尤其是"三资"上网改变了既有的村务公开模式,延长了村务公开的时间,降低了村民的监督成本,丰富了村民的监督途径,推进了村务公开与民主监督。

很多地方的村财乡管存在侵犯村民自治权问题,但与此同时,这一制度也能够扩大村民知情权,对村民自治产生一定的积极影响。在各地"三资"托管制度设计中,加强民主决策是一个重要目的,"三资"托管中心规定村委会在大额资金使用、村级资产处置问题上必须进行一事一议,将村理财小组审核签字作为报账的前置性程序,一定程度上解决了一直以来存在的民主决策、民主监督机制无法运作的问题。"三资"托管中心要求村委会定期召开村情发布会,公布"三资"使用情况,且"三资"托管中心的账目对村民公开,村民可在托管中心查询本村账目;而网

---

① 中共四川省成都市委农工办成都市农业委员会关于切实加强农村集体"三资"监督管理工作的通知[EB/OL]. 中国农经信息网, http://www.caein.com/index.asp? NewsID = 82420&xAction = xReadNews. 同样情况,河北省赞皇县副县长董伟在推行"农村财务委托代理服务制"动员大会上的讲话,其提出,实行"农村财务委托代理服务制"是规范农村财务管理运行的一项新举措,各乡镇要按照《农村财务委托代理服务制实施方案》的要求,统一安排部署,按步骤、有计划地推行,计划至 2006 年 6 月底完成80%,到 2006 年年底全县所有乡(镇)村全部实行"农村财务委托代理服务制"。参见:河北省赞皇县副县长董伟同志在推行"农村财务委托代理服务制"动员大会上的讲话[EB/OL]. 中国农经信息网, http://www.caein.com/index.asp? xAction = xReadNews&NewsID = 26789. 湖北省天门市皂市镇. 关于加强农村"三资"管理的意见[EB/OL]. [2014 - 11 - 18]. 中国天门网, http://www.tianmen.gov.cn/root10/xzbcq/0122/201104/t20110429_179984.html.

络技术的使用进一步扩展了民主决策与民主监督,以至于外出务工的村民也可以对所在村的"三资"公开情况和村级公共服务专项资金使用情况进行有效监督,一定程度上缓解了农村因人口外流而无人自治的问题。

当然,村财乡管也存在一定的问题,首当其冲的是对村庄自主权的侵害。在文本层面,中央文件要求各地在村财乡管制度推广中必须尊重村庄自主权,在村民会议表决同意的基础上进行委托管理,但各地的实践却往往背离了制度规定,以行政命令的方式推行村财乡管。但同样应当认识到,在村民自治运转不良的情况下,村民的自治权利同样仅停留于文本层面,法律赋予村民的权利大多掌握在村干部手中,村财乡管更多地对村干部的权力进行了分化。在现实生活中,村民往往不是借助于"自治"来反对"官治",而是要求借助"官治"来抵制"自治",保护自己免受损失。在农民看来,正是因为缺少来自上面的约束,村干部才可能随意挥霍村民的财产。① 农民事实上并不介意政府对这种水土不服的"自治权"的侵犯,更反对的是村干部的贪腐。也有学者提出,一些乡镇组织违规作业,模糊村级财产产权的主体,拆借、挪用、"一平二调"属于村级的财产。② 不可否认,村财乡管制度确实存在村财乡用的风险,但事实上,合理的制度设计可以有效解决这一问题,如各地实施的"三资"上网这一创新举措,乡镇政府并没有挪用村集体财产的任何空间。

四、国家政权建设视角下的村财乡管

若将村财乡管放置于"乡村关系"这一图景之中,就难免会将其想象成乡镇政府权力扩张的产物,或许跳出乡村关系,从国家政权建设视角进行观察,能对村财乡管的产生与发展有一个更为清晰的认识。国家政权建设是指现代化过程中以国家为中心的制度与文化整合措施、活动及过程,其基本目标是要建立一个合理化的、能对社会与全体民众进行有效动员与监控的政府或政权体系。③ 要完成乡村社会的国家政权建设,实现对农村社会的有效管控,就需要面对如何处理乡村经济体制的问题。

新中国成立后,人民公社"政社合一"的权力结构摧毁了乡村社会旧有的经济体制,国家权力对乡村社会的渗透与控制达到了前所未有的规模和深度。然而人

---

① 张静.现代公共规则与乡村社会[M].上海:上海书店出版社,2006:103 – 133.
② 由建勋,何伟.关于"村财乡管"的思考与建议[J].农业经济,2005(5):55.
③ 龙太江.乡村社会的国家政权建设:一个未完成的历史课题[J].天津社会科学,2001(3):101.

民公社制度虽然有利于国家对乡村社会的控制与资源汲取,在经济方面却是相当低效的。人民公社制度废除之后,国家权力部分地退出了乡村而难以对乡村干部进行有效控制,为此,国家试图重新起用乡村社会的民间资源,利用村民自治制度实现一种低成本治理。国家通过村民自治这种形式,让农民自己组织起来,运用法律赋予他们的权利,与乡村的各种营利型经济进行合法抗争。① 但村民自治在中国农村的实施效果并不理想,国家只是部分地实现了乡村治理的目标。乡镇政府的权力扩张导致乡村经济体制的复活,村委会与乡镇之间形成了一个具有特殊利益的集团共同体。而乡村利益共同体对乡村社会的过度汲取使国家政权在乡村社会的合法性受到动摇。② 在工业化建设进展到一定的程度之后,国家开始推进农村税费改革,精简乡镇政府,转变乡镇政府职能,强化一事一议规则,这些措施打破了村委会与乡镇的利益共同体,一定程度上限制了乡村干部的权力,却不能从根本上杜绝村级腐败。随着新农村建设的开展与城镇化带来的农村房屋拆迁、土地征收等现象增多,村级腐败问题再次凸显。目前看来,村民自治制度仍然无力解决这一问题,而在现有体制之下,国家对村级腐败也缺乏足够的控制手段与控制能力。

很多学者指出,用村财乡管治理村级腐败无异于饮鸩止渴,村级腐败的防治应当倚赖于民众的监督,大力发展村级民主。但现实告诉我们,一个民主的社会并不必然是一个清廉的社会,村民自治制度社会基础的缺失让纸面上的民主制度无法解决现实的腐败问题。③ 前文已指出,在我国中西部地区的农村,农民的活动范围已大大超出了甚至脱离了村民自治的政治场域,村民自治与村民利益关联度日益降低,村民自治沦落为一种空壳化的民主;而对于我国东部沿海地区的农村,在缺乏经济民主的情况下,富人治村正成为一种不可逆的发展趋势,贿选成为常态,民主监督也就无从谈起。并且伴随着城镇化进程的不断推进,中西部地区的空壳化民主仍将持续,而国家面对东部地区农村的阶层分化与富人民主也缺乏有效的解决办法。村财乡管制度在各地的推广,表明国家已经认识到村民自治在村级腐败治理中的有限性,试图以村财乡管弥补村民自治制度反腐功能的不足,加

---

① 刘涛,王震.中国乡村治理中"国家—社会的研究路径——新时期国家介入乡村治理的必要性分析"[J].中国农村观察,2007(5):59.
② 韩鹏云,徐嘉鸿.乡村社会的国家政权建设与现代国家建构方向[J].学习与实践,2014(1):88.
③ 有关民主与腐败治理关系的研究,参见:孙雁,等.民主可以阻止腐败吗?——基于中国和印度的观察[J].经济社会体制比较,2011(4);龚蔚红,等.民主与腐败治理:一个经验研究综述[J].浙江社会科学,2012(2).

强对村级干部的监督与控制。虽然在实践中村财乡管制度也暴露出一系列问题,但在目前村民自治运行不良的情况下,村财乡管制度是对村民自治制度的有益补充。

很多学者站在"支配—反抗"视角,习惯于将村民自治组织视为抵抗国家权力的制度设计。实际上,国家与农民的关系并非当下许多人所强调的那种简单对立的关系,它们是一个多层次、多维度的关系集。① 首先,国家内部也并非铁板一块,其内部存在着权力的分化。各级纪委组织是村财乡管得以推广的最重要推动力,它要求加强对乡村"营利型经济"的有效控制,但其遵循的是腐败治理的逻辑,而非乡镇政权对村委会的控制逻辑,其最终目的是为了维护基层社会的稳定。其次,国家权力并不是必然的恶,其既可能表现为"掠夺之手",也可能表现为"扶持之手"。在村财乡管问题上,国家介入村级腐败治理既有利于保障国家新农村建设与基层稳定,也有利于保障村民的合法利益,国家与农民的利益是高度重合的,权力表现为扶持之手。

而在实践中,村财乡管需要继续完善。首先,应明确村财乡管的制度定位是强化监督,而不是控制村级财政的自主权,不应侵犯村集体的财务审批权。其次,应放弃对村财乡管制度的指标化推广方式,在村民中加强对村财乡管制度宣传,使村财乡管制度在法律范围内运转。再次,应完善村财乡管制度与村民自治制度中民主决策、民主监督机制的关联,将村民理财小组的审核批准作为报账的前置性条件,并将村财乡管与村务公开制度结合起来,要求村组定期公开村级账目。在有条件的地区,通过网络公开村级账目是很好的选择,这可以更好地满足民众知情权,同时杜绝了乡镇挪用村级财务的可能性。

---

① 焦长权.中国的国家与农民关系研究:"再认识"与"再出发"[J].中国农村观察,2014(1):71.